34876

LES

TRIBUNAUX

SECRETS

PARIS. — TYPOGRAPHIE DE E. ET V. PENAUD FRÈRES

10, rue du Faubourg-Montmartre

LES

TRIBUNAUX SECRETS

OUVRAGE HISTORIQUE

PAR

PAUL FÉVAL

FRANCS JUGES. — FANATIQUES. — CONSPIRATEURS. — DRUIDES. — ASSASSINS. —
THAUMATURGES. — INQUISITEURS. — PROPHÈTES. — MALLY MAGUIRES.
— ENFANTS BLANCS. — PIEDS NOIRS. — ROIS. — TRIBUNS. —
ESCLAVES. — CARBONARI. — TEMPLIERS. —
CHEVALIERS DE MALTE, ETC., ETC.

ORIGINES MYSTÉRIEUSES, RÉVÉLATIONS HISTORIQUES
REVERS DES MÉDAILLES ILLUSTRES

ILLUSTRATIONS DE R. DE MORAINE, STAAL ET FERDINAND

TOME QUATRIÈME

PARIS

EUGÈNE ET VICTOR PENAUD FRÈRES, ÉDITEURS
10, RUE DU FAUBOURG-MONTMARTRE.

LES

TRIBUNAUX SECRETS

CHAPITRE PREMIER.

Suite du Conseil-des-Dix. — La conspiration de la courtisane. — Hésitation de Phébus. — Inflexibilité de Marguerite. — Le corridor. — Le puits. — Cinq cadavres d'espions. — Le souterrain. — Séance du Conseil-des-Dix. — Giovanni Bellamonte. — Phébus et Lucrezia Neroni. — La Mine. — L'explosion. — Mort de Phébus.

Il y a dans cette lamentable histoire des enfants de Catherine Cornaro, une tragédie toute entière. Celui qui a pris la charge de signer ces pages, a fait, dans son enfance littéraire, deux grands drames qui jamais ne paraîtront au théâtre. Le premier de ces drames, intitulé la *Reine de Chypre*, a couru bien longtemps le monde avant que l'Opéra-National daignât trouver le titre bon. Le second, qui a nom *Phébus de Lusignan*, aura sans doute aussi l'honneur de fournir quelques idées aux personnes illustres qui fabriquent des chefs-d'œuvre lyriques.

IV.   1

Dans leurs voyages, ces deux grands drames, dont il est question, ont été perdus ; si quelqu'un les retrouvait, par un funeste hasard, il est instamment prié de ne les point rapporter.

Oh! certes, ce fut un hideux assassinat que ce meurtre par le déshonneur. Venise seule en était capable. Il faut des marchands pour ne pas se contenter du poignard.

I.

A quelques jours des événements que nous avons racontés, Jacques Comnène passait un soir sur le quai des Esclavons ; il se rendait au palais de Marguerite de Lusignan, où il devait trouver les trois Paléologue et Phébus.

Depuis la nuit où Phébus et Marguerite avaient appris à quel rang ils appartenaient, ils n'avaient pu conférer ensemble, et avaient dû se soustraire momentanément à tous les regards, pour ne point donner l'éveil à la police du Conseil-des-Dix.

Ils se confiaient, du reste, au zèle ardent des barons cypriotes.

Phébus seul était retourné au palais Neroni, et avait continué son service, comme d'habitude. Lorsque le vieux Neroni lui avait parlé de ses projets de départ, Phébus avait prétexté ses récentes blessures, promettant de quitter Venise dès que son état le lui permettrait.

Les promenades du soir continuaient donc sur les lagunes, comme par le passé, mais maintenant avec un charme tout nouveau pour le jeune officier et la fille de Neroni. Il leur était impossible de se parler devant les serviteurs qui les entouraient, mais leurs regards étaient éloquents.

Phébus accompagnait tous les soirs Neroni jusqu'à son palais, saluait Lucrezia, et dès que son service le laissait libre, il se hâtait d'aller rejoindre Marguerite.

Marguerite n'avait pas cessé sa vie habituelle ; elle recevait le même monde, conservait les mêmes allures, et ce n'est que la nuit, à l'heure où son palais était désert, où la foule de ses amants et de ses adorateurs l'avait quittée, qu'elle songeait à sa vengeance, et aux moyens de l'atteindre.

Telle était la situation respective des personnages de cette histoire, lorsque ce récit recommence.

Donc, Jacques Comnène passait un soir sur le quai des Esclavons, et il pressait le pas, car les Paléologue, Marguerite et Phébus devaient l'attendre au palais de la courtisane, situé à quelques pas de l'arsenal. Jacques portait un long manteau, un large chapeau, et il prenait toutes les précautions possibles pour ne pas être reconnu.

— Cependant il était arrivé au bout du quai, quand il se senti heurté par un homme du peuple, lequel portait un énorme panier rempli de marchandises.

Jacques et l'homme poussèrent un cri, et le panier tomba sur les dalles du quai.

Jusque là, cependant, il n'y avait trop rien à dire ; l'homme du peuple devait en être quitte apparemment pour ramasser son faix, le recharger sur ses épaules, et continuer sa route ; mais en se baissant pour procéder à la première de ces trois opérations, dans laquelle Jacques voulut charitablement l'aider, l'homme lâcha tout à coup un cri de surprise, et se redressa.

— Le seigneur Comnène ? dit-il avec une joie non équivoque.

— Chut ! fit Comnène en se précipitant sur lui ; qui es-tu ? que me veux-tu ?

Mais l'homme se prit à rire.

— Comment, monseigneur est-il si changé qu'il ne reconnaît plus ses amis ? dit-il en ricanant.

— Orso ! s'écria Comnène.

— Philippe Orso, répondit l'homme en s'inclinant, pour vous servir, si j'en suis encore capable.

— Et que viens-tu faire ici, malheureux ?

— J'y viens vendre des becfigues confits, monseigneur.

— Tu as donc quitté Cypre ?

— Depuis un mois.

— Et tu habites Venise ?

— Oh ! je vais et je viens... je fais le commerce... Ah ! parlez-moi des Vénitiens, voilà des hommes qui connaissent les bons mets, et qui les payent bien. Mais, vous-même, monseigneur, il paraît que le séjour de l'île vous déplaisait ?

— Oui... L'air de Famagousti ne me convenait pas.

— Et vous êtes venu habiter Venise ?

— Comme tu le vois.

— Eh bien ! tant mieux ; un gentilhomme comme vous, monseigneur, peut me rendre un bon service.

— Pour les becfigues ? dit Jacques en riant.

— Pour les becfigues, précisément ; la mode commence à s'en répandre dans la République ; le doge les aime, le chef du Conseil-des-Dix en est fou ! La Marguerite en demande à tous ses repas.

— Tu connais donc tout le monde ? objecta Jacques en devenant songeur.

— Je connais, du moins, tous ceux qui mangent des becfigues, mon bon maître.

— Cela peut être fort-utile ; dis-moi où tu demeures ?

— A l'auberge des *Trois-Mariniers,* monseigneur.

— Et l'on t'y trouve ?

— Tous les jours, depuis dix heures du soir jusqu'à cinq heures du matin.

— C'est bien ! je te reverrai ; à bientôt.

— A bientôt, monseigneur.

— Comnène allait s'éloigner ; mais il se ravisa, et revint sur ses pas.

— Philippe ? dit-il au marchand de becfigues.

— Monseigneur ? répliqua ce dernier en accourant.

— Il est inutile que je t'explique les raisons qui m'ont attiré à Venise ; qu'il te suffise de savoir que j'ai le plus grand intérêt à ne pas être connu : ainsi, tu ne m'as pas vu.

— A merveille ! fit Orso.

— Et tu ne me connais pas !

— Je ne vous connais pas... Que monseigneur se tienne tranquille, Philippe Orso ne parlera pas plus qu'un becfigue embaumé.

Cette fois, Comnène s'éloigna pour tout de bon.

Quand il arriva au rendez-vous, il trouva Phébus l'attendant à la petite porte par laquelle il devait pénétrer dans le palais. Ils traversèrent plusieurs appartements déserts et sombres, plusieurs corridors, et arrivèrent enfin à une cour dont la disposition particulière frappa Comnène.

Cette cour était étroite, entourée de grands pans de murailles sans fenêtres, et au milieu s'ouvrait un puits immense, dont la margelle était tout au plus à un pied du sol.

— Voici un singulier endroit, dit Jacques Comnène en sondant le puits du regard.

Phébus sourit.

— C'est un puits par lequel il a dû disparaître plus d'une victime, répliqua-t-il ; le Conseil-des-Dix en a plusieurs comme celui-ci dans Venise.

— La République a vraiment de l'imagination ! grommela Jacques.

Et ils passèrent.

— Le corridor que nous allons traverser, dit Phébus en rentrant dans le palais, est un lieu dont Marguerite n'a pas seule la clef ; il est prudent de ne point parler en le traversant.

— Qu'est-ce donc que ce corridor? dit Jacques.

— Une galerie d'espionnage pour le Conseil, répliqua Phébus.

— Et la signora Marguerite ne le fait pas condamner?

— Le Conseil en aurait un autre le lendemain.

— Voilà qui me dégoûterait à jamais de demeurer à Venise.

— Oh! vous ne connaissez de Venise que ses fêtes, ses bals, ses mascarades, ses gondoles qui sillonnent les lagunes, une étoile au front, ses statues de bronze et ses palais de marbre, dit Phébus; pour peu que vous y viviez encore quelques jours, vous verrez à quelle police vous aurez affaire! Mais silence, nous voici rendus au corridor dont je vous ai parlé; passons vite, et taisons-nous.

Le corridor était long, étroit, et ne recevait le jour d'aucun côté. Seulement, il avait été construit de telle sorte, que les paroles qui s'échangeaient dans les appartements qu'il longeait, pouvaient y être entendues aussi bien que dans ces appartements mêmes.

C'était un corridor, fruit de la collaboration d'un architecte et d'un fabricant d'oreilles postiches; un corridor cornu-acoustique.

Phébus et Jacques passèrent vite, et arrivèrent enfin à la salle où les attendaient les Paléologue et Marguerite.

Dès qu'ils furent entrés, la séance fut ouverte. Le plus vieux des Paléologue, Constantin, se leva, et s'adressant à Marguerite:

— Ma fille, lui dit-il, depuis trois jours que nous ne nous sommes vus, mes frères et moi, nous avons été effrayés de la difficulté de la tâche que nous nous sommes imposée! Nous venger de Venise, dans Venise même, nous a semblé impossible, à nous du moins qui n'y connaissons personne, qui n'avons, avec le peuple, aucune relation établie; qui pouvons, en conséquence, échouer dans notre entreprise, et mourir sans avoir rien fait pour arracher notre malheureux pays à l'esclavage qui l'opprime. Ne pensez-vous pas, Marguerite et vous, Phébus, qu'il serait plus favorable de tenter de soulever plutôt les Cypriotes, et de chasser, avec leur aide, les Vénitiens de l'île?

— Libre à vous, répliqua Marguerite qui se leva à son tour, libre à vous de partir et de tenter la fortune d'une révolution dans l'île de Cypre; mais moi, mes amis, ma vengeance est ici, et que vous m'aidiez à l'accomplir, ou que vous m'abandonniez, je resterai.

— Mais quel espoir? objecta Constantin Paléologue.

— Mon plan est assuré, dit Marguerite, et croyez-moi, malgré l'activité du Conseil-des-Dix, malgré ses espions, malgré la cruauté connue de ses vengeances, il y a toujours à Venise une partie du peuple qui conspire contre l'autre, et que l'on peut attirer à soi.

— Mais enfin, reprit Paléologue, apprenez-nous.

— Pour moi, interrompit Marguerite, je connais mes ennemis, je sais le nom de ceux qui m'ont vendue, et je ne quitterai pas Venise avant de m'être vengée d'eux! Mon palais touche à l'arsenal, l'arsenal touche au Conseil-des-Dix : depuis trois jours, mes serviteurs les plus dévoués ont creusé un passage secret jusqu'au palais du Conseil, et avant qu'il soit une semaine, la République procédera à de nouvelles élections.

Elle parlait d'une voix dure et sèche.

La République ne faisait pas à demi les éducations.

Les Paléologue avaient écouté avec une sorte d'épouvante les paroles de Marguerite et n'osaient lui répondre.

Jacques Comnène seul paraissait approuver entièrement les dispositions qu'elle avait prises.

— Marguerite a raison, dit-il, il ne faut user d'aucun ménagement avec les hommes qui l'ont perdue. Toute hésitation, à ce sujet, serait de la lâcheté, et il est bon que la République sache comment ses victimes se vengent de ses atrocités. Marguerite, je vous aiderai, moi, si votre frère, si les Paléologue vous refusent!

— C'est un projet cruel, dit Phébus.

— Eh! ne l'ont-ils pas été envers moi, envers vous, s'écria

Marguerite avec un accent sauvage. Non, point de pitié pour ceux qui n'en ont point eu pour nous; et que l'éclat de cette vengeance terrifie à jamais les hommes qui seraient tentés de les imiter !

— Mais, si l'on vous surprend ! objecta un des Paléologue.

Notez qu'il y a toujours, dans toutes les conjurations, un homme chargé de dire des naïvetés.

— Ils ignorent tout, répondit Marguerite.

— Ils ont des agents de toutes parts !

— D'après mes précautions... Ecoutez !...

En ce moment, en effet, on entendit un cri plaintif sortir du corridor que Phébus et Jacques avaient traversé quelques instants auparavant, et bientôt après, le bruit d'un corps qui tomba.

— Qu'est-ce que cela signifie? dit Phébus effaré.

— Venez ! mon frère, répondit Marguerite, en l'entraînant, venez, et tout vous sera expliqué.

Marguerite conduisit son frère vers une porte qui ouvrait sur le corridor, et elle y entra sans hésiter, suivie de près par les Paléologue et Jacques Comnène.

Dans le corridor, il y avait deux hommes, l'un qui portait sur sa poitrine les lettres qui le désignaient comme un agent du Conseil-des-Dix — C. D, X. — l'autre qui portait le costume ordinaire des mariniers.

L'agent du Conseil était étendu sur le parquet, baigné dans son sang ; son assassin attendait vraisemblablement que sa victime fut bien morte pour l'emporter.

— Affreux ! affreux ! s'écria Phébus glacé d'effroi, et adressant un regard de reproche à sa sœur.

Mais cette dernière contemplait, immobile, cet horrible spectacle; son visage n'avait point pâli; aucune terreur ne se lisait dans ses yeux: elle s'approcha de l'assassin.

— Cet homme est-il mort? demanda-t-elle d'une voix ferme.

— Pas encore, signora, répondit l'assassin, ça ne va pas tarder.

— Eh bien, emportez-le, vous l'achèverez sur la margelle du puits !

L'assassin ne se le fit pas répéter deux fois; il chargea l'homme sur ses épaules, et alla le confier à ce puits, auprès duquel Jacques et Phébus s'étaient arrêtés naguère.

Depuis trois jours, c'était le troisième espion que l'on expédiait ainsi.

Les leçons de Venise avaient profité à la fille des rois de Jérusalem !

Les spectateurs de cette scène restèrent silencieux et mornes: Marguerite et Jacques Comnène seuls conservaient leur audace et leur résolution.

— Eh bien! dit Marguerite, comprenez-vous maintenant quelle haine à mort j'ai vouée au terrible Conseil, et croyez-vous que j'aie bien pris toutes mes mesures pour assurer ma vengeance? N'essayez donc plus de m'arrêter dans cette voie, par vos craintes; mon parti est arrêté, je marcherai au but sans me laisser intimider !

— Et nous vous prêterons notre aide, s'écria Jacques.

—Et nous tous, nous ne vous abandonnerons pas, ajoutèrent les Paléologue.

— Le ciel vous entende et exauce mes vœux ! dit Marguerite, et avant huit jours, nous partirons pour Cypre, où nous pourrons, sans peine, soulever le pays.

— A l'œuvre donc, seigneurs, sondez le peuple, poussez-le à la révolte; les prétextes ne manquent pas quand on veut exciter le peuple; qu'au moment où l'arsenal et le Conseil brûleront, le trouble se mette partout! et que nous puissions fuir vers notre malheureux pays.

—A bientôt! dit Jacques.

IV.   2

— A demain ! répondit Marguerite.

Les Paléologue et Comnène sortirent, laissant Marguerite et Phébus seuls.

Phébus était en proie à une sombre agitation : tout ce qui s'était passé sous ses yeux, depuis un quart-d'heure, l'avait effrayé, il se sentait emporté malgré lui sur une pente fatale, et cherchait à se retenir pour n'y pas faire un pas de plus.

Phébus avait un caractère entièrement opposé à celui de sa sœur.

Mais, par cela même qu'il était faible, la violence de Marguerite et celle de ses nouveaux amis exerçaient une souveraine influence sur son esprit, et il ne savait, dans cette perplexité, à quel parti s'arrêter.

Il se promenait à travers la chambre, et Marguerite le suivait du regard.

— Phébus, dit enfin la jeune femme, au moment où il passait près d'elle, vous paraissez inquiet de tous ces préparatifs, mon ami, votre esprit s'étonne à la pensée du crime que nous allons commettre, et vous hésitez à nous suivre dans cette voie ténébreuse où nous nous engageons.

— Cela est vrai, Marguerite, répondit Phébus, votre exaltation m'épouvante, et je vois avec peine, avec douleur, la vengeance que vous méditez.

— Faut-il donc subir lâchement la honte que l'on nous a infligée? dit Marguerite, en relevant le front.

— On peut du moins se venger plus dignement.

— Et par quel moyen?

— Celui que vous proposaient les Paléologue.

— C'est-à-dire, qu'il faut exposer notre vie, sans certitude de réussir ; frapper en face qui nous frappe par derrière ; non, Phébus, cela ne peut pas être, et si vous n'obéissiez en ce moment à des préoccupations d'un autre ordre, vous partageriez notre avis !

— Que voulez-vous dire, Marguerite? objecta Phébus.

— Je veux dire que dans cette lutte que nous engageons, vous craignez de perdre l'amour de Lucrezia. J'ai tout compris.

— Et quand cela serait! s'écria Phébus en tressaillant.

— Si cela était, Phébus, je vous mépriserais, car avant de songer à la satisfaction d'un amour devenu impossible; il faut songer à ce que nous devons à notre nom, au sang dont nous sommes issus.

Phébus secoua tristement la tête.

— Ainsi, dit-il, il faut, dans cette vengeance que vous méditez, envelopper sans pitié les innocents et les coupables, et frapper avec un égal acharnement, et ceux qui ne vous ont rien fait, et ceux qui vous ont vendue!...

— Il faut se venger! répliqua Marguerite.

— Soit! dit Phébus, faites comme vous l'entendrez; je ne tenterai plus de vous arrêter sur cette pente sanglante; mais je prie Dieu, Marguerite, que vous n'ayez jamais de remords de votre cruelle action.

— Et il se dirigea vers la porte.

— Ainsi, vous partez, dit Marguerite, vous fuyez quand vos amis comptent sur vous!

— Que mes amis partent demain pour Cypre, je partirai avec eux.

— Vous refusez de partager nos dangers.

— Je refuse de porter la responsabilité de vos crimes.

— Partez donc, dit Marguerite, et à mon tour, Phébus, je vous dirai, puissiez-vous ne pas vous repentir de la détermination que vous prenez!

II.

Deux jours après, le Conseil-des-Dix se trouvait réuni sous la

présidence de Mario Neroni. La convocation avait eu lieu inopiné-
ment. Chacun des membres s'était hâté d'arriver, et le chef du
Conseil lui-même se demandait quel pouvait être le motif de cette
réunion mystérieuse.

La République était-elle en danger? Les Ottomans avaient-ils remporté quelque grande victoire contre les Vénitiens? Le duc de Milan
avait-il jeté ses armées sur le territoire?

Mille suppositions terribles se présentaient à l'esprit de chacun, et
nul ne savait que penser.

Enfin, quand tous les membres furent présents, et eurent pris
place autour de la table consacrée, Giovanni Bellamonte demanda la
parole, se leva, et s'exprima en ces termes :

— Seigneurs du Conseil, dit-il, c'est moi qui vous ai convoqués
extraordinairement, pour vous faire connaître le danger qui menace
la République, et vous demander quelles mesures il est prudent de
prendre dans cette circonstance. Depuis cinq jours, cinq agents de
notre police ont reçu successivement l'ordre d'épier ce qui se fait et
ce qui se dit dans le palais de la courtisane Marguerite, et ces cinq
agents, partis chaque soir de ce palais, ont disparu sans laisser de
traces.

— Disparu!... firent plusieurs membres.

— Tous les cinq, répondit Bellamonte; que se passe-t-il donc dans
le palais de la courtisane; pourquoi ce mystère dont on s'entoure,
pourquoi ces crimes? Il y a là toute une énigme qu'il importait de
deviner, et j'ai porté toutes mes investigations de ce côté.

— Et qu'avez-vous appris? dit Mario Neroni.

— Hier soir, poursuivit Giovanni Bellamonte, un homme est venu
me trouver; cet homme est Cypriote d'origine, il appartient à la
classe du peuple, et fait le commerce de becfigues. Il se nomme
Philippe Orso. Soit qu'il ait craint la vengeance des hôtes mystérieux de la courtisane Marguerite, soit qu'il ait espéré quelque ré-

compense de la République, cet homme est venu me trouver, et sous prétexte de me vendre les produits de son industrie, il m'a fait connaître que Jacques Comnène était à Venise depuis bientôt un mois, et que les Paléologue venaient de l'y rejoindre.

— Eh bien! objecta Mario Neroni, quel danger pour la République que la présence de ces vaincus?...

— Ces vaincus, répartit Bellamonte, sont les plus mortels ennemis de Venise, et s'ils sont aujourd'hui parmi nous, s'ils fréquentent le palais de la courtisane Marguerite, c'est qu'ils savent qui elle est, et veulent la rendre au rang dont elle est descendue!

— Que signifient ces paroles? fit Neroni; de quel rang parlez-vous, et quelle est donc cette courtisane?

— Cette courtisane est la fille du dernier roi de Cypre! répondit Bellamonte, et le jeune officier, qui sert dans votre maison, monseigneur, est le frère de Marguerite.

— Phébus! s'écria Neroni; Phébus! le dernier descendant de la famille des Lusignan!

Et sa tête se pencha pensive sur sa poitrine.

Mario Neroni ne connaissait pas ce secret-là!

— Ainsi, vous le voyez, messieurs, poursuivit Giovanni Bellamonte, ces hommes se réunissent chaque nuit dans le palais de Marguerite, et ils ourdissent là quelque complot contre le repos de la République. Les cinq espions qui ont disparu prouvent que les conjurés ne reculeront devant aucune extrémité, et je frémis quand je songe que d'un instant à l'autre ce complot peut éclater sous nos pas! Il faut aviser.

Il n'y eut qu'une voix dans tout le Conseil pour approuver la conduite tenue par Bellamonte dans cette circonstance; mais les avis furent partagés quand il s'agit de prendre des mesures propres à prévenir l'effet des tentatives des conspirateurs.

— Il faut les renvoyer de Venise! dit enfin le chef du Conseil, cet expédient les mettra dans l'impossibilité de nuire, quoique, pour ma part, je ne partage pas entièrement l'avis de Giovanni Bellamonte, sur la gravité du danger que les enfants de Lusignan peuvent faire courir à la République. Ne sont-ils pas isolés, inconnus du peuple ; qui donc les aidera à Venise, dans une entreprise dont les ennemis de Venise doivent seuls profiter? Q'y a-t-il donc à craindre?.. Rien ! Que la République, qui les a déjà privés du trône, qui a fait de la fille d'un roi une courtisane, agisse envers eux maintenant avec plus de générosité, et qu'elle les renvoie, en leur assurant, loin de nous, loin de Cypre, en France par exemple, un sort digne du sang dont ils sont issus !

Cette proposition de Mario Neroni fut adoptée presque aussitôt par une partie des membres présents ; mais Giovanni Bellamonte se leva en fureur, et s'adressant au chef du Conseil :

— Mario, lui dit-il d'un ton violent, il y a longtemps que je t'observe, et que nos espions ont l'œil sur toi : c'est dans ton palais, en effet, qu'a été recueilli le jeune Phébus ; tu l'as élevé avec une tendresse particulière, tu lui as donné un grade parmi tes gardes... Peut être l'espoir de le replacer un jour sur le trône de ses pères est-il entré dans ta pensée; on m'a dit même, on m'a dit que ta fille Lucrezia connaissait le mystère de sa naissance, et qu'un amour secret l'unissait à Phébus ; je laisse au Conseil à apprécier ces détails, et il jugera s'il importe de s'arrêter aux considérations de fausse générosité dont tu cherches à l'éblouir.

— Mais que veut donc cet homme? demanda Mario Neroni en se levant, pâle de colère; quelle haine a-t-il vouée aux enfants de Lusignan? Qu'il s'explique et qu'il dise maintenant, s'il l'ose, le nouveau crime qu'il conseille à la République.

Cette brusque interpellation sembla déconcerter un moment Giovanni Bellamonte ; mais il retrouva bientôt toute son assurance.

— Eh bien, oui, je parlerai, dit-il en promenant un regard hautain sur l'assemblée, je dirai, sans crainte, ce que je veux, et malgré l'intimidation dont on veut user ici dans le Conseil, j'indiquerai les seuls moyens qui peuvent sauver la République. Puisque nos ennemis ont pu attirer, dans leur parti, un des plus considérables d'entre nous, je me félicite d'avoir conservé assez de courage et de fermeté, pour ne point me laisser détourner du but dans cette occasion solennelle.

Après cette insinuation perfide, Bellamonte se tut un moment, pour en suivre l'effet sur les visages de ses confrères.

L'effet fut grand; l'audace a quelque chose de communicatif.

Et à Venise, une accusation, si dénuée de fondement qu'elle fût, avait toujours chance d'être acceptée.

Tous les membres du Conseil-des-Dix, moins Neroni, applaudirent du geste, et écoutèrent. Bellamonte reprit :

— L'île de Cypre appartient à la République depuis bientôt vingt années; il faut savoir si les membres ici présents veulent la conserver, ou la livrer à ses ennemis.

— Nous voulons la conserver, dirent quelques voix.

— Je comptais sur cette réponse, poursuivit Bellamonte ; non, il ne convient pas que la République renonce à cette conquête, qui lui a coûté bien du sang, et qui doit être pour elle, pour nous, une source éternelle de richesses. Eh bien! je vous le dis, si vous laissez la liberté aux enfants de Lusignan, ils seront pour Venise un danger permanent; les mécontents de l'île y verront un prétexte à des soulèvements continuels, et la République n'aura jamais ni repos, ni paix!

— Il faut les incarcérer, dit un membre.

— Et croyez-vous qu'en les incarcérant, la question soit résolue? s'écria Bellamonte; détrompez-vous! Les Cypriotes espèrent toujours, et jusqu'à ce qu'on leur ait bien persuadé que leur roi légitime est mort, ils attendront, prêts à attaquer Venise... Cet expédient ne remédie à rien.

— Que faut-il donc faire ? demanda un membre.

— Il faut, répondit Bellamonte en redoublant d'audace, il faut que les Cypriotes n'aient plus aucun prétexte pour se soulever ; les Vénitiens ont, en ce moment, entre les mains, les derniers descendants des rois de Cypre; qu'ils aient une heure d'énergie, et la conquête de Cypre est assurée à jamais !

Il y eut un moment de silence, pendant lequel les membres du Conseil-des-Dix parurent se consulter.

Mario Neroni avait fait un geste de dégoût, à la suite de la proposition de Giovanni Bellamonte; mais il était évident que chaque instant lui enlevait un peu de son influence, et que le parti proposé par Bellamonte avait maintenant toute chance d'obtenir l'astiment de la majorité.

Enfin, après bien des débats orageux, il fut décidé que l'on remettrait à un jour prochain, à prendre une décision à ce sujet, et le Conseil se sépara, en se promettant bien de ne pas manquer à la réunion suivante.

Mario Neroni se hâta de rentrer à son palais.

Cependant Phébus avait réfléchi, depuis l'entrevue qu'il avait eue avec Marguerite, et il avait pensé qu'il importait à Neroni et à Lucrezia, qu'il ne restât point étranger à un complot dans lequel leurs jours étaient menacés.

Il était donc retourné, le lendemain, chez Marguerite, et lui avait déclaré qu'il prendrait sa part de tous ses dangers, et qu'il la suivrait jusqu'au bout dans son entreprise.

Toutefois, il n'avait pas quitté son service au palais Neroni, et y venait, chaque soir, passer une heure dans la compagnie du chef du Conseil-des-Dix ou de sa fille.

Ce soir, Phébus était arrivé de bonne heure; il avait appris de

Marguerite, que les travaux souterrains entrepris sous l'arsenal touchaient à leur terme, et qu'avant deux jours, son projet de faire sauter le Conseil recevrait son exécution. Phébus voulait, à tout prix, empêcher Neroni de se rendre, ce jour-là, au Conseil, et, dans cette pensée, il voulait parler à Lucrezia et tout lui révéler, sans lui parler cependant du secret de sa naissance.

Lucrezia était seule dans sa chambre, quand Phébus entra. Maintenant elle n'avait plus de raison pour lui cacher son amour, et dès qu'elle l'aperçut, elle lui tendit la main, et lui sourit:

— Vous êtes venu de bonne heure, Phébus, lui dit-elle; je vous remercie; je suis si seule quand vous n'êtes pas là!

— Les seuls instants heureux de ma vie sont ceux que je passe amprès de vous, répondit Phébus, en baisant la main que lui tendait la jeune fille, je les fais le plus longs possible; et puis aujourd'hui, Lucrezia, je voulais vous faire part d'un événement grave dont on nous menace, et vous prier de nous aider à le conjurer.

— Un malheur! dit Lucrezia en pâlissant, vous seriez menacé?

— Non pas moi, dit Phébus, mais votre père.

— Mon père!... oh! parlez! parlez!

— Ne vous hâtez pas de me juger, Lucrezia, sur les paroles que je vais vous dire, et ne cherchez pas surtout à deviner quelle part je puis avoir dans tout ceci; un jour, je vous expliquerai tout, et vous m'approuverez... mais qu'il vous suffise de savoir, pour le moment, qu'un grand danger menace votre père, et joignez-vous à moi pour le conjurer.

— Expliquez-vous, Phébus, je vous écoute.

— Une conspiration se prépare, Lucrezia, dans le but de débarrasser Venise du Conseil-des-Dix, et c'est dans deux jours que cette conspiration doit éclater.

— Est-ce possible! s'écria la jeune fille déjà toute pâle.

— Aucun quartier ne sera fait; on ne choisira pas les victimes, tous périront!

— Mais il faut se hâter de dénoncer un pareil complot, s'écria Lucrezia.

— Il faut empêcher votre père de se rendre après demain au Conseil-des-Dix.

— Mais ce n'est pas assez!... Pourquoi cette hésitation? Pourquoi protéger ainsi des coupables?

— Pourquoi? Lucrezia. Parce que si ce complot est dénoncé au Conseil, ce n'est pas votre père qui périra, c'est moi!

— Vous!... murmura Lucrezia stupéfaite.

Vous le voyez donc, Lucrezia, reprit Phébus, il importe d'agir avec une extrême prudence; le danger qui menace votre père, celui qui me menace moi même, sont également redoutables, et vous ne voudriez ni perdre votre père, ni m'exposer à une mort certaine.

— Que faire? que faire? dit Lucrezia en proie à une agitation croissante.

— Tout cacher à votre père, répondit Phébus, mais user de toute votre influence sur son esprit pour le dissuader d'aller après-demain au Conseil-des Dix.

Comme Phébus achevait ces paroles, Mario Neroni entra dans l'appartement de sa fille.

Il était soucieux; une extrême pâleur était répandue sur son visage. Il s'avança vers Phébus, et s'assit à côté de sa fille, tandis que le jeune officier se tenait debout, après l'avoir salué!

— Phébus, dit le vieillard, je suis heureux de vous rencontrer. Il était important que je vous visse ce soir, car je viens d'apprendre des choses qui m'ont fait ouvrir les yeux sur votre position, et qui nécessiteront peut-être votre départ immédiat de Venise.

— Partir! fit le jeune officier avec émotion.

L'idée que le complot était découvert lui était venue tout de suite.

— Oui, poursuivit Neroni, le Conseil-des-Dix sait qui vous êtes.

— Que dites-vous? balbutia Phébus.

— Il sait que vous n'êtes point un officier obscur et sans naissance; et des hommes intéressés lui ont donné sur vous tous les renseignements qu'il pouvait désirer.

— Mais qu'a-t-on donc appris? demanda Phébus avec impatience.

— Qu'il vous suffise de savoir, répondit Neroni, que dès cet instant, vous êtes devenu un obstacle, un danger pour la république de Venise, et qu'il est à craindre qu'elle ne tente contre vous quelque sanglante entreprise. La République n'hésite pas sur les moyens, quand il s'agit de ses intérêts, et je suis d'avis que vous n'attendiez pas plus longtemps pour vous soustraire au sort qui vous menace.

Jusqu'à ce moment, Lucrezia avait écouté avec une attention croissante, mais quand elle entendit son père parler de danger, de naissance; quand elle comprit que Phébus devait descendre de quelque famille illustre, proscrite sans doute, son amour ne se contint plus, et elle se leva.

— Mon père, dit-elle avec un certain accent d'autorité, quel est donc ce grand danger qui menace Phébus? Quel est donc ce secret dont la République s'inquiète? Pourquoi ces réticences? Mon père, expliquez-vous, et que nous sachions du moins quel parti il convient de prendre dans cette extrémité.

Mario Neroni regarda sa fille avec surprise; les quelques paroles qu'elle venait de prononcer disaient assez à quel sentiment elle obéissait.

Le vieillard lui prit les mains avec bonté, l'attira sur sa poitrine et la baisa au front.

— Lucrezia, lui dit-il, Phébus nous a caché jusqu'ici le secret de sa naissance.

— Ah ! je l'ignorais moi-même, interrompit le jeune officier.

— Ce mystère a été dévoilé récemment à l'un des nôtres, et il nous a appris que Phébus appartient à une illustre famille ; qu'il est le dernier descendant des Lusignan !

— Les rois de l'île de Cypre ! s'écria Lucrezia en jetant un regard inquiet sur Phébus.

Ce dernier s'approcha de la jeune fille et lui prit la main.

— Lucrezia, lui dit-il, je connais ce secret depuis quelques jours seulement ; le danger qui me menace m'a seul empêché de vous le révéler.

On eût dit que Lucrezia avait changé tout-à-coup de sentiment à l'égard de Phébus. Maintenant c'est à peine si elle osait arrêter son regard sur lui ; son cœur battait avec force ; elle ne savait que répondre.

— Monseigneur, dit-elle enfin, si mon père a dit vrai ; si en effet le Conseil-des-Dix a ourdi quelque trame contre vous, ne serait-il pas prudent de fuir, pendant que la fuite est encore possible ?

— Mais je ne veux pas fuir, Lucrezia, repartit Phébus, et si le nom que je porte aujourd'hui doit me faire perdre la bienveillance que vous m'avez témoignée, j'y renonce à tout jamais.

— Oh ! monseigneur, fit Lucrezia.

— Vous m'appeliez Phébus, hier, repartit le jeune officier.

— Phébus, poursuivit la fille de Neroni, le nom que vous portez aujourd'hui n'a altéré en rien le sentiment que vous m'avez inspiré ; mais tant que les Lusignan seront les ennemis de la République, jamais la fille du chef du Conseil-des-Dix ne deviendra l'épouse de l'un d'eux !

— Que dites-vous ?

— Pardonnez-moi, Phébus, de vous parler ainsi, mais mon honneur et mon devoir me le commandent.

— Ah ! Lucrezia, vous me tuez par ces paroles!

La jeune fille baissa la tête et ne répondit point.

Phébus contint une larme qui voulait jaillir de ses yeux.

— Adieu donc, puisque vous l'ordonnez; adieu Lucrezia, et Dieu vous pardonne le désespoir que vous jetez dans mon cœur!

Phébus s'éloigna, et disparut sans oser regarder en arrière.

Lucrezia s'était jetée dans les bras de son père, et elle pleurait.

III.

Deux jours s'étaient passés. Jacques Comnène et les Paléologue se trouvaient réunis chez Marguerite; on attendait Phébus.

Depuis deux jours, on ne l'avait pas vu.

La dernière fois qu'il s'était présenté devant sa sœur, celle-ci l'avait trouvé fort triste et fort soucieux : il était sombre, et c'est à peine s'il lui avait dit quelques mots.

Seulement il s'était enquis du jour où devait avoir lieu l'exécution de leur complot, et Marguerite lui avait dit que le jour primitivement fixé était maintenu, que tous les préparatifs étaient faits, que le feu serait mis au magasin à poudre de l'arsenal, au moment même où le Conseil-des-Dix serait réuni.

Phébus n'avait rien répondu, et il était parti. Depuis, il n'était pas revenu.

Le jour fatal était donc arrivé, et les conjurés étaient rassemblés, attendant avec une impatience extrême l'heure où chaque membre du Conseil se rendrait à son poste.

Ainsi que l'avait dit Marguerite, toutes les dispositions étaient admirablement prises ; Jacques Comnène et les trois Paléologue étaient allés eux-mêmes, par la voie souterraine creusée du palais de la courtisane, aux cours de l'arsenal, visiter les travaux, et ils avaient été satisfaits de l'état des choses.

A moins d'accident qu'on ne pouvait prévoir, leur vengeance était assurée, et elle devait être éclatante.

Ils se promenaient donc dans la salle où ils se trouvaient réunis et attendaient.

Enfin, l'heure sonna, et ils virent de loin les membres du Conseil se rendre lentement à leur palais.

Cependant, Phébus n'avait pas fui Venise, comme il l'avait annoncé à Lucrezia; mais depuis deux jours, il s'était caché avec le plus grand soin, craignant de ne point accomplir la mission qu'il s'était imposée.

Quand le jour fixé par Marguerite fut arrivé, il se rendit à la porte du Conseil-des-Dix, et observa ceux qui passaient. Ils montaient un à un les degrés qui conduisaient à la grande salle, et Phébus frémissait chaque fois que, de loin, il croyait apercevoir la figure du vieux Neroni.

Mais tous les membres étaient déjà arrivés, et Phébus se félicitait en lui-même, pensant bien que ses avis avaient porté leurs fruits, et que Lucrezia avait empêché son père de se rendre au Conseil.

Tout-à-coup cependant, Phébus pâlit... Le vieux Neroni montait le grand escalier. Une émotion terrible sillonna le cœur du jeune homme, et il se précipita au-devant de lui, et tenta de l'arrêter.

— Que me voulez-vous, Phébus? demanda le vieillard étonné de l'action de Lusignan.

— Vous sauver! s'écria Phébus.

— Qu'y a t-il donc? fit Neroni.

— Il y a que votre vie est en danger, si vous vous rendez au Conseil.

— Sont-ce mes collègues qui en veulent à mes jours ?

Phébus ne savait pas mentir.

— Non, monseigneur, dit-il.

— Alors ils courent le même danger que moi, et mon devoir est de les prévenir.

— Au nom du ciel n'avancez pas, s'écria Phébus, retournez près de Lucrezia... Monseigneur, je suis lié par un serment terrible, mais si vous vous obstinez à entrer dans cette salle, je partagerai votre sort et je mourrai avec vous !

L'insistance de Phébus ne put cependant arrêter le chef du Conseil-des-Dix; ce dernier le repoussa doucement, et continuant son chemin :

— Phébus, lui dit-il, j'ignore quel sort les ennemis de la République me réservent, mais la crainte de la mort n'aura jamais aucun empire sur mon esprit, et j'accomplirai mon devoir jusqu'au bout.

Et un instant après, il entrait dans la salle du Conseil.

Déjà son absence avait donné lieu à mille supposi.ions habilemement exploitées par la haine jalouse de Bellamonte.

On disait qu'il avait donné à Phébus de Lusignan les moyens de fuir Venise, et qu'il avait fui avec lui. On parlait de nommer un nouveau chef du Conseil, et toutes les voix paraissaient devoir se porter sur Giovanni. L'entrée de Mario Neroni mit fin à tous ces débats.

Il alla prendre la place qui lui était réservée, et demanda aussitôt la parole.

Mais Bellamonte ne voulut pas lui laisser le temps de justifier son retard; mille questions se pressaient sur ses lèvres; il ne voulait pas manquer cette occasion de perdre à tout jamais un homme qu'il désirait remplacer.

— Mario Neroni, lui dit-il d'une voix railleuse, il y a deux jours encore, le jeune Phébus de Lusignan était dans ton palais, le Conseil a droit de te demander ce que ce jeune homme est devenu depuis. Est-ce toi qui lui as fourni les moyens de s'évader? Faut-il t'accuser de complicité avec les ennemis de Venise, ou seulement de négligence?

Neroni sourit amèrement, et il allait répondre, quand la porte de la salle s'ouvrit, et que Phébus parut sur le seuil.

— Phébus de Lusignan n'a point quitté Venise, messeigneurs, dit-il d'une voix sonore, et son intention n'a jamais été de sortir du territoire de la République, avant de s'être vengé des ennemis qui l'ont perdu, lui et sa sœur Marguerite!

— Que dit-il? firent plusieurs voix élevées.

— Je veux dire, poursuivit Phébus, que vous êtes tous perdus!...

— Comment! s'écrièrent les sénateurs.

— Ce palais est miné, messeigneurs; et dans un instant, ce sera fait de vous!

Ces paroles étaient prononcées avec un tel accent de vérité que les membres du terrible Conseil pâlirent; Giovanni Bellamonte et Mario Neroni seuls conservèrent un peu de sang-froid.

— Qu'on saisisse cet homme! s'écria Bellamonte en désignant Lusignan aux gardes qui entouraient la salle, et qu'on l'applique immédiatement à la torture.

Les gardes s'élancèrent aussitôt sur Phébus de Lusignan, mais ils n'eurent pas le temps d'accomplir leur mission.

En ce moment, une effroyable détonation se fit entendre; un craquement terrible ébranla le palais tout entier; les murs oscillèrent; un nuage de poussière et de fumée s'éleva, et la salle entière s'abîma.

L'arsenal venait de sauter, et, avec l'arsenal, tout le palais du Conseil-des-Dix!...

Marguerite avait atteint le but qu'elle avait proposé à sa vengeance : tous les membres du Conseil-des-Dix étaient morts !

Mais ce que les conjurés ignoraient, c'est que Phébus de Lusignan avait partagé le sort des membres du Conseil.

Marguerite fut prise à quelque temps de là et mourut dans les prisons de la République. Quant à Lucrezia, elle se retira dans un couvent, où elle fut pleurer son père et Phébus.

CHAPITRE II.

Dans une misérable taverne, située à quelques lieues seulement de Venise, quatre hommes, à mine très-suspecte, étaient assis autour d'une table couverte de brocs de vin.

Il faisait une nuit fort sombre ; la pluie tombait fine et serrée, et l'on entendait le vent siffler plaintivement autour de la maison.

Les quatre hommes buvaient sans se préoccuper du temps qu'il faisait, et les brocs de vin paraissaient et disparaissaient avec une rapidité qui tenait du prodige.

On était alors au mois de septembre de l'année 1498.

Non loin de la table, un jeune homme avait étendu ses jambes de-vant le foyer et se chauffait. A en juger par la boue qui constellait ses bottes, il avait dû faire une longue route avant d'entrer dans la taverne ; mais il était robuste et bien bâti, et cette course ne parais-sait point l'avoir fatigué.

De temps en temps il redressait le front, et paraissait écouter si, à travers les raffales du vent, il ne démêlerait pas quelqu'autre bruit.

Mais le vent seul se plaignait à l'entour, et il reprenait alors sa position première.

Une heure environ se passa ainsi. La contrariété, le désappointe-ment, le dépit se peignaient sur le visage du jeune homme, et il s'ap-prêtait déjà à passer dans une pièce voisine, pour y goûter un peu de repos, quand le pas d'un cheval se fit entendre au dehors, et quel-ques coups retentirent sur la porte.

Le jeune homme se leva avec vivacité, fit signe aux hommes atta-blés de disparaître dans la chambre contiguë et alla ouvrir.

Les quatre hommes avaient enlevé prestement les brocs et les go-belets, et quand celui qui avait frappé entra, il n'y avait dans la chambre que le jeune homme qui venait de lui ouvrir.

Le nouvel arrivant était un homme d'une trentaine d'années, grand, bien pris dans sa taille, doué d'une physionomie heureuse, et qui portait une épée et deux pistolets à sa ceinture.

Les deux jeunes gens se saluèrent, et, après quelques minutes, ils étaient les meilleurs amis du monde.

— Ma foi, s'écria le nouvel arrivé, en se débarrassant de son man-teau et en jetant son feutre sur la table, je suis véritablement heu-reux de vous avoir rencontré pour me faire les honneurs de cette misérable cabane ; j'aurai du moins quelqu'un avec qui causer.

— Je me félicite de m'être trouvé là, répondit son interlocuteur.

— Je plains bien sincèrement ceux qui sont en voyage par un temps pareil.

— Y a-t-il longtemps que vous êtes en route, seigneur étranger ?

— Depuis ce matin.

— Et vous venez ?

— De Milan.

— Et vous allez ?

— A Venise, mon jeune seigneur, à Venise, le pays des fées, des gondoles et des espions !

— Vous connaissez Venise déjà, mon gentilhomme ?

— Si je la connais! Croix de Dieu! je ne connais que cela au monde. Venise, voyez-vous, c'est le paradis et l'enfer réunis, la foule et le désert, le bruit et le silence, toutes les excitations du luxe et de la richesse, toutes les luttes, tous les désespoirs de la pauvreté et de la misère ; là, l'épée est souveraine et la beauté toute-puissante. — Je ne connais qu'une chose qui égale le plaisir de voir Venise, quand on ne la connaît pas.

— Quelle est-elle, cette chose ?

— C'est d'y retourner quand on la connaît.

— Et, sans indiscrétion, qu'allez-vous y faire ? demanda notre jeune homme.

— Avec une épée, on trouve toujours de l'occupation... partout.

— Vous êtes soldat ?

— Condottiere, mon gentilhomme, et l'on me nomme Beppo Querano.

— Mais, du moins, connaissez-vous quelques personnes dans la ville où vous allez ?

— J'y connais le seigneur Grimani, procurateur de Saint-Marc, répondit le condottiere, et cela suffit amplement, je suppose ; le père de Grimani a été l'ami du mien ; ils ont souvent combattu l'un à côté de l'autre sur les galères, et ce sont là des souvenirs que l'on n'oublie jamais, sachez-le bien. Mais, voyons, mon gentilhomme, j'ai répondu avec une docilité exemplaire à toutes les questions que vous m'avez adressées, et vous m'en avez adressé beaucoup ; je crois que mon tour est venu maintenant ; qu'en pensez-vous ?

— C'est trop juste, répliqua son interlocuteur, et je suis prêt à vous donner satisfaction sur ce point.

— Donc vous vous appelez ?... poursuivit Querano.

— André Loredano !

— Et vous habitez Venise ?

— Habituellement.

— Et vous vous trouvez ici !

— Par hasard.

A merveille : le hasard est le dieu de la guerre, et je l'aime pour cette raison ; donnez-moi une poignée de main ; vous m'avez l'air d'un gentilhomme accompli, je serai votre ami, si vous le voulez bien.

Les deux jeunes gens se serrèrent la main avec cordialité, comme s'ils se fussent connus depuis longues années, et ils se rapprochèrent du feu.

Mais au moment où le seigneur Querano allait jeter une bûche énorme, sous le prétexte d'alimenter la flamme du foyer, plusieurs cris partirent dans les environs, et deux coups de feu retentirent.

— Qu'est-ce que cela ? fit Querano en se levant.

Loredano avait tout-à-coup pâli, et s'était mordu les lèvres ; mais il n'avait fait aucun mouvement pour se lever.

— On égorge quelqu'un à deux pas d'ici, s'écria le condottiere !

— C'est bien possible, fit Loredano froidement.

— Et vous ne courez pas ?

— Bah ! s'il fallait se déranger à chaque coup de feu qu'on entend !...

Le condottiere n'en entendit pas davantage ; il saisit ses pistolets, tira son épée du fourreau et se précipita courageusement hors de la taverne. Ce mouvement avait sans doute donné à réfléchir à Loredano, car dès qu'il le vit s'éloigner, il frappa le sol avec impatience, tira mais lentement son épée du fourreau, et suivit Querano vers l'endroit d'où étaient partis les coups de feu.

Du reste, le lieu était facile à trouver, malgré l'obscurité profonde de la nuit, car les cris n'avaient pas cessé de se faire entendre, et des hommes, portant des torches, éclairaient le théâtre de la lutte.

Quand Loredano arriva sur les lieux où avait lieu le combat, Beppo Querano faisait déjà merveille, et bien qu'il eût trouvé les assaillants presque maîtres du terrain, il les avait fait reculer, et maintenant la partie était presque gagnée.

L'intervention de Loredano amena un dénoûment favorable aux voyageurs que l'on voulait dévaliser, et les bandits prirent la fuite, laissant deux des leurs sur la place.

Cependant Querano n'avait vu personne, ni ceux qu'il défendait, ni ceux qu'il attaquait, tant il mettait d'ardeur dans l'action, et ce ne fut que lorsqu'il se vit maître du terrain, qu'il songea à s'enquérir de l'état de ceux qu'il venait de sauver.

Mais Loredano s'était déjà précipité vers la chaise où se trouvaient les voyageurs, et leur apprenait qu'ils n'avaient plus rien à craindre.

Il y avait là, dans cette chaise, un homme d'une cinquantaine d'années environ, et une jeune fille qui comptait à peine dix-huit ans.

A peine le condottiere eut-il jeté un coup-d'œil de ce côté, qu'il poussa un cri de surprise et de joie.

Le seigneur Grimani ! dit-il en levant la pointe de son épée vers les étoiles, pardieu, c'est le ciel qui m'a amené là tout exprès !

— C'est toi, Beppo, dit le procurateur de Saint-Marc, sois le bien venu, mon ami; je me félicite doublement d'avoir échappé à ces assassins, puisque je te devrai le bonheur d'avoir conservé ma fille!

Et comme le procurateur manifestait le désir de se remettre en route immédiatement, le condottiere l'arrêta.

— Pardon, monseigneur, lui dit-il, mais l'attaque dont vous avez failli être victime doit vous rendre prudent. Il y a encore quelques lieues à parcourir pour atteindre Venise, et vous ne trouveriez pas partout un Querano disposé à vous défendre. Le seigneur Loredano et moi, nous allons vous accompagner.

— J'accepte cette offre, dit Grimani.

— Le temps d'aller chercher nos chevaux, ajouta Querano, et nous revenons.

Un quart d'heure après, la chaise se remettait en route, escortée de valets portant des torches, et suivie d'André Loredano et de Beppo Querano.

D'abord les deux cavaliers continuèrent silencieusement leur chemin; la pluie n'avait pas cessé de tomber, le ciel était couvert de nuages épais, on n'y voyait pas à dix pas devant soi.

Cependant la belle humeur du condottiere ne se laissa pas abattre, et il reprit la conversation avec son compagnon André Loredano.

— Savez-vous, lui dit-il tout à coup, seigneur Loredano, que la fille du procurateur de Saint-Marc est une jolie enfant?

— Oui, répondit brusquement Loredano.

— Je ne l'avais point vue depuis bientôt cinq ans, et elle a tenu ce qu'elle promettait alors, c'est-à-dire d'être une des plus délicieuses femmes de Venise.

— En effet! lui fut-il encore répliqué sèchement.

— Riche, comme l'est son père, continua le condottiere, les partis ne doivent pas lui manquer, et je gage que tous les gentils-hommes de la République doivent, à l'heure qu'il est, se disputer sa main.

— Il y a quelques mois, seigneur Querano, votre supposition eût été vraie ; mais maintenant...

— Maintenant? répéta Querano.

— Le choix est fixé; la jeune Elena est promise, et le mariage doit se célébrer dans quelques jours.

— Vraiment !

— C'est comme je vous le dis.

— Eh bien ! je félicite celui qui l'épousera... Grimani doit-être un des hommes les plus considérés de Venise, et son gendre pourra se vanter d'avoir une femme, comme le bon Dieu n'en crée pas souvent !

André Loredano ne répondit pas ; mais si Querano avait pu lire en cet instant sur son visage, il y eût vu une singulière expression de souffrance mêlée de haine !

— Oui ! reprit bientôt après le seigneur André, Elena a été bien recherchée; tous les gentilshommes se sont présentés tour à tour au procurateur; mais tous ont été impitoyablement refusés. Elena aimait un jeune seigneur de Florence, Lorenzo Pazzi, et son père le lui a donné !

— Eh bien ! voilà une conduite que j'approuve, répartit joyeusement le condottiere, j'en estime encore davantage Grimani; nous avons bien assez d'occasion de malheur sur cette terre, sans chercher à en augmenter le nombre de gaîté de cœur : et, sans doute, ce Lorenzo Pazzi est riche?

— Il est pauvre, au contraire; un cadet de famille qui n'a que son épée et son nom !

— A la bonne heure, voilà qui est agir; la signora Grimani a bien assez de fortune pour deux, pour trois, pour dix ! La jeune fille n'a obéi qu'à son amour, c'est bien, c'est généreux, c'est noble; n'êtes-vous pas de mon avis, seigneur Loredano ?

— Si fait! si fait! répondit André ; mais ce choix a néanmoins blessé plus d'un gentilhomme.

— Ah! ah!... vous peut-être?

— Moi!... quelle folie!...

— Allons, allons, ne vous en cachez pas, que diable ; la signora est assez belle pour inspirer de l'amour à un seigneur comme vous, et ce n'est pas une honte que d'avouer que l'on a été repoussé... Bah! la République a assez de jolies femmes, Dieu merci, pour vous consoler de pareils échecs !

Il y eut un nouveau silence, pendant lequel Loredano devint encore plus sombre.

Querano poursuivit :

— Ainsi, dit-il, c'est le seigneur Lorenzo Pazzi qui l'emporte, et j'arrive juste, moi, pour unir les deux fiancés.

— Leur hymen doit se célébrer dans huit jours, dit-on.

— Et quel homme est-ce que ce Lorenzo?

— Il a vingt-cinq ans au plus.

— Bon âge !

— Son père a été membre du Conseil-des-Dix de Florence.

— Respectable position !

— Enfin, le fils sert dans les armées florentines, où il a obtenu un grade dans les guerres contre le duc de Milan.

— A merveille, et est-il déjà à Venise, que vous sachiez?

— On l'y attend, et je m'étonne de ne l'avoir point vu ce soir, accompagnant sa fiancée.

— Ma foi, il nous aurait enlevé l'honneur de sauver la signora Elena, à moi, du moins, se reprit le condottiere, car vous savez, seigneur Loredan, que vous ne paraissiez pas bien disposé à prendre sa défense, quand je vous ai laissé pour voler à leur secours.

— J'ignorais quels voyageurs étaient attaqués.

— Sans doute! sans doute! fit le condottiere ; dans ce singulier

IV.   5

pays, on vous détrousse les passants au moment où l'on y pense le moins ; cependant, vous eussiez pu montrer plus d'empressement.

Pendant que les deux jeunes gens conversaient ainsi, ils approchaient de Venise. Déjà l'on apercevait au loin les mille feux des lagunes, et les silhouettes blanches des palais qui se détachaient sur le fond plus sombre du ciel.

Une fois rendu en cet endroit, tout danger disparaissait ; cependant Grimani laissa les deux jeunes gens l'escorter jusqu'à sa demeure, et quand il l'eut atteinte, il sortit lui-même de la chaise, et pendant que sa fille regagnait son appartement, il remerciait avec effusion Loredano et le condottiere du service qu'ils lui avaient rendu.

Loredano reçut assez froidement les remercîments du procurateur, et s'éloigna, après avoir serré la main de Querano.

Quand ce dernier se vit seul avec Grimani, il se disposa à suivre l'exemple que lui donnait son compagnon ; mais le procurateur le retint.

— Non, Beppo, lui dit-il avec affection, non, je ne permettrai pas que vous fassiez choix d'une autre demeure que la mienne : votre père était un ami du mien ; je veux que vous vous considériez ici comme chez vous, et que vous me traitiez en ami ; d'ailleurs, vous venez pour prendre du service dans les armées de la République, nous aurons à causer de vos affaires ; j'ai, moi-même, certains projets qui ont quelque rapport avec les vôtres. — J'aurai besoin de vos conseils et de votre expérience ; en vous priant de rester auprès de moi, c'est un service que je vous demande, et j'espère que vous ne refuserez pas de me le rendre.

— Demandez-m'en cent, dit le condottiere, je vous les rendrai tout de même ; puisque vous le voulez donc, je reste.

Et le condottiere suivit le procurateur de Saint-Marc jusqu'à l'appartement qu'il lui destinait.

II.

Huit jours après, un grand mouvement se fit remarquer depuis le matin dans le palais Grimani.

Le père d'Elena n'était pas seulement procurateur de Saint-Marc, c'était encore le plus riche négociant et armateur de Venise. Son commerce lui avait acquis une fortune considérable ; on lui connaissait, dit-on, pour cent mille ducats de créances ou d'argent comptant, outre ses biens de terre, qui étaient inconnus.

Le ducat vénitien pouvait bien valoir trente livres de France, ou une centaine de francs de notre monnaie actuelle.

Grimani avait élevé cette fortune par son seul génie, son caractère aventureux, son audace commerciale, dans un moment où chacun craignait de mettre ses vaisseaux à la mer, et d'exposer ses marchandises à être pillées par la flotte ottomane.

La maison Grimani se distinguait donc habituellement des autres palais de Venise, par une allure spéciale, un mouvement particulier, qu'elle devait à la nature de son commerce et à l'étendue de ses relations.

Pendant le jour, c'étaient une venue et une allée continuelles ; les magasins attenant au palais Grimani s'emplissaient et se désemplissaient cent fois en une semaine.

Des marins de toutes les nations y entraient ou en sortaient à toute heure ; c'était une confusion de langues qui rappelait la tour de Babel !

Les ballots de marchandises encombraient les quais ; les navires, portant des pavillons de toutes couleurs, venaient successivement y charger leur cargaison, et Grimani présidait à tout avec une intelligence, un tact inouï.

Avant d'être négociant, Grimani avait été marin ; souvent même, durant la période ascendante de son commerce, on le voyait quitter

tout à coup son comptoir, monter sur un navire qui faisait voile pour
la Grèce, pour la France, quelquefois pour des pays plus éloignés, et
il revenait à Venise, une année après, avec des richesses nouvelles.

La République l'honorait comme un de ses plus considérables
citoyens, et c'était à cette réputation d'habileté, de courage et d'audace qu'il s'était faite dans ses divers voyages, qu'il devait d'avoir
été désigné pour occuper la place de procurateur de Saint-Marc.

Le jour où nous prenons ce récit, c'était un mouvement d'une
autre nature qui régnait dans le palais Grimani.

Les magasins étaient fermés, les comptoirs n'avaient vu aucun
commis; les navires stationnaient inactifs sur les quais : c'était jour
de fête ; le procurateur de Saint-Marc mariait sa fille.

Les marins du port avaient revêtu leurs plus riches costumes,
pour entrer dans le cortége ; tous chantaient autour du palais, et la
joie régnait également à l'intérieur.

De temps à autre, on voyait passer et repasser, monter et descendre le grand escalier, d'un air effaré, le condottiere Beppo Querano, l'ami de la maison.

On eût pu gager, sans craindre de perdre, que le condottiere était
au moins aussi heureux que le maître de la maison, tant il y avait de
satisfaction éclatante sur son visage, tant sa démarche alerte, vive,
décidée, décélait de joie mal contenue !

Le fiancé, Lorenzo Pazzi, était arrivé la veille de Florence, et Grimani n'avait point voulu perdre de temps, attendu que la République venait de lui confier une mission importante qui nécessitait
son départ prochain.

La République se trouvait alors, ainsi que nous l'avons dit, en
guerre avec les Turcs. La flotte ottomane menaçait à chaque instant
les possessions vénitiennes du Levant ; la République craignait de les
perdre pour toujours, et elle avait cru devoir faire un dernier effort
pour les conserver.

Elle avait donc armé une flotte de cent quarante voiles, dont elle avait confié le commandement à Grimani.

Bien que cette marque de confiance l'honorât beaucoup, cependant le procurateur de Saint-Marc aurait autant aimé demeurer paisible auprès de son enfant. Mais un des membres du Conseil-des-Dix, Loredano, père de celui que nous connaissons, avait insisté auprès de lui, avait fait appel à son patriotisme, et il avait consenti.

Et pour que l'on ne doutât point du cas qu'il faisait de l'honneur insigne qu'on lui conférait, le jour où ce commandement lui avait été déféré, il avait envoyé au trésor public un don patriotique de cinq mille ducats.

Grimani s'était donc hâté de marier sa fille, pour n'emporter aucune inquiétude en partant, et se donner tout entier aux intérêts de la République.

Lorenzo Pazzi s'était montré vivement contrarié du départ du procurateur ; mais en réalité, il n'était pas fâché de voir avancer l'instant de son mariage.

L'histoire des amours d'Elena et de Lorenzo est celle de tout le monde.

Lorenzo avait été envoyé d'abord par sa famille chez Grimani , pour y apprendre le commerce : il était intelligent, il avait de l'ambition, il se fit remarquer dès les premiers moments de cette foule de commis qu'employait le procurateur. Mais ce ne fut pas tout. En sa qualité de membre d'un famille puissante de Florence, il était admis dans l'intimité du palais, et voyait tous les soirs la jeune et charmante Elena.

Elena avait seize ans à peine à cette époque ; son cœur s'ouvrait à la vie, elle était douce, naive, aimante ; elle ne put voir longtemps Lorenzo sans l'aimer, et elle ne put l'aimer sans le laisser voir.

Lorenzo, lui, l'aimait depuis le premier jour.

Il avait vingt-cinq ans au plus : son cœur était pur ; il allait vers

l'avenir avec cette confiance enthousiaste des jeunes gens qui ne
connaissent pas la vie, et ne l'ont pas expérimentée : il aimait avec
toute l'ardeur, tout l'enivrement d'une première passion.

Il ne s'était pas dit qu'Elena était riche à acheter un royaume.

Il ne s'était pas demandé si le rêve qu'il formait chaque soir
était réalisable ; il s'était dit qu'il aimait, et il avait pensé que la fille
de Grimani pourrait bien un jour être sa femme.

La première fois que Lorenzo et Elena s'avouèrent leur amour
réciproque, ce fut une joie impossible à dire ; les deux enfants
étaient purs et timides, ils s'étaient vus longtemps sans oser prononcer une parole ; le secret qu'ils cachaient l'un et l'autre au plus
profond de leur cœur leur échappa un jour, sans qu'ils pussent
dire comment ; Lorenzo s'était emparé de la main de la jeune fille,
s'était laissé tomber à ses genoux et lui avait dit :

— Elena ! je ne puis plus vivre ainsi, je suis malheureux ; demain
je partirai, si vous me l'ordonnez.

— Partir ! avait dit Elena.

— Oui, Elena, je veux partir, parce que je vous aime, et que si
vous me repoussez, si vous me dites que vous ne devez jamais m'aimer, la vie me sera à charge ici, et j'aime mieux m'éloigner, quitter
Venise, retourner à Florence, chercher enfin un moyen prompt
d'abandonner cette vie, qui, sans vous, me deviendrait un fardeau
trop lourd.

Elena n'avait pas répondu ; mais elle avait retiré ses mains de l'é-
treinte de Lorenzo ; puis, après un silence, cachant son visage rouge
d'émotion :

— Lorenzo, avait-elle dit, Lorenzo, ne partez pas, car si je ne
vous voyais plus, je le sens, je serais aussi malheureuse que vous !

Qu'ajouter à ce tableau : Lorenzo était fou !... Bien qu'il eût cru,
depuis longtemps, avoir deviné le secret d'Elena, cependant la
certitude de son amour lui inspirait une joie insensée.

A partir de ce jour, ils firent mille projets, et résolurent de tout
avouer à Grimani ; mais quand venait l'heure de l'aveu, ni l'un ni
l'autre n'osait.

C'étaient deux enfants timides, presque honteux de s'être aimés,
sans que le procurateur de Saint-Marc eût consenti à leur union.

Enfin Lorenzo prit un jour une résolution décisive, et le lendemain
il demandait la main d'Elena à Grimani.

Ce dernier s'était bien aperçu depuis plusieurs mois que sa fille
était rêveuse, qu'elle souriait moins souvent à ses paroles, qu'elle
avait moins de gaîté, et que son front était parfois soucieux. Grimani
ne s'était pas effrayé de cet état ; il savait la pureté d'Elena, et n'é-
prouvait aucune répugnance à faire son gendre de Lorenzo. Sa fille
devait être assez riche pour se choisir un époux selon son cœur, et il
ne voulait point contrarier son choix.

Aussi dès que Lorenzo lui fit part de son amour et de ses préten-
tions, il l'accueillit avec bonté,, et l'assura qu'il n'aurait d'autre
réponse à lui faire que celle qu'Elena ferait elle-même.

Dès ce moment, le mariage fut arrêté, et le jour fixé.

Ce jour était arrivé, et on peut le croire, Lorenzo ne se possédait
pas ; il allait, venait à travers les appartements, présidait à tout,
laissant voir sur son visage toute la joie dont son âme était pleine.

Du reste, tout le palais paraissait partager le même sentiment ;
les serviteurs de Grimani se multipliaient pour cette occasion solennelle ; les marins du port encombraient les quais, chantant les
louanges des deux fiancés.

Beppo Querano était sur tous les points à la fois ; Grimani lui-
même parlait de son bonheur à tous ceux qu'il rencontrait.

Enfin les cloches de toutes les églises s'ébranlèrent comme pour
une solennité nationale, et toutes les illustrations de la République
arrivèrent lentement au palais Grimani, d'où l'on devait partir pour
se rendre à la cérémonie nuptiale.

Tout à coup un cri partit!... cri de désespoir, d'épouvante et de rage, et à l'instant le sourire s'éteignit sur tous les visages, et une immense clameur s'éleva.

Que s'était-il passé? quel malheur était arrivé? pourquoi ce cri terrible qui avait glacé tous les cœurs?

Mille questions se pressèrent à la fois sur toutes les lèvres, mais les réponses étaient vagues, confuses, et ne satisfaisaient personne.

Seulement on avait vu descendre le condottiere Querano et le le jeune Lorenzo, tous deux pâles, agités, et ils s'étaient enfuis en courant vers l'extérieur de la ville!

Voici ce qui était arrivé.

Quelques instants auparavant, au moment où tous les conviés se rendaient en foule dans les salons du palais Grimani, le procurateur de Saint-Marc s'était dirigé, accompagné de Lorenzo, vers la chambre de sa fille : le condottiere, en qualité d'ami, suivait à quelques pas.

La chambre d'Elena était fermée, mais ceci n'avait rien d'extraordinaire, et l'on sait qu'une toilette de mariée est une chose grave, à laquelle on ne saurait apporter trop de soin. Cependant aucun bruit ne se faisait à l'intérieur, et quand Grimani frappa, nul ne répondit.

Lorenzo, inquiet, frappa plus fort : même silence.

Une terreur glaciale s'empara en même temps du père et du fils, et tous les deux appelèrent Elena d'une voix pleine d'épouvante.

Mais la chambre demeura silencieuse.

Alors le condottiere, qui partageait leur crainte, n'hésita plus, et avec cette force herculéenne dont la nature l'avait doué, il donna un violent coup d'épaule dans la porte, qui vola en éclats.

Les trois hommes se précipitèrent dans la chambre, et un même cri leur échappa!

La chambre était en désordre ; les meubles renversés, les parures de la jeune fille jetées çà et là sur le parquet ; de tous côtés, enfin, régnait une confusion qui attestait une lutte.

Elena, cependant, n'était point dans cette chambre, elle avait dû en être enlevée.

Mais comment, et par qui ?

Les trois hommes cherchèrent avec une avidité fiévreuse, et, enfin, le condottiere s'aperçut qu'une porte secrète, pratiquée dans la cloison, paraissait avoir été ouverte récemment, et qu'elle avait été mal refermée.

Cet indice éveilla ses soupçons, il usa de son moyen ordinaire, et avec le premier objet qui lui tomba sous la main, il fit sauter la serrure, et ouvrit la porte !

Cette porte donnait sur un corridor étroit qui communiquait aux lagunes par un souterrain depuis longtemps abandonné.

Il était évident qu'Elena avait dû sortir par cette issue, et quelques objets de toilette qu'ils trouvèrent peu après dans le corridor, ne leur laissèrent bientôt aucun doute à ce sujet.

Mais qu'importait de savoir par quelle issue Elena avait quitté le palais Grimani, si l'on ne savait quel chemin elle avait pris, si l'on devait ignorer quelles mains infâmes l'avaient enlevée ?

Lorenzo et Grimani se désolaient, s'abandonnaient à toute la violence de leur désespoir ; ils étaient incapables de former un seul projet sensé !...

Mais Querano songeait pour eux.

— Voyons ! dit-il tout à coup, après avoir quelque temps réfléchi, voyons, la pauvre jeune fille a été ravie, cela n'est plus douteux, et Dieu seul sait maintenant entre quelles mains elle va tomber. Seigneur Grimani, et vous, Lorenzo, ne vous abandonnez point ainsi à la douleur, et songez qu'il faut avant tout mettre en campagne tout

ce que vous avez d'amis pour retrouver votre fille, et votre fiancée :
Lorenzo, voulez-vous m'accompagner?

— Où prétendez-vous aller? dit Lorenzo.

— Laissez-moi faire... dit le condottiere ; j'ai fait depuis l'âge de
vingt ans un métier qui m'a donné une singulière aptitude pour de
pareilles recherches ; fiez-vous à moi et venez !

— Mais, où irons-nous?

— Prenez votre épée, et dépêchons, je vous expliquerai tout cela
en route : j'ai mon idée.

Lorenzo ne fit plus d'objection ; il se jeta en pleurant dans les bras
du procurateur de Saint-Marc, et, sans attendre davantage, il suivit
Querano, qui descendit quatre à quatre les degrés de l'escalier qui
conduisait au quai.

III.

Ils marchèrent d'un pas rapide pendant une demi-heure.

Tout le monde s'arrêtait sur leur passage, et les regardait avec
étonnement : on ne savait pas encore d'une manière précise le malheur arrivé au palais Grimani, et l'on s'étonnait de voir courir à cette
heure, dans les rues de Venise, le jeune Lorenzo, que l'on croyait
agenouillé à l'autel auprès de sa fiancée.

Les deux compagnons arrivèrent enfin au but de leur course, qui
était le palais Loredano.

Beppo s'arrêta.

— Ça, dit-il à son compagnon, ici il faut plus de prudence que de
courage ; vous allez m'attendre à cette porte, vous observerez avec
attention tout ce qui pourra se passer à l'entour, et quand je reviendrai, vous m'en ferez part. Moi, je vais chez André Loredano.

— Mais, c'est notre ennemi ! fit Lorenzo avec surprise.

— Je ne dis pas non, répondit le condottiere.

— Il a été mon rival ; on le disait très-épris d'Elena.

— Tout cela me semble probable, poursuivit Querano ; mais, pour le moment, nous n'avons ni l'un ni l'autre le temps de causer ; attendez-moi, et ne perdez aucune occasion d'observer ce qui se passera. Les plus petits détails ont quelquefois leur intérêt.

Le condottiere laissa aussitôt le fiancé d'Elena, et monta rapidement chez Loredano.

Le premier valet auquel il demanda si le seigneur André était au palais parut hésiter à lui répondre ; mais Beppo passa outre, lui ordonna, d'un ton qui n'admettait pas de réplique, d'aller annoncer le capitaine Querano, et ajouta que dans le cas où cette mission lui déplairait, il saurait bien s'annoncer tout seul.

Le valet eut peur sans doute des moustaches du capitaine, car il l'invita aussitôt à le suivre, et le conduisit jusqu'à la chambre de son maître.

En entrant, le condottiere remarqua tout d'abord que la chambre n'avait pas cette régularité de bon goût que lui avaient présentés les appartements qu'il avait traversés.

Certains objets de voyage étaient étalés sur les meubles, et le seigneur Loredano semblait se disposer à partir.

— Pardieu ! s'écria le condottiere en entrant, je vois que j'arrive à propos, quelques minutes plus tard, et je ne vous trouvais pas.

— Ma foi ! répondit Loredano, j'allais me rendre au mariage de la fille de Grimani.

— Avec ces vêtements de voyage? objecta le condottiere.

— Oh ! ces vêtements, je ne m'en servirai que dans quelques heures...

— Vous partez?

— Oui, dès que j'aurai vu unir le jeune Lorenzo et la belle Elena.

— Eh bien! mon cher ami, je vous engage à ne pas attendre davantage; vous pouvez, dès ce moment, vous mettre en route.

— Comment! que dites-vous?

— Sans doute; puisque le mariage est terminé.

— Je ne vous comprends pas...

— Je crois bien! Ah! voilà, seigneur Loredano, une singulière histoire, allez! on a voulu enlever la jeune fiancée.

— Vraiment!

— Mais le coup n'a pas réussi.

Loredano dressa vivement l'oreille.

— La jeune fille a été reprise, poursuivit Beppo, et à l'heure où je vous parle, on l'unit à son fiancé.

Loredano devint pourpre: il se contenait avec peine, et cherchait en vain à donner un ton de gaîté à ses paroles.

— Ainsi, dit-il, Lorenzo est l'époux d'Elena?

— Oui, monseigneur; comme vous le dites.

— Le mariage est consommé?

— Ils sont unis, et ce qui vaut mieux, c'est que dans une heure les nouveaux époux quitteront Venise pour se rendre à Florence.

— Parlez-vous vrai? s'écria Loredano.

— Parbleu! ne voulez-vous pas que le seigneur Grimani, qui va s'éloigner, laisse sa fille exposée à des événements semblables à celui de ce matin; qui dit qu'un assassin ne tuera pas demain son gendre, puisqu'on voulait lui enlever sa fille aujourd'hui?

Loredano se promenait avec agitation à travers la chambre.

— Partir! partir! s'écriait-il; ils vont à Florence. Ah! n'importe!... je le suivrai... je...

Loredano réprima un geste violent.

En ce moment la porte de la chambre s'ouvrit, et le valet entra et annonça à son maître qu'un homme demandait à lui parler.

— Et que me veut cet homme? demanda Lorenzo avec colère.

— Il m'a chargé de remettre ce parchemin à monseigneur, et de lui annoncer qu'il pouvait venir !

Loredano se redressa sur cette réponse, et jeta un regard singulier au condottiere.

— Qu'y a-t-il donc? demanda ce dernier.

Mais Loredano avait ouvert le parchemin qu'on venait de lui remettre, et son visage avait tout à coup changé d'expression.

Il sortit un instant; puis revint, ému d'une joie qu'il avait peine à dissimuler.

— Que se passe-t-il donc? dit Querano, en remarquant ce changement.

— Il y a que vous m'avez trompé, répondit Loredano, et que je voudrais bien savoir quelle comédie vous êtes venu jouer ici?

— Ah! je vous ai trompé, monseigneur!

— Sans doute, puisque j'apprends, à l'instant, que la jeune Elena a disparu de chez son père, que tout Venise parle de cette disparition, et que, dans cet instant, le condottiere Querano et le fiancé Lorenzo sont tous les deux à la recherche de la jeune fille.

— Eh bien! dit le condottiere sans trop s'émouvoir, ce que vous venez d'apprendre ne vous explique-t-il pas ma conduite?

— En effet!... dit Loredano qui recula.

— Que voulez-vous que je dise encore?

— Je veux, répartit Loredano, que le condottiere Beppo sorte à l'instant de chez moi, et qu'il aille rejoindre le seigneur Lorenzo, qui l'attend à ma porte.

— Ah! ah! fit Beppo, je commence à comprendre pourquoi le seigneur Loredano avait tant de répugnance à sortir de l'hôtellerie où j'ai eu l'honneur de faire sa gracieuse rencontre.

— Expliquez-vous?

— Non pas... mais je comprends encore bien autre chose...

Allons! nous ferons des affaires ensemble, seigneur Loredano... vous êtes le ravisseur d'Elena.

— Vous oseriez prétendre?

— J'ose ce que je veux, monseigneur ; mais, dès ce moment, je vous jure sur l'honneur que vous m'aurez de jour et de nuit sur vos pas ; en quelque lieu que vous alliez, j'irai ; quoique vous fassiez, je le saurai ; quoique vous disiez, je l'entendrai, et le jour où je saurai la demeure d'Elena, c'est à moi que vous aurez affaire?

— Le capitaine Querano veut effrayer les gens! dit Loredano, qui essaya de sourire.

— A bientôt! monseigneur, interrompit le condottiere ; à bientôt.

Querano avait eu, à plusieurs reprises, dans cette conversation, la ferme volonté de passer son épée au travers du corps de Loredano ; mais ce dernier une fois tué, quel moyen aurait-il eu de connaître la demeure d'Elena?

Le père d'André, qui était membre du Conseil-des-Dix, aurait cherché à venger la mort de son fils, et qui sait s'il n'eût pas usé de sanglantes représailles?

Le condottiere descendit donc de l'appartement de Loredano, et alla rejoindre Lorenzo, qui l'attendait avec impatience.

— Eh bien! lui dit ce dernier dès qu'il l'aperçut, quelles nouvelles?

— Je connais le ravisseur! répondit le condottiere.

— Ah! son nom! son nom! demanda impérieusement Lorenzo.

— Je vous le dirai.

— Mais pourquoi ce mystère?

— Pour le moment, occupons-nous de découvrir la retraite d'Elena, c'est le plus pressé ; quant à la vengeance, je m'en charge.

— Qu'il soit donc fait comme vous le voulez, répondit Lorenzo : je vous suis.

— Venez de ce côté, je vais vous satisfaire.

Le plan du condottiere était fort simple, et ne lui avait point coûté beaucoup de travail d'imagination. Il consistait à suivre André Loredano dans quelque lieu qu'il dût aller, et de l'empêcher ainsi de se rendre près d'Elena, ou de découvrir par ce moyen la retraite de cette dernière.

D'une autre part, les serviteurs du palais Grimani devaient se partager en escouades d'agents de police, et procéder alternativement à la surveillance nocturne des rues de Venise.

De cette manière, on devait arriver au but que l'on se proposait, du moins le condottiere y comptait fermement.

Mais, ô citoyens! quelle république!

Trois jours se passèrent ainsi, sans qu'aucun résultat ait été obtenu. André Loredano n'avait point quitté sa demeure, et Lorenzo et le condottiere avaient eu à soutenir pas mal de combats, la nuit, dans les rues qui avoisinaient le palais Loredano, contre les assassins payés sans doute par le ravisseur pour le débarrasser de leur surveillance.

Un ou deux de ces assassins avaient été tués : pardonnez ce détail, c'était leur état.

Enfin, vers le matin du quatrième jour, un des serviteurs de Grimani accourut vers le capitaine, et vint lui annoncer que l'on croyait avoir découvert la retraite d'Elena.

Cette retraite, ajouta t-il, devait être située à quelque distance de Venise, sur la route de Milan, dans une misérable taverne qui n'était guère fréquentée que par des voleurs ou des assassins.

Beppo bondit à cette nouvelle; ce devait être cette taverne dans laquelle il avait rencontré Loredano pour la première fois; et maintenant, tous les détails de cette rencontre lui revenant à l'esprit, il ne doutait plus que le seigneur André n'eût déjà depuis longtemps formé le projet qu'il venait de mettre récemment à exécution.

Mais comment faire? Se rendre à cette taverne, c'était exposer

Elena à une violence infâme. Loredano en serait prévenu par ses espions; il enlèverait de nouveau la jeune fille pour la transporter dans une autre retraite mieux cachée.

Le condottiere fit part de toutes ses perplexités à Lorenzo, qui ne voulut point attendre plus longtemps; il avait déjà trop souffert, il fallait arracher, sans plus de retard, Elena des mains qui la retenaient, et s'occuper ensuite de châtier celui qui la leur avait ravie.

Il fut donc convenu que, dès la nuit suivante, Lorenzo se rendrait, avec une bande armée des serviteurs de Grimani, à la taverne qui avait été désignée, et que l'on tenterait de s'en emparer par la ruse, si c'était possible, ou par la force, si la ruse ne réussissait pas.

Le condottiere devait veiller jusque fort avant dans la nuit sur les actions de Loredano, et s'opposer à toute tentative de sa part.

Le soir venu, Lorenzo partit, et Beppo se rendit à son poste.

Cependant André Loredano rougissait depuis trois jours de son inaction, et gourmandait chaque jour sa timidité; ce n'est pas que Loredano craignît de s'exposer à la colère vengeresse du condottiere ou de Lorenzo. André avait eu bon nombre de duels, et il s'était toujours comporté avec un courage au-dessus de tout éloge.

Sa réputation était faite à Venise sous ce rapport, et ceux qui l'avaient vu dans les guerres contre Milan n'auraient jamais eu l'idée de le taxer de lâcheté.

Mais Loredano sentait qu'il avait commis une mauvaise action; que les regards de tout Venise étaient fixés sur lui; que la moindre imprudence de sa part devait le perdre, et il n'osait sortir, de peur de se compromettre, et il n'osa t aller vers Elena, de peur d'être reconnu.

Cependant il aimait la fille de Grimani avec une passion aveugle, et, chaque fois que la pensée de cette jeune fille se présentait à son esprit, quand il se disait qu'elle était à sa disposition, qu'il n'avait qu'à franchir une faible distance pour se réunir à elle, pour la posséder, un nuage passait sur ses yeux ; il ne voyait plus ni Venise, ni le condottiere, il ne voyait plus que la belle Elena qui l'appelait.

Au bout du quatrième jour, Loredano n'y tint plus ; il prit un vêtement de marinier du port, jeta sur ses épaules un manteau qui cachait son épée, et, la nuit venue, il partit seul, à pied, sans même s'occuper de ceux qui pouvaient le reconnaître.

Il voulait voir Elena, il voulait la posséder ; il avait assez attendu ; son père lui-même ne l'eût pas arrêté!

La taverne dont nous avons parlé était située à quelques lieues de Venise ; mais il faisait une nuit charmante ; la lune s'était levée à l'horizon ; la route était heureusement accidentée : Loredano pressa le pas.

Devant, derrière, il y avait bon nombre de voyageurs ; les uns allaient vers Milan, les autres vers Venise ; ceux-ci à pied, ceux-là à cheval.

André ne prenait point garde à qui le suivait ou le devançait ; il marchait d'un pas rapide, et toute sa pensée, tout son cœur étaient à Elena.

A mesure qu'il avançait, une sorte de fièvre agitait ses membres, le sang circulait plus brûlant dans ses veines, ses tempes battaient avec force.

Enfin il aperçut de loin la taverne, prit un chemin de traverse et doubla encore le pas.

C'était là qu'était la jeune fille ; autour, tout était silence et repos ; aucun bruit ne se faisait entendre ; les fenêtres étaient fermées, la porte l'était également ; on eût dit une maison abandonnée.

On avait suivi de point en point ses instructions ; personne, en passant près de cette demeure, n'eût pu croire que la fille du procurateur de Saint-Marc y était enfermée.

IV.   7

Enfin Loredano arriva à la porte, et frappa aussi discrètement que possible.

La porte s'ouvrit. André entra et ferma le battant avec soin ; mais, quand il se retourna, il ne put retenir un cri de surprise, car devant lui venait de se dresser la figure souriante et railleuse du condottiere Beppo Querano !

Loredano devint rouge de colère, et jeta un regard furieux autour de lui.

— Toi ici ! s'écria-t-il en s'avançant vers le condottiere.

— Eh, mordieu ! pourquoi pas, répartit Beppo ; n'est-ce point ici que nous nous sommes rencontrés pour la première fois ? n'est-il pas tout simple que nous nous y retrouvions encore ?

— Mais Elena ! Elena ! fit Loredano, sans chercher à dissimuler davantage.

— Partie, mon cher ami, avec son fiancé.

— Partie ! tu dis qu'elle est partie !

— Ah ! vous êtes venu trop tard ; que diable ! nous vous avons cependant donné le temps de vous décider, soit dit sans vous offense..

Loredano ne répliqua pas à ces railleries ; il parcourait la chambre avec une fureur croissante ; il se frappait le front avec violence, et se livrait enfin à tous les désordres de la passion.

Il s'arrêta enfin en face du condottiere, qui se reprit à sourire.

— Ce n'est pas vous que j'aurais voulu rencontrer ici, à cette heure, et pendant que la colère bat ma poitrine, dit-il avec explosion ; mais, puisque vous ne craignez pas d'affronter cette colère, c'est vous que je tuerai.

Beppo fit un geste équivoque.

— Ou c'est moi qui vous tuerai, répondit-il avec calme ; d'ailleurs, à vous dire vrai, mon épée n'a encore eu affaire à Venise qu'à

DUEL À MORT

de Querano & Loredano

Imprimé par J. Claye &c Paris   (Turbaneau 100 19.)

quelques obscurs assassins, je ne serais pas fâché de me mesurer un
peu avec un gentilhomme.

— En garde donc, capitaine, s'écria Loredano en dégaînant, et
n'oubliez pas que ceci est un duel à mort?

— Ce sera ce que vous voudrez, dit le condottiere.

Et il se mit en garde avec un sang-froid du meilleur goût.

André Loredano était un des plus adroits tireurs d'épée de tout
Venise; mais le condottiere ne lui cédait en rien sur ce point, et il
avait fait ses preuves à Milan, au service du Duc. Les deux adversaires étaient dignes l'un de l'autre, et, dès les premières passes, ils
le firent bien voir.

Les épées se choquaient avec un cliquetis sonore, et cherchaient
à se frayer un passage jusqu'à la poitrine des deux adversaires;
mais la science était égale de part et d'autre, et si Loredano apportait plus de fougue dans la lutte, le condottiere y mettait plus de sang-
froid.

Pendant un quart d'heure, ce fut ainsi une lutte silencieuse et terrible; quelques blessures avaient été faites; le sang coulait sur le
pourpoint d'André et sur celui de Beppo; mais le premier était bien
moins robuste que le second, et déjà cette lutte acharnée commençait
à le fatiguer.

Le condottiere ficha un moment la pointe de son épée en terre.

— Reposez-vous, mon gentilhomme, dit-il avec courtoisie; que
diable, nous ne sommes pas des assassins, et, si nous tenons à nous
tuer, encore faut-il que la besogne se fasse dans les règles.

Mais Loredano ne voulut rien entendre, et il recommença la lutte
avec une nouvelle ardeur.

— Comme vous voudrez! fit le condottiere, mais vous doublez
mes chances.

A cette reprise, le combat dura moins longtemps sur le pied d'é-
galité; le condottiere avait évidemment tout l'avantage de la partie,

et cinq minutes à peine s'étaient écoulées quand André tomba de toute sa hauteur sur le sol.

Il était frappé à mort.

Le condottiere s'empressa autour de lui, déchira son pourpoint et examina l'état de sa blessure. La blessure était des plus graves; le sang en sortait en abondance; Loredano avait fermé les yeux ; il semblait mort.

Cependant, après quelques minutes d'attente, Beppo le vit remuer, rouvrir les yeux et chercher à se soulever : il l'aida.

— Capitaine, dit alors André, d'une voix qui faiblissait de seconde en seconde, j'ai un service à vous demander, voulez-vous me le rendre?

— Je vous en rendrai cent, si j'en suis capable, répondit le condottiere.

— Ne me laissez pas mourir dans cette taverne, à quelque prix que ce soit ; faites-moi transporter ailleurs, à Venise, chez mon père, n'importe où !

Cela sera fait comme vous le désirez, dit le condottiere.

Et, en effet, une heure après Loredano était transporté chez son père ; quand il y arriva, il donnait à peine signe de vie.

Quant à Elena, elle.était rentrée depuis quelques heures au palais Grimani, escortée par la foule des serviteurs joyeux et la multitude de Venise, qui rendait au ciel des actions de grâces

CHAPITRE III.

I.

Quelques mois s'étaient écoulés depuis les événements racontés au chapitre précédent, et, pendant ce laps de temps, la position de nos divers personnages avait notablement changé.

Lorenzo et Elena avaient quitté Venise et étaient allés habiter Florence; Grimani était parti pour prendre le commandement de la flotte, et avait emmené avec lui le condottiere Beppo Querano.

Quant à André Loredano, ses blessures, quoique très-graves, ne l'avaient pas conduit au tombeau; mais l'approche de la mort, et le spectacle de la douleur de son père semblaient l'avoir rendu meil-

leur. Il avait demandé et obtenu l'honneur de commander une des
galères de la République, sous les ordres de l'ancien procurateur de
Saint-Marc.   .

Loredano était donc parti à peine remis, et s'était mêlé aux courageux soldats que Venise envoyait contre les Turcs.

Mais si le fils paraissait avoir oublié les événements antérieurs, il
n'en était pas de même du père.

Le vieux Loredano s'était montré de tout temps jaloux, jusqu'à la
passion, de la fortune de Grimani. Le commandement de la flotte
que l'on venait de lui conférer avait exalté sa haine jusqu'à l'exas-
pération, et, quand on lui rapporta un jour son fils mourant, en lui
annonçant que c'était un des amis de Grimani qui l'avait mis dans
cet état, il jura de se venger, et mit dès lors tout en œuvre pour atteindre son but.

Tant que Grimani s'était contenté de s'enrichir en faisant le commerce avec toutes les parties du monde, nul n'y avait trouvé trop à
redire, et l'on s'était avoué qu'il avait dépensé assez d'activité, d'audace, de génie pour obtenir un pareil succès.

Quand on lui conféra la place de procurateur de Saint-Marc, la
jalousie commença à se faire jour dans les conversations du Conseil-
des-Dix, et l'on s'occupa souvent de Grimani, pour lui contester
d'abord son génie et son audace, ensuite la légitimité de la fortune
qu'il avait acquise.

Enfin, quand, en dernier lieu, la République lui confia le commandement de la flotte, et qu'on apprit qu'il avait fait, à cette occasion,
un don patriotique de cinq mille ducats, on l'accusa d'ambition, et
on se mit à l'observer.

Le père de Loredano n'eut donc pas beaucoup de peine à exciter
des soupçons déjà éveillés, et quand il parla des craintes que lui inspirait l'ambition d'un homme aussi riche que Grimani, il trouva
plus d'écho dans le Conseil qu'il ne l'aurait cru.

C'est qu'en effet, la richesse de Grimani avait souvent blessé plus d'un membre du redoutable Conseil, et plus d'un avait quelquefois insinué qu'avec une pareille fortune, l'ancien procurateur de Saint-Marc aurait pu soulever à son gré toute la multitude de Venise, et s'emparer du pouvoir par ce moyen aussi facile qu'il est coûteux.

Chacun s'étant donc bien clairement expliqué sur la nature des soupçons que lui inspirait Grimani, il fut aussitôt convenu que le nouveau commandant de la flotte serait surveillé avec le plus grand soin, et qu'au moindre indice, le vieux Loredano aurait dit au moindre prétexte, on n'hésiterait pas à le rappeler.

Le Conseil-des-Dix seul était un tribunal assez puissant, assez redouté pour s'attaquer à une popularité aussi solidement établie que l'était celle de Grimani.

Cependant, si le père d'André Loredano avait ses espions sur la flotte vénitienne, Grimani avait les siens à Venise même, et il apprit à temps tout ce qui se tramait contre lui, et quelle était l'âme de cette conspiration, qui n'avait d'autre but que sa perte.

Il redoubla d'activité, fit observer ceux qui avaient reçu la mission de le surveiller, et ne perdit pas de vue le fils de son ennemi.

D'après ce qu'il avait appris, ce dernier n'avait demandé le commandement d'une galère que pour se trouver à même d'épier plus sûrement les actions de Grimani.

La lutte était donc engagée dans toutes les conditions voulues, et la première occasion devait faire éclater la haine des deux partis.

Ce n'est pas que Grimani eût conservé précisément un profond ressentiment du rapt dont André Loredano s'était rendu coupable; mais il avait le caractère entier, et, depuis longtemps, il savait quelle haine les Loredano avaient vouée à sa famille, et c'était une des raisons qui lui avaient fait refuser de donner la main de sa fille à André.

D'ailleurs, il n'ignorait pas quelles tentatives avaient été faites, chaque jour, contre son gendre, et ce n'est qu'en raison des dangers qu'il courait à Venise qu'il l'avait fait partir pour Florence.

Les choses en étaient donc là quand les deux flottes ennemies se rencontrèrent, le 10 août 1499, près de Modon. Elles étaient à peu près d'égale force, et, pendant plusieurs jours, elles s'observèrent mutuellement, cherchant à prendre l'avantage du vent et du soleil pour s'attaquer.

Chacune attendait que sa rivale commençât, et les choses en restaient toujours au même point.

Enfin, vers le matin du troisième jour, l'action s'engagea. Dès la pointe du jour, un brouillard épais avait enveloppé les deux flottes; on ne se voyait pas à dix pas, et il était impossible de remuer sans craindre de donner sur une galère ennemie; quand le soleil se leva, un spectacle assez singulier s'offrit à tous les regards.

Il y avait, dans la flotte turque, un vaisseau énorme qui se distinguait des autres par les proportions gigantesques de ses formes. Ce vaisseau s'était tout-à-coup trouvé, par l'effet du courant, isolé du reste de la flotte ennemie, et venait d'être abordé par deux galères vénitiennes, commandées, l'une par André Lorenado, l'autre par l'albanais Darmier.

Le combat fut acharné de part et d'autre; il avait lieu sous les yeux des deux flottes; chacun des combattants tenait à faire son devoir, et les prodiges de valeur ne manquèrent pas.

La lutte, commencée avec une ardeur sans égale, se continua, pendant une partie de la journée, sans qu'aucune des deux flottes spectatrices tentât de les secourir.

Les trois bâtiments se trouvaient attachés les uns aux autres par les crampons que Loredano et Darmier avaient fait jeter au vaisseau turc, pour en faciliter l'abordage. A un moment même, le feu prit à l'un des trois bâtiments et le communiqua aux deux autres. Une flamme immense s'éleva et tourbillonna dans l'air, dévorant les trois vaisseaux, et, dès cet instant, la confusion devint terrible et la mêlée des plus sanglantes.

Lorsque Loredano vit son bâtiment perdu sans ressources, quelqu'un lui proposa de se jeter à la mer. Pour toute réponse, il saisit le drapeau de Saint-Marc, qui flottait sur le pont :

— *C'est sous ce drapeau*, dit-il, *que je suis né, que j'ai vécu, c'est sous ce drapeau que je veux mourir !*

Et, en disant ces mots, il se précipita courageusement dans les flammes.

Pendant que ces faits se passaient sur le lieu du combat, Grimani regardait, sans paraître ému, l'atroce spectacle qu'il avait sous les yeux. Le condottiere était à ses côtés et ne comprenait pas les causes mystérieuses de son inaction.

— Monseigneur ! monseigneur ! lui dit-il, votre calme et votre sang-froid m'épouvantent !... Envoyez quelques chaloupes à leur secours.

Mais Grimani ne répondait pas.

— Monseigneur ! ajouta le condottiere, n'oubliez pas que le Conseil-des-Dix a l'œil sur votre conduite ; il saisira le moindre prétexte pour vous frapper !... vous vous perdez !...

Grimani se tourna vers Beppo Querano, et lui montrant une des galères qui venait de disparaître dans les flots :

— Beppo, lui dit-il, cette galère était celle que commandait André Loredano : comprends-tu ?

Mais le condottiere secoua la tête avec tristesse :

— Je comprends, monseigneur, répondit-il, qu'avant huit jours le Conseil-des-Dix vous demandera compte de votre conduite.

Querano avait raison. La conduite de Grimani était, dans cette circonstance, tout à fait inexcusable ; car, pendant que les trois bâtiments brûlaient, des chaloupes turques entouraient les combattants et recueillaient ceux des leurs qui se jetaient à la mer, tandis que les

Vénitiens, abandonnés par leurs compatriotes, périrent presque tous!

Il fallait bien que Grimani payât sa dette à sa qualité de marchand.

Cependant le vieux Loredano ne perdait à Venise aucune occasion d'entretenir la jalousie de ses collègues à l'endroit de Grimani, et chaque jour, il leur rapportait de nouvelles dénonciations, qui donnaient lieu de supposer que le commandant de la flotte vénitienne n'avait accepté ces fonctions élevées que pour s'entourer d'une nouvelle autorité et ajouter une influence positive à celle que lui donnaient déjà sa position de procurateur de Saint-Marc, et l'immense fortune qu'il avait acquise.

Loredano racontait avec détail les complots imaginaires qu'il avait découverts, et tous les membres n'attendaient qu'une occasion favorable pour sévir contre Grimani.

Une nuit, le Conseil était réuni; il ne manquait à la redoutable assemblée que le vieux Loredano. On avait appris que les deux flottes se trouvaient en présence, et à chaque instant on s'attendait à recevoir la nouvelle d'une victoire ou d'une défaite.

Bien que l'orgueil national se fût profondément révolté, si les Vénitiens avaient été vaincus dans un engagement avec les Turcs, cependant chaque membre du Conseil semblait attendre cette nouvelle avec une sorte de joie impatiente, car elle devait lui fournir un motif de retirer à Grimani le commandement qu'on lui avait imprudemment confié, et de le soumettre à un jugement dont le résultat était par tous prévu d'avance.

On discutait les chances de la bataille d'après les rapports officiels, et d'après les relations transmises par les espions qui représentaient le Conseil sur la flotte, et chacun se livrait à ses suppositions.

Cependant l'absence de Loredano était une inquiétude pour quelques-uns, et l'on n'était pas éloigné de croire que cette absence ne fût l'indice d'un triomphe des Vénitiens.

Tout à coup les portes de la salle s'ouvrirent, et Loredano entra.

Il était pâle, sourdement agité, il s'avança à pas précipités jusqu'au milieu de la salle, et se laissa tomber sans force et sans voix sur le siége qui lui était destiné.

Tout le monde s'empressa autour de lui, et on l'accabla de questions.

— Qu'est-il arrivé? demandait on avec avidité; quel malheur pour la République?... Parlez! parlez!

Mais Loredano était anéanti; des larmes abondantes coulaient silencieusement le long de ses joues; il promena un regard hébété autour de lui, et prenant enfin son front de ses deux mains tremblantes :

— Ce qu'il y a, dit-il avec une explosion déchirante, il y a que la haine de Grimani a tué mon fils; qu'André Loredano est mort; que Grimani l'a laissé égorger sous ses yeux; qu'enfin, je vous demande vengeance!

— Expliquez-vous, s'écria-t-on!

Loredano raconta alors, en mêlant son récit de sanglots, tout ce qui s'était passé dans cette fatale journée du 12 août 1499; la valeur des marins vénitiens, la lâcheté du commandant qui avait laissé périr les siens sans tenter de leur porter secours, sa cruauté qui l'avait empêché d'envoyer recueillir ses morts.

Et comme le Conseil frémissait d'indignation en l'écoutant :

— C'est maintenant, s'écria-t-il en finissant, une haine à mort entre Grimani et moi! Je me vengerai, dussé-je être seul pour cette vengeance; j'épuiserai, dans cette lutte suprême et sainte, tout ce qui me reste de force et d'énergie, et je jure Dieu que je réussirai.... Or, écoutez, messeigneurs du Conseil-des-Dix; en cette circonstance, ma cause est la vôtre, croyez-le bien; Grimani vous frappera, comme il m'a frappé; il sera cruel, impitoyable, comme il l'a été envers

moi; c'est un joug de fer et de sang qu'il veut faire peser sur
Venise; unissons-nous donc pour sauver la patrie, pour nous sauver nous-mêmes; armons-nous contre cet ennemi commun, et ne
nous arrêtons que lorsque nous l'aurons terrassé!

Ces paroles, prononcées avec une énergie sans seconde, furent
accueillies avec enthousiasme; elles répondaient trop bien au sentiment de chacun; les rangs se resserrèrent autour du vieillard; la
perte de Grimani fut résolu, et Loredano reçut du Conseil de
pleins pouvoirs pour agir contre lui et sa famille.

Le vieux Loredano avait déjà pris des précautions à cet égard, et
il se trouvait en mesure de rendre à Grimani le mal qu'il lui avait
fait en lui enlevant son fils.

Dès la veille, un émissaire était allé à Florence prévenir Lorenzo
que Grimani l'attendait à Venise, de sorte que lorsqu'il arriva quelques jours après, la nouvelle de l'arrestation de l'ancien procurateur
de Saint-Marc s'était déjà répandue de toutes parts, et qu'il ne trouva
personne disposé à le défendre quand les agents du Conseil s'emparèrent de lui et le traînèrent en prison....

Pendant ce temps, on donnait un autre chef à la flotte, et Grimani
était ramené à Venise chargé de fers.

Son procès commença aussitôt; un procès qui ne devait pas être
long, à en juger par l'impatience des juges.

Pourquoi Grimani était-il resté dans l'inaction pendant que ses
compatriotes périssaient presque sous ses yeux? pourquoi n'avait-il
pas tenté de les arracher à la mort? pourquoi n'avait-il pas engagé
lui-même un combat avec la flotte turque qu'il pouvait facilement
vaincre?

Les charges étaient évidemment accablantes, et il n'était pas
facile d'y répondre d'une manière satisfaisante.

Au surplus, Grimani ne tenta pas même une défense que tout
annonçait devoir être inutile. Ses amis eux-mêmes l'avait, en effet,

abandonné le jour où il avait été accusé, et il ne pouvait pas conserver un doute au sujet de sa condamnation.

Grimani, commandant la flotte de Venise, pouvait bien être encore redoutable à ceux qui l'avaient nommé ; mais dès qu'il fut dépouillé des insignes du commandement, dès qu'il eut quitté le vaisseau sur lequel la volonté du terrible Conseil l'avait fait monter, Grimani devint pour tous un simple coupable.

On oublia en un jour les services qu'il pouvait avoir rendus; chacun s'empressa d'effacer de sa mémoire les obligations qu'il pouvait avoir au procurateur de Saint-Marc ; ce ne fut plus partout qu'un long cri de réprobation, et Grimani ne put pas se faire un instant illusion sur le sort qui lui était destiné.

L'histoire de Grimani est celle de tout homme qui est tombé, après s'être élevé aux places les plus éminentes d'une république. Dès que le pied manque à l'homme qui se trouve engagé dans la voie difficile de l'ambition, la foule des courtisans qui l'entourent marche sans pitié sur son corps.

Grimani, une fois traduit devant le Grand-Conseil de la République, ne fut pas longtemps à être condamné. Après un examen très-rapide des pièces du procès, il fut condamné à la relégation dans les îles de Chezzo et d'Ozero, au golfe du Quarnero.

Quant à Lorenzo, comme il était sujet florentin, et qu'aucun crime ne put être prouvé contre lui, il fut élargi au bout de quelques jours.

Mais, au moment où il sortait de Venise pour aller rejoindre Elena, qui l'attendait à Florence, il fut assassiné par des espions aux gages de Loredano.

II.

Durant le procès de Grimani, le condottiere Beppo Querano n'a-

vait pas paru à Venise, et les espions du Conseil-des-Dix avaient
vainement cherché à s'emparer de sa personne.

Le condottiere n'en était pas à son début dans ces sortes d'affaires; il connaissait depuis longues années l'esprit qui présidait aux
déterminations du Conseil, et il avait jugé prudent de se laisser oublier, du moins pour quelque temps.

Il se retira à Milan, et attendit là l'issue du procès que l'on avait
intenté à Grimani.

Quand les résultats lui en furent connus, et qu'il apprit en outre
l'assassinat dont Lorenzo avait été la victime, une colère terrible
emplit son cœur, et il se promit bien de ne pas laisser tant de crimes
impunis.

Toutefois, comme il importait de ne pas s'exposer à être pris,
avant d'avoir assuré le soin de sa vengeance, il attendit que le
temps eût fait oublier et Grimani et Lorenzo, pour prendre le chemin
de Venise.

Six mois environ se passèrent de la sorte, et, un beau matin, le
condottiere quitta Milan et prit la direction du golfe Adriatique.

Sa résolution avait été arrêtée avec un admirable sang-froid; il
savait bien que la mort l'attendait au bout du chemin, mais la peur
de la mort ne pouvait l'arrêter, et tout ce qu'il voulait, avant de
mourir, c'était de venger son maître.

Le condottiere était un cœur essentiellement dévoué et franc; il
exagérait même cette franchise du soldat, en la portant jusque dans
le crime.

Mais, à cette époque, de pareilles actions n'étaient point jugées
comme elles le sont aujourd'hui, comme elles doivent l'être. La société du moyen âge n'avait pas précisément de lois établies, et c'était
le hasard qui réglait tout.

En se rendant à Venise avec la ferme intention de tuer le vieux
Loredano, il ne croyait pas commettre une action blâmable, il pen-

sait, au contraire, que c'était un devoir pour un ami des Grimani que de punir les Loredano de tout le mal qu'ils avaient fait à ces derniers.

En arrivant à Venise, le condottiere se trouva cependant fort embarrassé, car il ne savait point comment s'y prendre pour se présenter chez le père d'André.

C'était là le point important; une fois introduit dans le palais, la chose allait d'elle même, et Beppo n'avait besoin des conseils de personne.

Il se logea toujours, en attendant, dans une auberge distante de quelques minutes de la ville, et passa là quelques jours à réfléchir sur le moyen qu'il prendrait pour attirer à lui le vieux Loredano.

Beppo Querano avait de l'imagination, et, au bout de deux jours, il avait trouvé son moyen.

Il s'était lié avec un homme de mœurs assez suspectes, qui fréquentait l'auberge dans laquelle il était descendu, et qui s'appelait Stefano. Comme il ne manquait pas d'or, il l'engagea facilement à lui rendre le service qu'il en voulait tirer. Ce service ne devait d'ailleurs exposer celui qui le rendrait à aucun danger, et l'homme ne fut pas long à se décider.

Un soir donc, Stefano sortit de l'auberge, après avoir reçu les dernières instructions de Beppo, et se rendit au palais Loredano. Le vieillard était seul, mais on ne l'abordait pas facilement; cependant Stefano s'annonça comme un turc arrivé tout droit de Constantinople et qui apportait à Lorenado des nouvelles de son fils.

Le vieillard eut un moment de joie folle à cette nouvelle, et fit introduire Stefano.

Ce dernier raconta alors qu'il venait de la part d'un homme de sa nation, lequel n'avait pas osé pénétrer dans Venise, parce que la République était en guerre avec son pays, et qu'il craignait qu'on ne lui fît un mauvais parti; que cet homme lui avait parlé du fils de

Loredano ; il dit qu'André n'était point mort, comme on avait pu le croire ; que, dans la fatale journée du 12 août 1499, il avait été recueilli, presque mourant, par les gondoles turques, fait prisonnier, et que depuis il languissait dans l'esclavage.

Du reste, l'homme qui envoyait Stefano avait mille détails à lui offrir à ce sujet, et, s'il voulait le suivre, il les entendrait de sa bouche même.

Le vieillard ne se fit pas répéter deux fois cette invitation ; il prit un manteau qu'il jeta sur ses épaules et suivit Stefano, qui le conduisit au condottiere. Le malheureux vieillard n'avait pas eu une seconde d'hésitation ; il s'agissait de son fils, tout était possible !

D'ailleurs, la fable qu'on lui avait racontée était vraisemblable, et bien souvent même il avait pensé qu'André n'était pas mort, et qu'il avait pu se sauver.

Dès qu'il entra dans la chambre de Beppo, il courut donc à lui les bras ouverts, la figure souriante, avec mille espoirs dans le cœur !

— Mon fils ! lui cria-t-il, vous avez vu mon fils !

Mais, au lieu de répondre, Beppo s'était précipité vers la porte qu'il avait fermée, et était revenu vers le vieillard interdit, en mettant l'épée à la main.

— Il ne s'agit pas de votre fils, monseigneur, s'écria Beppo, en marchant vers Loredano, il s'agit de Grimani que vous avez impitoyablement fait condamner à la rélégation ; il s'agit de Lorenzo que vous avez lâchement fait assassiner. Je suis le condottiere Beppo Querano, monseigneur, un ami de Grimani et de Lorenzo !

Le vieillard se laissa tomber accablé sur une chaise, et cacha son front dans ses mains.

— Mon fils ! mon fils ! dit-il avec des sanglots déchirants.

L'espoir qu'il avait conçu un moment, et qu'un mot venait de briser, l'affectait plus douloureusement que ne l'épouvantaient les menaces du condottiere.

— Loredano, reprit peu après le condottiere, c'est le ciel qui arme, en ce moment, mon bras; c'est lui qui me charge de tirer vengeance de tous les crimes que tu as commis!

— Mon fils! mon fils, balbutia le vieillard, mon pauvre André!

— Ton enfant est mort, et tu vas mourir comme lui.

— Oh! ma vie est finie, s'écria Loredano; elle m'est à charge depuis que mon fils n'est plus; fais de moi ce que tu voudras, je n'opposerai aucune résistance!

Pour tout autre que le condottiere, c'eût été certainement un spectacle digne de pitié que ce vieillard accablé de douleur, demandant son fils avec des sanglots, et disposé à quitter le monde que la mort de son enfant avait dépeuplé de toute joie! Mais Beppo n'avait aucune pitié dans le cœur; il était venu à Venise avec une idée bien arrêtée de vengeance, et il voulait la satisfaire à tout prix.

Il s'avança donc vers le vieillard, l'épée nue à la main, et le frappa en pleine poitrine.

— Mon fils! mon fils! cria encore Loredano.

Et il tomba sur le sol.

Ajoutons à cette histoire que, vingt années après, la République voulut réparer les torts qu'elle avait eus envers Grimani, qu'elle le rappela dans son sein, et lui conféra la dignité de doge.

Le rappel de l'ancien procurateur de Saint-Marc n'était point complétement désintéressé, comme semble vouloir le faire supposer M. de Sismondi; à l'époque où ce rappel eut lieu, les affaires de la République n'étaient point en bon état, et Venise pouvait craindre, à ce moment, pour l'influence qu'elle avait si longtemps exercée autour d'elle.

La ligue de Cambrai allait se former, et cette ligue, dès son début, dut singulièrement effrayer les esprits irrésolus de Venise.

Jusqu'alors, cette République avait, pour ainsi dire, régné sans partage ; la prospérité avait enflé son orgueil, ses richesses considérables avaient éveillé sa vanité.

Venise, ou plutôt cette institution dont on sent partout l'intervention occulte, le Conseil-des-Dix s'était rendu coupable de bon nombre d'exactions politiques, qui avaient excité bien des mécontentements. Il n'avait pas craint même, comme on l'a vu, de s'en prendre aux puissances de premier ordre ; et ces dernières, qui n'avaient pas les mêmes raisons que les petits états d'Italie pour supporter patiemment l'arrogante fierté de ces marchands, et qui, d'ailleurs, convoitaient peut-être un riche butin de ce côté, ces dernières, disons-nous, résolurent d'unir leurs griefs, et de donner à leurs mécontentements une seule mais éclatante satisfaction.

La ligue de Cambrai n'eut guère d'autre cause. Le Pape, Louis XII, Maximilien, voulaient, chacun, un lambeau de la République ; ils s'entendirent à cet effet, et convinrent de tout avant de rien entreprendre.

Ils voulaient (c'étaient les prétextes avoués ouvertement) faire cesser les rapines, les injures, les pertes que les Vénitiens avaient causées, non-seulement au Saint-Siége apostolique, mais encore au Saint-Empire romain, à la maison d'Autriche, aux ducs de Milan, aux rois de Naples, et à plusieurs autres princes, en occupant et en usurpant tyranniquement leurs biens, leurs possessions, leurs villes et leurs châteaux.

Pour ces causes, ajoutait le manifeste de Maximilien, nous avons trouvé non-seulement salutaire, utile et honorable, mais même nécessaire d'appeler chacun à une juste vengeance, pour éteindre, comme un incendie commun, la cupidité insatiable des Vénitiens et leur soif de domination.

Quand le monde (après l'exposition universelle) s'unira dans une ligue immense pour écraser l'Angleterre, il y aura un manifeste de ce genre là.

Après ce préambule, venaient le plan et le but de la ligue.

Les confédérés devaient forcer les Vénitiens à rendre au Saint-Siége : Ravenne, Cervia, Faenza, Rimini, Imola et Cesène ; à l'Empire, Roveredo, Trévise et Fruili ; au roi de France, Brescia, Bergame, Côme, Crémone, la Ghiara-d'Adda, et toutes les dépendances du duché de Milan ; au roi d'Espagne et de Naples, Trani, Brindisi, Otrante, Gallipoli, Mola et Polignano ; au roi de Hongrie, s'il entrait dans cette alliance, toutes les villes de Dalmatie et d'Esclavonie qui avaient autrefois appartenu à sa couronne ; au duc de Savoie, le royaume de Cypre ; aux maisons d'Est et de Gonzague, les possessions que la République avait conquises sur leurs ancêtres.

Ce que l'Angleterre rendra de bien volé à chacun, il serait vraiment trop long de le dire.

A partir de cette ligue, l'Italie marche à grands pas vers sa décadence : la corruption ruine les corps des diverses républiques, et elles disparaissent peu à peu de la scène politique.

Le Conseil-des-Dix, à Venise, conserva bien longtemps encore, cependant, cette mystérieuse influence qu'il avait exercée, et inspira une égale terreur aux classes plébéiennes et patriciennes. Mais peu à peu ce terrible pouvoir perdit son prestige ; la corruption qui rongeait les autres corps de l'état, et que distillait celui-ci, le gagna à son tour, comme ces empoisonneurs qui meurent un beau jour de l'odeur de leurs drogues. L'entrée du redoutable Conseil ne fut plus défendue comme par le passé, et quand chaque citoyen fut admis à voir de près les ressorts de la machine, on commença à en redouter moins les effets.

Le Conseil-des-Dix ne fut plus bientôt que l'ombre de ce qu'il avait été, et enfin, il s'éclipsa dans une trappe comme un vieux traître de mélodrame.

Il avait commis assez de crimes, et rendu aussi, disons-le, assez de services à la République, pour que l'histoire ne perdît jamais son souvenir.

LES ASSASSINS.

AVANT-PROPOS.

L'islamisme n'est, comme chacun le sait, qu'un mélange confus de christianisme, de judaïsme et de sabéisme. Les assassins sont tout simplement une branche des Ismaëlites, secte qui prit naissance au sein de l'islamisme, et dont l'origine remonte, ainsi que son nom l'indique, à l'iman Ismaël.

Abdallah, fils de Maimoun, avait été, à une époque assez reculée, dont il n'est pas bien facile de préciser la date, élevé selon les principes religieux des Persans. Il professa longtemps avec éclat la doctrine du dualisme, et obtint dans son professorat de grands et légitimes succès.

Il a laissé un nom illustre en Orient, et il a compté de nombreux et fervents disciples. C'est lui qui le premier résolut de miner et d'abattre l'empire et la foi des Arabes. Ce n'était assurément pas chose facile ; car, s'il est un peuple fidèle à sa religion, à ses coutumes, à ses mœurs, c'est bien le peuple arabe ; mais Dieu est grand, et Abdallah ne manquait ni de volonté ni d'énergie.

Dès que cette idée eut suffisamment germé dans son esprit, il quitta la Perse et se mit à enseigner sa doctrine, que, pour plus de clarté, il avait divisée en sept degrés.

Quand il arrivait au septième degré, il démontrait la vanité de toutes les religions et l'indifférence de toutes les actions humaines ; il ajoutait que les hommes n'ont rien à craindre, parce que, ni ici-bas, ni là-haut, ils ne doivent recevoir ni châtiment ni récompense.

Abdallah avait la parole abondante et facile ; son éloquence était particulièrement persuasive et entraînante ; en peu d'années, bien des adeptes accoururent se ranger autour de lui ; il alla ainsi d'Ahwas à Baszra, et, de cette dernière résidence, en Syrie.

Malheureusement, il y a toujours des disciples qui veulent renchérir sur la doctrine du maître, et Abdallah fut bientôt dépassé en audace et en immoralité.

Ahmed, surnommé Karmatt, fils d'Eskhaas, poussa ses prémisses jusqu'à leurs dernières limites. Il enseignait, lui, ainsi que nous l'avons déjà dit dans la préface de cet ouvrage, que rien n'était défendu ; qu'il était indifférent que les actions des hommes fussent bonnes ou mauvaises ; qu'enfin il devenait urgent d'exterminer les bons ou mauvais princes, sans distinction.

Selon Ahmed, il n'y avait pas de bons princes. D'ailleurs, il joignait l'action à sa morale ; avec une bande de malheureux qu'il avait réussi à fanatiser, il se mit à parcourir le pays, et une fois même il prit la Mecque.

La secte s'étendit ainsi, grâce à l'audace inouïe de ses partisans, et en peu de temps elle acquit une importance officielle ; des princes les protégèrent, et elle obtint une loge au Caire, où, les lundi et mercredi de chaque semaine, des professeurs largement rétribués enseignaient à la foule surprise la doctrine du maître.

Il y avait neuf degrés dans l'initiation :

1° On exigeait du postulant une confiance absolue, une obéissance aveugle;

2° On imposait l'obligation de croire à l'Imamat comme à une institution divine et comme la source de toute science ;

3° On apprenait à l'initié son nombre, qui était toujours le nombre *sept ;*

4° On enseignait le commencement du monde ;

5° On enseignait le nombre *douze ;*

6° Venait ensuite l'examen de la législation générale philosophique ;

7° Le mysticisme ;

8° Doctrines positives en matière de religion ;

9° *Ne rien croire, et tout oser.*

Ce dernier degré de l'initiation était celui qui renfermait toute la doctrine, et l'on n'initiait en conséquence que les disciples de la foi desquels on était bien sûr.

Du reste, l'organisation de la société était déjà formidable, et elle prit, à diverses reprises, une part active dans les émeutes qui ensanglantèrent le Caire, et, vers l'année 1122, ils furent assez forts pour menacer le trône.

Mais l'Egypte en fut quitte cette fois pour la peur, et le khalife Emz-Reahkamillah, qui y régnait, jugea prudent de faire raser cette loge funeste, que les princes ses prédécesseurs leur avaient octroyée.

Les membres de la loge se virent alors contraints de fuir, pour éviter les persécutions qui les attendaient, et ils se répandirent en

Asie. Mais ils n'avaient pas renoncé à leurs projets de domination, et l'un d'eux, Hassan-Ben-Sabbah-Homaïri reparut bientôt sur la scène et releva le courage et l'espoir de ses frères.

C'est à cet Hassan que commence réellement l'histoire des *Assassins*.

CHAPITRE PREMIER.

I.

Vers l'année 460 de l'Hégire (1067 après J.-C.), vivait dans le
Khôrassan, province de l'Afghanistan, un certain schüte orthodoxe
de Reï, du nom d'Ali. Cet homme était venu, disaient quelques-uns,
de Koufa à Koum, et de Koum à Reï ; selon quelques autres, ses ancêtres n'avaient jamais quitté le pays, et ils avaient de tout temps habité les villages de cette contrée.

Les opinions et les paroles d'Ali l'avaient généralement fait sus-
pecter d'hérésie ; aussi lui donna-t-on le surnom de Rufedha ou Mo-
tasal, ce qui voulait dire *dissident ou apostat*.

Le gouverneur de la province de Khôras an, Aboumoslem, était un homme de mœurs assez rigides et d'ailleurs *sûnnite* sévère. Ali craignit d'éveiller sa haine par une opposition trop ouverte, et, pour lui donner une haute idée de son orthodoxie, il employa toutes sortes d'artifices et de mensonges, et se retira, à diverses reprises, dans un couvent, pour se livrer tout entier à une vie contemplative.

Mais ces expédients ne produisirent pas l'effet qu'il en attendait, et, malgré toute sa bonne volonté, il continua à être regardé par ses coreligionnaires tantôt comme hérétique, tantôt comme incrédule et athée.

Or, l'islamisme est la plus intolérable de toutes les religions. Les absurdités grossières du Koran y passent tyranniquement à l'état d'articles de foi. Il ne faut pas qu'un musulman ait d'autres pensées que celles qui traînent dans cet impur bouquin, sous peine du pal ou du cordon.

Ali n'aimait ni le cordon ni le pal.

Pour les éviter, il eut recours à un autre moyen.

Ali avait un fils qui s'appelait Hassan-Ben-Sabah, et comptait environ vingt-cinq ans.

Hassan était grand, vif, intelligent, et avait révélé de bonne heure des qualités éminentes. Afin de dissiper les soupçons qui s'attachaient à lui, Ali crut devoir éloigner son fils du Khorassan, et il l'envoya à Nischabour, pour y étudier le Koran et la Sùnna, sous le célèbre Mowafek Nischabouri, âgé alors de quatre-vingts et quelques années.

Une fois son fils envoyé à cette distance, on ne devait plus supposer qu'il avait l'intention de l'élever dans son hérésie.

Hassan-Ben-Sabah n'opposa aucune résistance à la volonté de son père; il n'éprouvait aucun regret de quitter la maison paternelle, et désirait ardemment, au contraire, tenter les hasards de la fortune : naturellement aventureux, il avait hâte d'aborder un vaste théâtre digne de son génie, et ce n'est qu'à regret qu'il était resté près de son père jusqu'à l'âge de vingt-cinq ans.

Bonne nature de chef de secte ! Excellent bois pour faire un prophète comme Mahomet, un protecteur comme Cromwell, ou un empereur comme Napoléon.

Dans ces diverses et éminentes positions, le cœur gêne. Heureux ceux qui le peuvent mettre dans leur poche, à l'exemple du jeune fils d'Ali !

Jusqu'alors, Hassan-Ben-Sabah avait vécu fort retiré ; il ne fréquentait personne, voyageait beaucoup, étudiait avec ardeur ; il avait traversé, à diverses reprises, les plaines fécondes de l'Hérat, et avait même suivi, dans leurs excursions lointaines, les Eimakes et les Hazarehs, tribus nomades de la province.

Il aimait cette vie de hasard. Jamais aucune lassitude ne s'était emparée de lui ; son esprit, toujours actif, paraissait infatigable ; il allait chaque jour, avec une ardeur nouvelle, sans même se préoccuper de ce qu'il trouverait au bout du chemin.

On l'avait vu souvent dans les rues d'Hérat, se promener tout seul, les yeux fermés, la tête levée vers le soleil, récitant à haute voix des versets du Koran : quelquefois, on l'avait trouvé, assis à l'ombre de quelque pilastre, plongeant son regard dans l'horizon bleu.

Hassan voyait-il alors s'ouvrir l'avenir, et la destinée pour laquelle Allah l'avait réservé, lui apparaissait-elle tout à coup ?

Il n'y a d'autre Dieu que Dieu, et Mohammed est son prophète ! disait Hassan-Ben-Sabah, et, si le prophète le commande, Hassan obéira !

Vous sentez, ils sont tous les mêmes. C'est bien malgré eux qu'ils s'emparent de l'autorité, les pauvres hommes ! Les uns disent : *Si le prophète commande ;* les autres murmurent : *Si le peuple ordonne...*

Oh! les bonnes gens!

Cependant, dès cette époque, Hassan se sentait profondément sollicité par de sourdes inquiétudes et de puissants instincts qui l'appelaient vers d'autres lieux. Quand son père lui ordonna de partir pour Nischabour, ce fut avec une sorte d'enthousiasme qu'il obéit.

Il avait souvent entendu parler de Mowafek Nischabouri, et c'était déjà une faveur considérable que d'être admis à écouter sa parole et ses enseignements.

Mowafek était profondément versé dans toutes les sciences, et la renommée dont il jouissait à juste titre, était si grande, qu'on le considérait non-seulement comme un des hommes les plus instruits dans la loi du prophète, mais encore comme un homme capable d'assurer à jamais le bonheur temporel à tous ceux qui étudiaient avec lui le *Koran* et la *Súnna*.

Une foule innombrable de jeunes gens distingués se pressait à ses cours, et tous prouvaient, en mettant à profit leurs relations avec le sage Iman, combien l'opinion publique avait été juste à son égard.

Avant d'aller plus loin, il importe de définir le *Koran* et la *Súnna*, deux mots que nous aurons plus d'une fois occasion d'employer dans le cours de ce récit :

« Le Koran, dit M. Haumier, est le chef-d'œuvre de la poésie arabe ; ce qui distingue ce poëme de tous les autres, c'est la sublimité des idées qui percent au milieu d'un chaos de traditions et de lois confuses, et l'énergie du langage. Jamais poëme arabe n'eut une gloire si haute.

« Lebed, un des sept grands poëtes dont les ouvrages portaient le nom d'All-Moallakat, les *Suspendus*, parce qu'ils étaient suspendus aux murs de la Kaaba, les en arracha comme n'étant pas dignes d'un tel honneur, après avoir lu le commencement sublime de la deuxième soura du Koran. »

Hassan, le satirique, qui poursuivait le prophète de sa verve

moqueuse, et qui, suivant la tradition, fut réfuté par des vers
envoyés du ciel, se vit forcé de reconnaître la puissance inévitable
de sa parole et de ses armes, après la conquête de la Mecque,
et Kaab, fils de Soheir, lui rendit un hommage spontané en lui
adressant un hymne de louanges qui lui fit obtenir du prophète,
comme récompense, le don de son manteau. Il occupe encore
aujourd'hui une place distinguée parmi les trésors de l'Empire
ottoman, et est vénéré et touché tous les ans, au mois de ramazan[1], avec de grandes cérémonies, par le Sultan, les hauts fonctionnaires et la cour.

Mohammed ne s'était pas contenté d'être le premier poëte de
son temps, il voulut en être encore le plus grand prophète.

Ses succès tentèrent quelques-uns de ses admirateurs.

Moselecina, contemporain de Mohammed, et comme lui poëte de
la nature, fut sur le point de devenir un rival très-dangereux.

Ibn-Mokaffaa, l'agréable traducteur des fables de Bidpai, qui
s'était enfermé des semaines entières pour faire un vers, et qui soutint
la comparaison avec ce passage splendide du Koran sur le déluge :
Terre, bois tes eaux; Cieux, retenez vos cataractes; ne rapporta
pour fruit de ses travaux que la renommée d'un déiste.

Enfin, Motenebbi (homme qui prophétise) acquit à la vérité la
gloire d'un grand poëte, mais non celle d'un prophète.

Aussi, le Koran, demeuré sans rival, fut exclusivement regardé,
pendant douze siècles, comme un poème incréé, céleste, inimitable;
— comme la parole même de Dieu.

Mais le Koran n'est pas la seule œuvre qui nous soit parvenue de
Mohammed; il y a encore la *Súnna.*

---

[1] Sorte de carême, pendant lequel les Turcs ne mangent qu'après le coucher du soleil.

La *Sûnna*, c'est la parole du prophète, c'est-à-dire, la collection de ses harangues et des commandements qu'il donnait de vive voix. Dans ces lois, de même que dans le Koran écrit, on trouve une vive imagination, une grande force de volonté, une connaissance profonde de l'homme; on y reconnaît à chaque page le génie du grand poëte et du législateur, enveloppé des plus étranges erreurs et d'un voile épais *d'absurdités !*

L'acte de foi de l'Islamisme, c'est-à-dire, *Résignation à la volonté de Dieu*, est : « *Il n'y a d'autre Dieu que Dieu, et Mohammed est son prophète.* »

Toute sa doctrine se réduit à cinq articles de foi et autant de devoirs pour le culte extérieur. Les premiers consistent dans les dogmes suivants : la croyance en Dieu, à ses anges, à ses prophètes, au jugement dernier, à la prédestination ; les devoirs religieux sont : l'ablution, la prière, le jeûne, l'aumône et le pèlerinage à la Mecque.

Ils forment, à eux tous, un mélange de christianisme, de judaïsme et de sabéisme ; seulement, il n'y a point d'autres miracles que celui de la création et de la parole, c'est-à-dire, les vers du Koran ; l'ascension de Mohammed, qui s'y trouve, n'est qu'une figure dans le genre de celle d'Ézéchiel, et l'alborak, ou le cheval céleste du prophète avec un visage d'homme, une imitation de la vision du prophète juif.

Les dogmes des choses dernières, du jugement des morts, de la balance où se pèsent les âmes, du pont de l'épreuve, des sept enfers et des huit paradis, sont empruntés aux traditions persanes et égyptiennes.

Les joies que donnent les plaisirs des sens, et les raffinements de la volupté, des lits de gazon sous l'ombrage, près desquels murmurent des ruisseaux cachés sous les fleurs, des kiosques dorés, des coupes précieuses, des buffets magnifiques, des sofas moelleux, des sources aux ondes argentéees, et de jeunes garçons d'une ravissante beauté, sont les plus grandes récompenses du ciel.

Les sorbets mousseux, et le plus pur vin puisé aux sources de Kewszer et de Selsebel, sont la nourriture de l'homme pieux qui se sera abstenu sur la terre de boissons enivrantes.

Des jeunes filles, aux yeux noirs et d'une éternelle jeunesse, partageront la couche du juste, et surtout de celui qui aura remporté la palme du martyre dans une sainte guerre contre les ennemis de la foi; à lui, félicité éternelle, car le paradis est sous l'ombre des épées, et l'épée des croyants doit servir sans cesse contre les infidèles jusqu'à ce qu'ils se convertissent à l'Islamisme, ou se soumettent en payant un tribut; c'est chose légale que de tuer celui qui menace la foi ou l'Empire, et si le meurtre est quelquefois pardonnable, la révolte ne l'est jamais!...

Tels sont, en quelques mots, les deux grands codes religieux des Mohammedans. Il était important d'en donner au lecteur une idée succincte, pour qu'il pût bien comprendre l'histoire qui va suivre. Cette histoire se passe, en effet, dans un pays dont les institutions qui précèdent ont profondément pénétré l'esprit.

II.

Quand Hassan Ben Sabah partit pour Nischabour, il était imbu des doctrines du Koran et de la Sanna, et rien ne pouvait faire supposer qu'il deviendrait un des ennemis les plus redoutables de l'Islamisme.

Il allait vers Mowafek avec une ardeur et une ambition sans égales, mais il y allait avec une foi qui n'avait point encore été ébranlée.

Il sentait eu lui les germes d'une aspiration démesurée, presque folle, mais en réalité, il ne savait pas quel but assigner à cette

ambition; il était sourdement travaillé par le désir de sortir de la
sphère dans laquelle il était né, et où il avait vécu, mais il aurait
été fort embarrassé de dire ce qu'il désirait, et quelle satisfaction l'aurait rassasié.

En arrivant à Nischabour, il fut surpris du charme pittoresque
qui régnait de toutes parts, et du ravissant aspect qu'offrait la demeure du célèbre Mowafek.

Autour de cette habitation, une double rangée de platanes étendait
ses branches larges et vertes; une rivière, au lit caillouteux et
plein de doux murmures, lui faisait comme une ceinture mouvante;
partout le calme, le recueillement, la paix. A quelque distance
était la ville, avec ses éclatantes murailles blanches; ses seraïs,
entourés d'arbres odoriférants, ses mosquées, ses promenades;
plus loin, les grands lacs aux eaux claires; plus loin encore, se
confondant avec l'horizon bleu, les montagnes aux pentes douces,
couvertes de pinastres...

Tous les instincts voluptueux d'Hassan-Ben-Sabah s'éveillèrent
dans son cœur ému. Il s'assit un moment au bord du sentier, et se
prit à rêver.

Il était à quelques pas seulement de la demeure de Mowafek; de
temps à autre, des disciples entraient dans cette demeure ou en
sortaient : c'était vers la fin du jour; bon nombre de personnes
se rendaient à la prière; l'horizon se teignait déjà des derniers
feux du crépuscule.

Hassan demeura longtemps ainsi replié sur lui-même, sondant
l'avenir, et cherchant sa voie mystérieuse à travers les hésitations de
son cœur.

Ce ne fut que lorsque la nuit fut tout à coup venue qu'il
songea à se retirer.

Mais au moment où il allait se lever et s'éloigner, deux hommes sortirent de la maison de Mowafek et parurent se diriger de son côté.

Hassan croyait à la prédestination ; un secret instinct le poussa vers les deux inconnus, et il marcha à leur rencontre.

L'un de ces deux hommes s'appelait Omar Khiam, et s'occupait d'astronomie et de poésie ; l'autre s'appelait Nisamolmoulk, et s'occupait de politique.

Tous les deux étaient les disciples de Mowafek Nischabouri, et s'étaient placés au premier rang par leur ardeur au travail et l'intelligence dont ils avaient donné déjà beaucoup de preuves.

Hassan les salua en mahomet, et leur récita plusieurs versets de la Sùnna, en gardant les mains en croix sur sa poitrine.

— D'où viens-tu ? lui dirent les deux jeunes gens.

— Dieu est partout, répondit le fils d'Ali ; d'ici ou de là, qu'importe ?

— Que sais-tu ?

— Je sais que Dieu est Dieu.

— Que veux-tu ?

— Trouver le sentier qui mène aux pieds du prophète de Dieu.

Omar Khiam et Nisamolmoulk le saluèrent à leur tour et lui tendirent la main.

Il ne leur fallut pas longtemps pour s'apercevoir de la valeur de Hassan, et dès cet instant ils se lièrent d'une étroite amitié.

Hassan-Ben-Sabah se présentait donc à l'école de Mowafek Nis-chabouri dans les meilleures conditions. Il était jeune, hardi, aven-tureux, avait l'ardent désir d'arriver, et n'était retenu par aucune considération sur les moyens à employer... De plus, il était servi par une intelligence peu commune, et il dépassa bien vite ses confrères, et étonna même son maître, par l'audace de ses explications et la netteté de ses propositions.

Hassan-Ben-Sabah passait une partie de ses journées près de Mowafek, ou dans la compagnie de ses deux nouveaux amis, Omar

Khiam et Nisamolmoulk. Ces trois hommes étaient certes bien faits pour se comprendre et se fréquenter ; leur ambition avait un but complétement opposé, et ils pouvaient marcher en se donnant la main, sans s'inspirer réciproquement la moindre jalousie.

Nisamolmoulk était l'homme d'état ; Omar Khiam, le poète ; Hassan-Ben-Sabah, le philosophe.

De ces trois hommes cependant, Hassan était, sans contredit, le plus grand.

Omar Khiam avait des goûts particuliers ; il se livrait exclusivement à l'étude, passait une partie de ses journées allongé sur les sophas moëlleux des séraïs, se laissant bercer par les rêves de son imagination molle et indécise. Il affectionnait passionnément la vie *horizontale*, et il aurait vécu, étendu sur ses tapis, s'il avait pu garder cette position jusqu'à la fin de ses jours.

Nisamolmoulk avait plus d'activité réelle que Khiam, mais la nature positive de ses études l'avait enlevé de bonne heure à la vie contemplative, pour le livrer tout entier aux discussions et aux plans d'organisation politique. Nisamolmoulk avait étouffé dans leurs germes tous les échos de sa jeunesse, et n'avait conservé d'ardeur, d'enthousiasme, de génie même, que pour les spéculations sociales.

Hassan, au contraire, avait encore toute la fougue des premières années ; il avait le désir immodéré de la domination, et il avait l'amour des femmes.

Dès les premiers instants qu'il avait passés à Nischahour, vingt jeunes filles aux yeux noirs l'avaient frappé, et l'une d'elles, surtout, avait profondément ému son âme. La philosophie, l'étude du Koran et de la Sùnna, rien ne pouvait lui faire oublier qu'il était homme, et quand il était sorti de la demeure de Mowafek, qu'il avait quitté ses deux amis, Khiam et Nisamolmoulk, il se glissait furtivement le long des platanes, et entrait dans un des kiosques les plus ravissants de la ville.

Hassan n'avait pas fait vœu de chasteté, et il prenait d'avance ces plaisirs que Mohammed ne promet que dans son paradis.

Un soir, Hassan-Ben-Sa ah venait de quitter Omar et Nisamol-moulk, et il s'acheminait lentement, rêveur et soucieux, vers le kiosque dont nous avons parlé.

La nuit était venue, on ne rencontrait déjà plus personne dans les rues de Nischabour ; Hassan erra un moment sous l'allée de platanes qui conduisait au kiosque, poussa dans la porte un ressort invisible et entra.

Un jour mystérieux régnait à l'intérieur : l'appartement était meublé avec un luxe oriental vraiment princier ; Hassan ferma avec soin la porte qu'il venait d'ouvrir, et marcha vers une jeune femme, couchée nonchalamment sur un sopha, et qui se souleva à peine au bruit que fit l'entrée du philosophe.

— Est-ce vous, Hassan ? dit-elle d'une voix à moitié endormie.

— C'est moi, Aisché, répondit Hassan, qui s'était approché et qui posa ses lèvres sur le front de la jeune femme ; ne m'attendais-tu pas ce soir ?

— Ne vous attends-je pas tous les soirs, Hassan ? répondit la jeune femme.

— Est-ce un reproche ?... Mon amour vous serait-il trop lourd déjà, Aisché ?...

Pour toute réponse, la jeune femme jeta ses deux bras indolents et nus autour du cou de Hassan, et l'attira près d'elle avec un sourire où brillaient mille promesses.

Hassan s'assit auprès d'Aisché, et demeura un instant à la contempler.

Aisché avait quinze ans ; elle était belle ; son opulente chevelure ruisselait en flots d'ébène sur ses épaules demi-nues ; ses longs yeux noirs lançaient d'ardentes et vives étincelles ; les étoffes qui l'enveloppaient laissaient deviner ses formes admirables, bien plus qu'elles ne les cachaient. Aïché était encore une enfant, on peut le dire; elle sortait à peine de la serre chaude où l'Islam cultive la beauté; elle venait de réveiller son âme qui dormait, enveloppée dans ses plus belles illusions.

Hassan-Ben-Sabah était son premier amour, et elle s'y livrait tout entière, sans arrière-pensée, avec une joie paresseuse et mollement énivrée.

Hassan était pour elle le véritable prophète ; c'était son culte, sa religion; elle n'en avait point d'autre. Quelquefois elle s'effrayait bien un peu elle-même de la puissance de ce sentiment qui s'était emparé de son cœur et de son esprit; mais la passion qu'elle éprouvait ne lui laissait pas le temps de réfléchir, et elle ne songeait qu'à l'amour d'Hassan, et au bonheur qu'elle en retirait.

Si vous saviez que sous cette paresse des Orientales, il y a un feu mystérieux qui couve et peut, au moindre choc, se changer en incendie.

Cependant le jeune philosophe s'était assis, triste et soucieux, auprès de sa jeune maîtresse, et, sa main dans la sienne, ses yeux dans ses yeux, il s'oubliait dans cette contemplation muette.

— Hassan, dit enfin la jeune femme, en cherchant à le tirer de sa sombre rêverie, vous m'adressiez des reproches tout à l'heure, et c'est vous maintenant qui demeurez silencieux près de moi. Qu'avez-vous donc, et que se passe-t-il en vous?

Hassan passa rapidement les mains sur son front, comme pour en chasser une pensée importune.

— Je n'ai rien, répondit-il faiblement.

— Cependant vous êtes triste, insista Aïché; vous avez quelque chagrin !

— C'est vrai.

— Et vous refusez de les confier à Aïché.

— Je ne veux point vous attrister, ma chère âme, répondit Hassan.

— Ne suis-je donc plus digne de votre confiance? repartit la jeune femme.

— Ai-je dit cela?

— Vous le pensez peut-être.

Hassan l'attira sur son cœur.

— Eh bien! s'écria Aisché, si vous voulez que je vous croie, que je vous aime, que j'aie toujours confiance en vous, distes-moi quelle douleur est la vôtre, et pourquoi vous voilà soucieux et sévère.

— Une calamité publique est sur le point de nous frapper, dit le jeune philosophe avec regret.

— Laquelle?

— Le maître est malade.

— Mowafek! Il est vieux, en effet, et usé par les travaux...

— La sagesse ne devrait ni vieillir ni périr.

— Moi! j'ai toujours pensé, dit Aisché, qui laissa errer sur ses lèvres un fin sourire, que l'Iman mourrait avant que Hassan ne devint sage!...

Hassan regarda un moment la jeune femme avec un amour mêlé de terreur : il la prit dans ses bras.

— Aisché, lui dit-il alors d'une voix émue, ce n'est point la mort de Mowafek qui m'épouvante; cette mort, il y a longtemps que ses disciples et moi nous la redoutons : nous nous sommes faits à cette pensée... mais l'Iman mort, que deviendrai-je, moi? ne faudra-il pas que je quitte Nischabour, que je quitte ce pays, que je retourne dans le Khorassàn, où mon père m'attend?... Et si je pars, que deviendra Aisché?

Ces paroles avaient frappé la jeune femme comme un poignard. Elle pàlit, leva les mains vers le ciel, et alla cacher sa tête sur la poitrine de son amant.

— Partir! noùs séparer! dit-elle avec une explosion de sanglots;
Hassan pourrait-il se résoudre à quitter Aïsché? C'est impossible, et
vous n'y avez pas songé; si cette séparation devait arriver, vous
savez bien que je mourrais!

— Mais que faire? que faire? s'écria Hassan.

— Partout où son maître ira, Aïsché le suivra, répondit la jeune
femme.

— Ah! que Mohammed m'inspire, dit le philosophe, en laissant
retomber sa tête sur sa poitrine.

En ce moment, quelques coups frappés rapidement retentirent sur
la porte du kiosque, et détournèrent l'attention des deux amants.

Hassan se leva et alla ouvrir : c'était Nisamolmoulk.

Hassan ne s'étonna point de le voir accourir à une pareille
heure de la nuit, et il comprit tout de suite la cause qui l'avait
fait venir.

Mowafek allait mourir, et il faisait appeler, près de lui, tous ses
disciples.

Les deux amis s'éloignèrent aussitôt, et se rendirent en toute hâte
à la demeure du célèbre Iman. Il était temps, car ce dernier rendait
le dernier soupir.

Ce fut, ainsi que l'avait dit Hassan, une véritable calamité publique, et, dans tout le royaume, le deuil fut général et sincère. Mais
les trois hommes qui en ressentirent la plus vive douleur furent,
sans contredit, Omar Khiam, Nisamolmoulk et Hassan-Ben-Sabah.

Pendant que les disciples de Mowafek étaient répandus dans les
appartements, les trois amis se trouvaient réunis dans une pièce
d'étude que Mowafek, de son vivant, affectionnait particulièrement.

La porte était fermée; ils étaient seuls, et aucune parole ne leur
était encore échappée.

Tout entiers à leur douleur, ils oubliaient que cette mort allait les séparer, et ne prenaient aucun souci de l'avenir, tant le présent absorbait leur pensée!

Hassan fut le premier qui rompit le silence.

— Khiam, dit-il tout-à-coup, en se levant de son siége, et vous, Nisamolmoulk, voici une heure solennelle qui va nous séparer à tout jamais peut-être. Moi, je vais retourner à Rei, dans le Khorassan; vous, Omar, vous allez prendre le chemin du pays de Ghasnin; vous, enfin, Nisamolmoulk, vous irez vers les contrées du Kaboul; Dieu sait quand nous nous retrouverons...

— C'est vrai, dirent en même temps les deux condisciples, arrachés par cette interpellation à leur torpeur momentanée.

— Eh bien, reprit Hassan-Ben-Sabah, Mohammed nous a enseigné la prédestination, et je ne puis penser que Dieu nous ait réunis un instant pour nous séparer à tout jamais.

— Je le crois aussi! dirent Omar et Nisamolmoulk.

— Que notre passage, à Nischabour, laisse donc quelque trace, s'écria Hassan d'un ton inspiré, et que ce soit ici notre point de départ pour l'avenir. L'opinion, généralement établie, veut que les disciples de l'Iman parviennent à de hautes dignités; si un seul de nous est élevé, jurons qu'il partagera sa fortune avec les deux autres.

Les deux condisciples acceptèrent la proposition d'Hassan, et tous les trois firent, avec la plus grande confiance, ce serment qui devait être le gage de leur prospérité future.

Dans cette alliance, il est bon de le faire remarquer, tout était à l'avantage du fils d'Ali. Omar Khiam était, en effet, trop sensuel pour se lancer dans la carrière politique; Nisamolmoulk avait le cœur trop généreux pour ne pas partager, le cas échéant, avec l'ambitieux Hassan, le bonheur que lui promettaient ses grands talents et sa loyale activité.

Le serment une fois prononcé, Hassan-Ben-Sabah quitta ses deux amis, et alla vers Aisché.

La pauvre jeune fille avait passé toute la nuit dans les larmes ;
elle prévoyait qu'elle allait se trouver seule, qu'Hassan partirait,
qu'elle resterait avec la douleur d'un amour brisé, sans espoir de
le voir jamais renaître et refleurir.

Aïsché, si jeune encore, connaissait déjà le désespoir ; elle voulait fermer son cœur comme une tombe, et y ensevelir toutes ces
joies, tous ces bonheurs qu'elle avait rêvés dans les bras d'Hassan.

Cet amour l'avait prise au début de la vie, dans toute la pléni-
tude de sa candeur, dans toute la pureté de son âme : Aïsché ne
pouvait songer à vivre loin de son amant ; elle eût préféré vingt
fois la mort à cette séparation.

Quand Hassan entra, il la trouva assise mélancoliquement auprès
de la fenêtre, plongeant son regard rêveur dans l'azur infini du ciel.

Elle courut à lui, et lui jeta ses deux bras autour du cou.

— Hassan, lui dit-elle, vous voilà enfin ; il y a si longtemps que
je vous attends !

Hassan laissa échapper un soupir.

— Aïsché, lui répondit-il avec tristesse, je viens vous dire adieu !

— Vous partez ! s'écria la pauvre enfant.

— Dans une heure !

— Vous partez ! répéta Aïsché, en laissant retomber ses deux
bras le long de son corps.

— Il le faut ! répondit Hassan ; d'autres destinées m'appellent
loin d'ici, il faut que je parte.

Et comme il voyait tout le sang d'Aïsché se retirer de ses joues,
il ajouta :

— Je reviendrai, Aïsché, je reviendrai pour vous aimer. L'amour
qui nous unit, qui a fait ma joie, fait encore mon espoir ; je pars,
mais avant un an vous me reverrez !...

Aïsché ne répondit pas, elle secoua la tête et s'assit pensive.

— Non, dit-elle enfin, non Hassan, vous ne reviendrez pas, vous ne pouvez revenir; vous l'avez dit, d'autres destinées vous appellent, et Mohammed vous réserve un sort illustre... Mais que deviendra cependant la pauvre Aïsché, vous n'y pensez pas; loin de vous, elle mourra de regrets, de douleur, de désespoir.

Hassan voulut la prendre dans ses bras.

— Oh! je le sens, s'écria-t-elle, un seul sentiment m'a soutenue jusqu'ici, ce sentiment une fois brisé, je ne pourrai plus vivre... Allez, Hassan, allez où Dieu vous appelle; et si le désespoir ne me tue pas, si je vis encore quand vous ne penserez plus à moi, je prierai toujours, moi, pour que le succès couronne vos efforts, et que vous receviez la récompense due à votre génie.

— Aïsché, adieu! dit Hassan, en pressant, avec transport, la jeune fille contre son cœur.

— Adieu! adieu! murmura Aïsché, que ses sanglots étouffaient. Et Hassan partit.

Pour les prophètes, les protecteurs et les empereurs, ces divorces sont un peu pénibles, mais on passe là-dessus. Il n'y a que le commun des mortels pour avoir des faiblesses.

Une heure plus tard, les trois amis se trouvaient réunis chez Omar Khiam. Nisamolmoulk et Hassan-Ben-Sabah étaient en habits de voyage; Omar seul n'avait fait aucun préparatif de départ.

Les trois condisciples se serrèrent la main avec une réelle affection, et, après avoir échangé quelques paroles et avoir renouvelé leur serment solennel de la veille, Nisamolmoulk prit le chemin du Kaboul, et Hassan-Ben-Sabah celui du Khorassan.

Omar Khiam se trouvait bien à Nischabour; le ciel était beau, le pays pittoresque; il ignorait ce qui l'attendait dans d'autres contrées; il savait de quel repos il jouissait dans celle qu'il habitait; il y resta, couché sur ses beaux tapis moëlleux, rêvant les sources de vin du paradis et les caresses des almées célestes, plus énivrantes que le vin.

CHAPITRE II.

I.

Quelques années s'étaient passées depuis la mort de Mowafek Nischabouri, et les trois principaux disciples de l'Iman avaient, depuis lors, subi des fortunes bien diverses.

C'était dans la féerique cité de Baghdad!

Les premières lueurs du jour commençaient à teindre l'horizon, et les ministres des mosquées appelaient le peuple à la prière du haut des minarets.

On n'avait point encore ouvert les portes de la ville, et cependant un grand concours de peuple accourait de tous côtés ; mais au lieu de marcher vers les portes fermées, tous ces gens s'arrêtaient à une certaine distance, et formaient de certains groupes qui grossissaient d'instant en instant.

La cause de ce rassemblement était un homme qui, couché sous les platanes qui entourent la ville, interpellait chaque passant d'une voix haute, leur criant :

— Allez prévenir le grand visir de l'Empire, que son frère bien-aimé l'attend aux portes de Baghdad, et celui de vous qui fera cela, recevra une bourse pleine de sequins d'or !

Et chacun, après l'avoir considéré un moment, se prenait à rire d'un rire immodéré, et s'éloignait vers la ville.

Dans la ville, la nouvelle s'était répandue que, vers la porte Bab-Azoun, il y avait un fou d'espèce très-réjouissante. L'empire des Barmécides était peuplé de gens gais comme des Chinois et curieux comme des singes.

Trente-deux mille cinq cents facardins voulurent voir ce fou, qui était vers la porte Bab-Azoun.

Cependant, un de ceux qui avaient passé devant le prétendu fou, fut plus avisé que les autres, et s'étant approché de l'étranger, il lui demanda pourquoi, s'il était vraiment le frère bien-aimé du grand visir de l'Empire, il n'allait pas lui-même le prévenir de son arrivée.

L'étranger répondit qu'il était trop fatigué ; qu'il avait voyagé toute la nuit, sans dormir ; qu'il ne sentait plus ses jambes ; qu'enfin, il aimait mieux attendre que son frère le vint faire prendre par ses esclaves.

— Car, ajouta-t-il avec beaucoup de bon sens, il n'y a pas d'autre Dieu que Dieu, et Mahomet est son prophète.

Ayant dit cela, il s'étendit sur le gazon, ferma ses yeux et s'endormit.

L'homme qui l'avait questionné haussa les épaules et s'éloigna vers la mosquée. Mais tout en marchant, il fit quelques réflexions.

— Cet inconnu, auquel je viens de parler, se dit-il, n'est point un fou, car rien ne le révèle dans sa physionomie ; de plus, son costume, bien que souillé de poussière, annonce un voyageur d'une condition relevée. Qui sait? Peut-être ce qu'il dit est-il vrai, et il y aura quelque bonne somme à gagner si je lui rends le service qu'il demande.

Tout en se parlant ainsi, notre facardin passa devant la mosquée, et se dirigea vers le séraï du sultan.

Vous pensez bien que nous pourrions écrire sérail comme tout le monde, mais séraï est plus savant. Des personnes de goût, consultées sur ce sujet, ont affirmé que cette seule orthographe *séraï*, donnait à notre livre un parfum extraordinaire.

Nous vous souhaitons un séraï, si vous êtes musulman et amateur ; si vous êtes musulmane et jolie, nous vous engageons à faire une révolte au séraï, afin d'envoyer paître votre Ottoman jaloux, car Dieu seul est Dieu, comme vous ne l'ignorez pas, et Mahomet est son prophète.

A bas sérail! vive séraï! Désormais, pour écrire encore *sérail*, il faudra être un lâche ou un aveugle : un lâche, car le voyageur Étienne Gavot (tome III, page 27 et suivantes), établit que les eunuques paraissent une espèce d'homme à part, qu'il propose d'appeler Psinxopithèques ; un aveugle, car la pudeur publique souffre depuis trop longtemps des écarts de l'orthographe académique.

Ayons le courage de nos opinions!

Baghdad est, comme on sait, située sur le Tigre, qui la divise en deux parties, dont la plus considérable est placée à gauche, et communique avec l'autre par un pont de plus de six cents pieds de long.

Elle est entourée de hautes murailles en briques émaillées, flanquées de tours nombreuses, et baignées de fossés larges et profonds.

Des édifices remarquables se rencontrent à chaque instant dans cette ville, qui a brillé pendant cinq siècles d'une splendeur sans pareille. Le séraï de Paschà, qui occupe une immense étendue de terrain ; les bazars qui forment une suite de douze cents magasins ; les caravansérails ; un grand nombre d'établissements de bains et de maisons publiques, telles étaient les merveilles que Baghdad pouvait montrer avec orgueil. Baghdad n'a plus aujourd'hui la splendeur du passé, mais elle n'a pas été le siége du goùt, des sciences et des arts du monde musulman pendant si longtemps, sans avoir conservé quelques vestiges de son ancien empire. Baghdad est encore une magnifique ruine.

A l'époque où nous prenons cette ville merveilleuse, elle commençait à naître à la vie politique, et chaque jour elle s'embellissait davantage, grâce au sultan Melekschàh de la famille des seljoukides, qui y régnait, et au grand visir qu'il avait choisi pour l'aider dans ses fonctions importantes. Tous les sujets du sultan étaient heureux comme des princes, et nul n'aurait voulu changer sa condition contre celle d'un autre qui n'aurait pas été sujet du même seljoukide.

Melekschàh savait les bonnes dispositions de son peuple à son égard : c'était un prince éclairé, et il n'ignorait pas qu'il devait l'influence dont il jouissait, l'amour que son peuple lui avait voué, l'embellissement de sa capitale, au génie de son visir seul. Aussi Melekschàh avait-il pour ce dernier mille attentions délicates, et c'était bien réellement le visir qui était le maître de Baghdad.

Or, le visir, bien que fort jeune, n'avait jamais montré la moindre vanité dans l'exercice des fonctions qui lui étaient confiées ; il laissait les pauvres et les mécontents s'approcher de lui, leur parlait avec bonté, les écoutait avec bienveillance, et faisait presque toujours droit à leur requête.

Quel visir que le visir du seljoulkide Melekschàh !

Le soir, il se promenait seul et sans suite dans les rues de Baghdad, cherchant à découvrir les douleurs cachées, les crimes ténébreux, et durant le temps qu'il fut au pouvoir, on remarqua que le nombre des délits avait considérablement diminué.

Où donc s'est perdue la graine de ce prodigieux visir !

Cependant l'étranger qui se prétendait le frère bien-aimé de ce même visir, s'était endormi aux portes de la ville, et une heure environ se passa sans qu'aucun accident vînt troubler son sommeil.

Il faisait des rêves d'or, cet étranger. Il lui semblait qu'il entrait dans un palais magnifique aux colonnes de marbre et de porphyre ; que le sultan Melekschâh lui-même venait à sa rencontre, avec une longue suite d'esclaves noirs, et de jeunes filles folâtres ; qu'on l'introduisait d'abord dans une vaste salle de bains, où l'eau claire et tiède jaillissait des fontaines de cristal ; que les étoffes moëlleuses du Thibet enveloppaient son corps, et qu'on le conduisait enfin à un festin magnifique où on lui versait à profusion les plus délicieux vins de Chirar : pendant que les esclaves tournaient autour de la table du festin, des musiciens répandus dans les bosquets faisaient retentir l'air de leur célestes accords, et des danseurs et des danseuses formaient mille rondes gracieuses sous leurs vêtements trop légers.

Vous voyez qu'il avait une certaine imagination. Ce rêve n'était vraiment pas mal trouvé ; mais ce n'était qu'un rêve.

L'étranger se détira les membres, s'allongea paresseusement sur l'herbe, et finit par ouvrir les yeux.

Alors, ce fut comme un coup de théâtre, et il crut un moment que quelques restes de son rêve l'avaient suivi jusque dans le réveil.

Il se trouvait, en effet, dans un jardin magnifique qui rappelait, par la splendeur de ses végétations et l'originalité de ses aspects divers, le septième ciel que Mohammed, le véridique, promet à ses croyants.

Des musiciens étaient à quelque distance, et, à l'ombre des arbres verts, ils se livraient à d'harmonieuses fantaisies ; toute la cour semblait l'entourer pour jouir des surprises de son réveil, et le sultan et son grand visir le regardaient avec intérêt.

C'est que le visir du seljoulkide s'appelait Nisamolmoulk et que notre paresseux étranger avait nom Omar Khiam.

Il poussa un cri, se jeta dans les bras du visir Nisamolmoulk, puis il se laissa tomber aux genoux du sultan Melekschâh.

Ce que Omar Khiam avait rêvé, était la réalité même !

Après les premiers épanchements de l'amitié et de la reconnaissance, les deux amis se retirèrent, avec l'assentiment du sultan Melekschâh, et se livrèrent tout entiers et sans partage aux sentiments que leur rencontre inattendue leur inspirait.

Nisamolmoulk expliqua à Omar comment il avait été prévenu qu'un pauvre homme, qui se disait son frère, l'attendait aux portes de la ville ; qu'il s'était fait dépeindre cet étranger, et comment, au portrait qu'on lui en avait fait, il avait facilement reconnu Omar Khiam.

Il lui dit ensuite qu'il l'attendait depuis longtemps, qu'il s'étonnait même de ne pas l'avoir vu plus tot.

Omar lui raconta alors la vie qu'il avait menée depuis leur séparation.

Cette vie avait été fort simple, et n'était pas accidentée du moindre événement.

Omar était resté à Nischabour, et tant qu'il avait eu quelques sequins dans sa bourse, il s'était livré à l'étude de la nature, et avait fait quelques poésies.

Cependant cette existence coûtait fort cher et rapportait fort peu ; un jour, Omar Khiam s'était aperçu que sa bourse se vidait, et alors seulement il avait songé à l'avenir.

Il s'était rappelé le serment des trois disciples de Mowafek ; mais Hassan-Ben-Sabah était parti sans donner aucun signe de vie ; et Nisamolmoulk était devenu le premier ministre d'un grand prince.

Omar Khiam ne faisait pas grand état des souvenirs d'un ministre, mais sa position lui apparaissait si désespérée, si le ciel
ne venait à son secours, qu'il se décida enfin à réunir l'argent
qui lui restait, et à se diriger vers Baghdad. C'est ainsi qu'il était
venu, et il était d'autant plus heureux d'avoir pris cette détermination, qu'il comptait moins sur la générosité de son ancien condisciple.

Nisamolmoulk écouta ce récit avec intérêt, et à son tour il raconta, à Omar, sa vie, depuis qu'il l'avait quitté.

Il avait parcouru successivement les pays de Mawaranier, de
Ghasnin, de Kaboul et de Khorassàn; il y avait rempli quelques
emplois inférieurs dans l'administration. Sa vie avait été fort simple
à lui aussi, mais sa fortune avait pris un essor rapide à partir du
jour où il arriva à la cour du grand prince seljoukide Melekschâh.

Cependant, à mesure qu'il avançait dans la voie des honneurs, le
souvenir du passé devenait plus puissant, et chaque jour il s'attendait à voir apparaître, soit Omar Khiam, soit Hassan-Ben-Sabah.

Il s'attendait même tellement à les voir arriver quelque jour,
qu'il s'enquérait, avec une attention particulière, de tous les étrangers qui entraient dans Baghdad, et avait fait préparer deux séraïs
charmants propres à les recevoir.

Telle fut la manière dont Omar Khiam fut reçu par Nisamolmoulk, qui lui offrit même, selon son ancienne promesse, une
place de ministre.

Ce Nisamolmoulk, malgré la ridicule prétention de son nom,
était un bien honnête homme.

Nisamolmoulk était d'autant plus sincère en faisant cette proposition, qu'il connaissait celui à qui il la faisait, et savait d'avance
qu'elle serait refusée. Il savait trop bien les goûts de l'homme et
son incorrigible paresse pour croire qu'un tel rival pût jamais lui
être dangereux, lors même qu'il deviendrait ministre.

Comme il l'avait pensé, sa proposition fut repoussée péremptoire-
ment; Omar le remercia, et lui déclara qu'il était uniquement désireux de vivre tranquille, et adonné aux sciences et aux arts.
Le visir n'en attendait pas moins, et quand le repas auquel il avait
convié son ami fut terminé, il le conduisit à la demeure qu'il lui avait
fait préparer.

A vrai dire, Omar n'était pas fâché de voir comment Nisamolmoulk
allait faire les choses, et s'il avait eu le soin délicat de bien consulter
ses goûts avant de monter sa maison.

Ils partirent.

Après un quart d'heure à peine de marche lente et propice à la
digestion, ils arrivèrent à une maison entièrement cachée derrière
les platanes qui lui faisaient comme un voile vert.

Nisamolmoulk ouvrit la porte; ils traversèrent alors un vaste vestibule, et passèrent dans une cour très-spacieuse et environnée d'une
galerie à jour, qui communiquait de plein-pied à plusieurs appartements de la dernière magnificence.

Il y avait dans le fond de cette cour un sopha richement garni,
avec un trône d'ambre au milieu, soutenu par quatre colonnes d'ébène
enrichies de diamants et de pierreries d'une grosseur extraordinaire;
le tout était orné d'une draperie de satin rouge, relevée çà et là par
des broderies d'or des Indes d'un travail admirable.

Omar Khiam dit :

— C'est très-convenable !

Ils traversèrent cette cour et arrivèrent enfin à un grand pavillon
élevé sur sept marches, entouré d'un jardin d'une recherche remarquable. Celui du sultan était plus grand peut-être; il n'était pas
aussi beau.

Outre les arbres qui ne servaient qu'à l'embellir et à donner de
l'ombre, il y en avait une infinité d'autres chargés de toutes sortes
de fruits. Une grande quantité d'oiseaux aux ailes de feu y faisaient

entendre un concert éternel, qui se mêlait doucement au murmure d'un jet d'eau, lequel s'élevait à une hauteur prodigieuse du milieu d'un parterre émaillé des fleurs les plus diverses.

Quatre dragons ailés en bronze mordoré veillaient aux quatre coins du bassin de marbre, et versaient dans ce petit lac une eau plus claire que le cristal de roche.

Omar Khiam ne put s'empêcher de montrer sa satisfaction.

— Ma foi, dit-il, c'est assez gentil, cela ! Je trouve que c'est assez gentil !

Nisamolmoulk sourit doucement, et l'invita à entrer dans le pavillon.

Ils entrèrent.

Deux eslaves vêtues de longues robes de laine blanche vinrent les recevoir sur le seuil de la porte, et quand Nisamolmoulk leur eut fait connaître l'étranger qu'il amenait, elles s'inclinèrent avec joie et respect, et coururent prévenir leurs maîtresses.

Omar Khiam tourna vers son ancien condisciple un visage véritablement content.

— Je vois, lui dit-il, que vous n'avez rien oublié; le grand visir de Melekschâh connaissait bien ses amis.

— Entrez ! entrez ! dit Nisamolmoulk.

Le salon dans lequel ils pénétrèrent alors était moins vaste que les appartements qu'ils venaient de traverser, mais on ne saurait rendre la beauté des ornements qui le décoraient.

Des panneaux d'ivoire incrustés de pierreries éclatantes, des sophas recouverts d'étoffes à fond d'or, tout ce que la fortune la plus prodigue peut imaginer de plus somptueux et de plus éblouissant ! Mais Omar Khiam avait à peine jeté un regard sur toutes ces beautés; son attention avait été tout entière attirée par la vue de quelques femmes assises nonchalamment sur les sophas, et dont un voile très-transparent ne cachait pas assez les formes ravissantes.

— Elles ne sont pas mal, murmura l'ancien élève de Mowafek ;
pas mal du tout !

— Voici votre demeure¹ dit Nisamolmoulk, vous y êtes libre, elle
vous appartient ; vous aurez de plus une pension viagère de douze
mille sequins sur les revenus de Nischabour. Vous pouvez vivre ici
selon votre plaisir, nul n'y trouvera à redire. Souvenez-vous seulement que vous avez un ami auprès du sultan, et venez quelquefois
le voir, il sera toujours heureux de vous donner la main, et de parler
avec vous du passé.

Omar répondit :

— Eh bien ! mon frère, je ne dis pas non... Quand je passerai
auprès de votre demeure, j'entrerai m'y reposer.

— Mon frère, répliqua le visir, c'est tout ce que je vous de- .
mande.

Nisamolmoulk laissa Omar sur ces mots, et retourna au séraï du
sultan.

Quant à Omar Khiam, il ne fut pas du tout embarrassé du rôle
qu'il avait à jouer, et il mit à profit ces dons inespérés de la fortune.

Depuis ce temps, en effet, il vécut dans la retraite, loin des affaires
publiques, partageant également son temps entre l'étude et le plaisir. Il acquit ainsi plus tard une grande renommée comme poëte et
comme astronome. « Si ses goûts paresseux, dit Haunner, l'ont empêché de rendre la postérité juge de sa gloire, en lui transmettant un
grand ouvrage, il s'est immortalisé dans l'histoire de la poésie per-
sanne par ses quatrains rimés. Ses vers, les seuls qui se distinguent
par de nombreuses et folâtres saillies, livraient au ridicule les mystiques de son temps ; ses vers ne respectaient pas même la doctrine
de Safix ni celle du Koran, aussi fut-il accusé d'hérésie par tous les
orthodoxes. »

III.

Le soir même du jour où le paisible Omar Khiam était reçu avec tant de distinction par le premier visir de Melekschâh, deux hommes arrivaient également à Baghdad, et descendaient au caravanserai, comme de simples marchands.

Ils n'avaient avec eux ni suite ni marchandises, et portaient même un costume que la route avait considérablement souillé.

On leur donna un appartement, et on leur servit à souper.

Quand ils eurent terminé, ils firent demander le maître du caravanseraï, lui dirent qu'ils étaient amis du grand visir Nisamolmoulk, qu'ils désiraient le voir, et le questionnèrent sur les heures auxquelles on pouvait être certain d'être reçu à la cour. Quand on eut satisfait à toutes ces questions, ils se mirent au lit et attendirent que le jour leur permit d'atteindre le but qu'ils s'étaient proposé en venant à Baghdad.

L'un de ces deux hommes était Hassan-Ben-Sabah.

Hassan avait eu un grand nombre d'aventures depuis que nous l'avons quitté, et il importe d'en faire le récit au lecteur.

En s'éloignant de Nischabour, Hassan s'était dirigé vers le pays de Khorassan, où il avait retrouvé le vieux Ali, son père ; ce dernier était alors fort âgé, et quelques mois après il mourut dans les bras de son fils.

Toutefois, avant de quitter cette terre, il voulut préserver Hassan des dangers qui l'attendaient, et il lui laissa à cet effet un certain nombre de maximes qui devaient lui faire traverser sans difficulté les événements auxquels il ne manquerait pas d'être exposé.

Il le fit donc venir près de son lit, et lui tint à peu près ce langage :

— Mon fils, lui dit-il, je vais mourir pour renaître dans un monde meilleur ; je ne veux point vous laisser sur cette terre sans vous remettre le résultat de l'expérience de mes longues années, et je veux, qu'une fois seul, vous vous rappeliez les conseils que je vous aurai donnés avant de partir.

— Je vous écoute, mon père, dit Hassan.

— La première maxime, continua Ali, que j'ai à vous enseigner, c'est de ne pas vous donner au commerce de toutes sortes de personnes. Le moyen de vivre en sûreté, c'est de se livrer entièrement à soi-même, et de ne pas communiquer facilement.

« La seconde, de ne faire violence à qui que ce soit ; car, en ce cas, tout le monde se révolterait contre vous, et vous devez regarder le monde comme un créancier à qui vous devez de la modération, de la compassion et de la tolérance.

« La troisième, de ne dire mot quand on vous chargera d'injures. On est hors de danger (dit le proverbe) lorsque l'on garde le silence. C'est particulièrement en cette occasion que vous devez le pratiquer. Vous savez aussi à ce sujet qu'un de nos poëtes dit que le silence est l'ornement et la sauvegarde de la vie ; qu'il ne faut pas, en parlant, ressembler à la pluie d'orage qui gâte tout. On ne s'est jamais repenti de s'être tu ; au lieu que l'on a souvent été fâché d'avoir parlé.

« La quatrième, de ne pas boire de vin ; car c'est la source de tous les vices.

« La cinquième, de bien ménager vos biens ; si vous ne les dissipez pas, ils vous serviront à vous préserver de la nécessité. Il ne faut pas pourtant en avoir trop, ni être avare ; pour peu que vous en ayez et que vous le dépensiez à propos, vous aurez beaucoup d'amis ; mais si, au contraire, vous avez de grandes richesses, et que vous en fassiez un mauvais usage, tout le monde s'éloignera de vous et vous abandonnera. »

Hassan-Ben-Sabah écouta son père avec une religieuse attention, en fils respectueux et soumis, et quand il eut cessé de vivre, il lui fit faire des obsèques magnifiques.

Il se trouvait libre, et cette fois, maître absolu d'une fortune qui, sans être précisément considérable, lui permettait de tenter le sort avec toute latitude.

Il partit, et se mit à voyager.

Les voyages forment l'esprit des hommes, c'est un proverbe arabe, Hassan-Ben-Sabah le mit à profit.

Il visita successivement plusieurs contrées, et arriva en dernier lieu au Caire, où il se logea au khan des marchands.

Sa réputation d'homme versé dans toutes sortes de sciences, et de disciple du célèbre Mowafck, était fort répandue, et le kalife du Caire parut désirer de le voir et de mettre son habileté à l'épreuve.

Le kalife s'appelait Giafar, et avait pour visir une sorte d'idiot qui le menait, d'intelligence avec la sultane favorite, la blonde Safle.

Le kalife ignorait tout ce qui se passait, et laissait faire.

Ce qui se passait ne valait rien du tout. Cependant d'affreux cauchemars tourmentaient ses nuits, et, depuis longtemps, il désirait avoir l'explication de ces rêves affreux qui le poursuivaient quelquefois jusque dans le jour.

On fit donc venir Hassan-Ben-Sabah à la cour, et il y fut traité par le visir Aboubekre et la sultane Safle avec tous les égards dus à un homme qui pouvait devenir leur ennemi, et par le kalife Giafar, avec la distinction que méritait la réputation du visiteur.

Giafar fit asseoir Hassan près de lui, et comme il ne voulait point perdre de temps dans une aussi grave question, il commença immédiatement :

— Seigneur Hassan-Ben-Sabah, lui dit-il, votre renommée est venue jusqu'à nous, et nous avons voulu vous consulter, bien certain d'avance que votre sagesse nous éclairera, et enlèvera ce poids qui pèse si lourdement sur notre poitrine. Cette nuit encore, un rêve affreux est venu troubler mon sommeil, et je ne sais quel remède apporter à cette situation extrême.

Hassan Ben-Sabah s'inclina profondément.

— Que le commandeur des croyants veuille bien s'expliquer, répondit-il gravement, et son fidèle serviteur mettra à sa disposition la science qu'il a puisée dans les enseignements du célèbre Mowafek.

Toute la cour était présente ; elle écoutait la bouche ouverte, les oreilles tendues ; le kalife reprit bientôt après, au milieu du silence général :

— Seigneur Hassan, cette nuit, je venais à peine de m'endormir, quand un génie m'enleva à cette terre, et me transporta dans un monde que je ne connais pas. Là, je vis mon image ; un kalife jeune encore, assis sur un trône magnifique porté par des anges couverts de haillons ; au-dessous de ce trône, était couché nonchalamment un âne colossal, qui mangeait paisiblement dans une auge d'or, et qui ne s'interrompait que pour regarder dans le fond de la salle une statue de marbre blanc qui semblait lui sourire. De temps en temps seulement, l'âne levait la tête, allongeait le cou et saisissait un des pieds du kalife, comme s'il eût voulu l'attirer à lui et le faire tomber.

Le kalife se tut, et chacun attendit qu'Hassan-Ben-Sabah répliquât.

Mais Hassan avait laissé sa tête dans ses mains, et il songeait.

Tout à coup cependant il releva la tête, et son regard plein d'audace parcourut l'assemblée.

Une singulière satisfaction éclatait sur son front, il se leva et se prosterna devant Giafar.

— Hassan peut-il parler ? demanda-t-il d'une voix retentissante qui réveilla un moment les sonores échos de la salle.

— Nous t'écoutons ! répondit le kalife.

— Le commandeur des croyants ne s'irritera-t-il pas si son fidèle serviteur lui dit la vérité tout entière ?

— Je t'ai appelé pour la connaître.

— Et il ne me sera fait aucun mal, si cette vérité blesse quelques personnes placées près du trône ?

— Parle! parle!

— Eh bien! dit Hassan, qu'il soit fait comme le kalife Giafar l'ordonne; la science de Mowafek m'éclaire, et je peux expliquer le rêve qui trouble si fort ton esprit; je puis indiquer le remède qui convient au mal que tu souffres.

— Et quel est-il? demanda Giafar avec vivacité.

— Écoute!... C'est, en effet, ton image que tu as vue cette nuit, dans ton sommeil; les anges en haillons qui supportaient son trône, c'est l'amour de ton peuple; l'âne qui se repaissait paisiblement dans une auge d'or, c'est l'illustre visir Aboubekre; et la blanche statue qu'il regardait, c'est la sublime sultane Safie.

Un rire inextinguible s'empara de l'assemblée à cette explication inattendue du rêve du kalife.

Safie cacha sa confusion sous son voile; Aboubekre laissa éclater tout son ressentiment, et le kalife lui-même ne se montra que médiocrement satisfait.

Toutes les vérités ne sont pas bonnes à dire; ce proverbe, pour n'être pas arabe, n'en est pas moins prudent.

Hassan-Ben-Sabah avait eu tort de l'oublier.

Mais s'il avait manqué d'adresse dans cette circonstance, il fit bien voir qu'il n'en manquait pas toujours. Une heure après, en effet, il sortait du khan, et gagnait en toute hâte la campagne.

Il n'y avait rien à faire au Caire, il fallait voir ailleurs.

Il partit donc, et quelque temps après il arrivait à Ispahan.

Hassan-Ben-Sabah n'avait pas de plan précisément arrêté; un secret instinct lui disait qu'il ferait fortune un jour, et il allait devant lui, sans se demander s'il devait employer tel moyen plutôt que tel autre.

Un soir, il se promenait près d'Ispahan, à deux pas d'une petite rivière aux eaux vives qui ceint le palais du sultan.

Il était entièrement caché par les arbres qui bordent la rivière et pouvait sans crainte observer ce qui se passait à ses côtés.

A peine se trouvait-il dans cet endroit, depuis un quart d'heure, qu'il vit quelques hommes, portant le costume de serviteurs du sultan, s'approcher de la rivière.

Ces hommes traînaient derrière eux un objet que Hassan ne put pas d'abord distinguer, car le soir était venu ; ils échangèrent entre eux quelques paroles sinistres, puis ayant saisi cet objet, qui n'était rien autre chose qu'un cadavre, ils l'enfermèrent dans un sac de toile, et le jetèrent au courant de la rivière.

Cette opération terminée, les hommes reprirent le chemin qu'ils avaient suivi pour venir, et laissèrent Hassan épouvanté, et ne sachant que penser de ce drame mystérieux qui venait de se dénouer devant lui.

Comme il entendit à ce moment les derviches qui appelaient les fidèles à la prière d'une heure et demie après le coucher du soleil, il prit lentement le chemin de la mosquée la plus prochaine, et pria Mohammed de l'éclairer sur ce qu'il avait à faire dans cette circonstance.

Quand la prière fut finie, il laissa les musulmans s'éloigner un à un dans des directions différentes, et demeura le dernier.

Il se faisait tard déjà, et il songeait à se retirer, quand, au moment où il se disposait à sortir, il vit venir à lui un eunuque, qui, après avoir regardé s'ils étaient bien seuls, s'avança et lui demanda à voix basse s'il était bien le seigneur Hassan.

Sur la réponse affirmative de ce dernier, l'eunuque fit entendre un signal, et quatre esclaves parurent au fond de la mosquée portant une sorte de grand coffre.

— Nous n'avons pas de temps à perdre, dit alors l'eunuque, ma maîtresse vous attend, et comme vous l'avez assurée que vous étiez prêt à exécuter ses ordres, elle vous prie de vous laisser enfermer

dans ce coffre que nous allons transporter dans sa chambre. L'émir
Bedreddin est près du sultan ; nul ne nous verra, et ma maîtresse
désire vous entretenir cette nuit.

La proposition ne plut qu'à moitié à Hassan-Ben-Sabah. La scène
dont il venait d'être témoin lui avait laissé une profonde émotion et
une certaine terreur ; il se demanda si on ne voulait pas lui faire partager le sort de la victime que l'on venait de jeter à la rivière, et
hésita à se rendre à l'invitation qui lui était faite.

Cependant cette aventure piquait singulièrement sa curiosité ; le
côté audacieux de son esprit était séduit par ce mystère. Qui sait ?
peut-être allait-il passer une nuit délicieuse dans les bras de quelque
jeune almée aux yeux noirs.

Hassan se rendit enfin à la proposition qui lui était faite, et s'introduisit tant bien que mal dans le coffre.

Les eunuques reprirent aussitôt le coffre sur leurs épaules, et
s'éloignèrent de nouveau.

Pendant ce temps, Hassan-Ben-Sabah faisait de sérieuses réflexions, et considérant tous les dangers qui pouvaient le menacer, il
se repentit, mais trop tard, de s'y être exposé.

Les esclaves marchaient toujours ; enfin, ils firent une station,
traversèrent un endroit, dans lequel Hassan entendit retentir leurs
pas sur des dalles sonores. Puis on le déposa à terre, et il n'entendit
plus rien.

Il resta ainsi quelques secondes sans oser soulever le couvercle du
c ffre ; cependant, comme le trajet s'était effectué sans encombre, sa
hardiesse lui revint peu à peu, et il sortit de sa prison, en prenant
toutefois toutes les précautions imaginables.

Il était dans un appartement fort sombre, sur lequel une lampe
d'opale ne jetait qu'une clarté douteuse.

Au fond de cet appartement, il y avait un lit.

Hassan y marcha sur la pointe du pied.

Dans le lit, il y avait une femme, jeune, belle comme le jour, et qui dormait, ou faisait semblant de dormir.

Hassan-Ben-Sabah ne passa pas son temps à songer, il revint éteindre la lampe d'opale, qui seule pouvait le trahir, et attendit le plus philosophiquement du monde que le jour vînt lui expliquer ce qu'il y avait d'inexplicable dans le bonheur qui l'attendait.

Au milieu de la nuit, il fut réveillé en sursaut; il regarda dans la chambre, et, malgré l'obscurité qui régnait, il vit un homme.

— Seigneur Hassan, dit l'homme, il est temps de s'éloigner : l'émir Bedreddin va se lever dans une heure, il faut partir.

C'était l'eunuque de la veille. Hassan reconnut sa voix, donna un dernier baiser à la femme dont il avait partagé la couche, s'habilla à la hâte, et, comme la veille, se glissa dans le coffre que les quatre esclaves vinrent prendre et emportèrent.

Une heure après, il rentrait chez lui, encore ému de son bonheur, plein de l'image de cette femme qu'un hasard inouï avait jetée dans ses bras, ne désirant rien tant que de s'exposer aux mêmes dangers, pour goûter le même bonheur.

Cependant, quand il sortit, le matin, pour se rendre à la prière du point du jour, une singulière agitation lui parut régner dans les rues d'Ispahan, et il vit passer à différentes reprises les officiers de justice du palais du sultan. On parlait de meurtre, de disparition; le nom du sultan Agib se trouvait mêlé à tous ces propos, et la consternation se peignait peu à peu sur tous les visages.

Hassan-Ben-Sabah écoutait avidement tous ces récits qui lui arrivaient par lambeaux, et il pensait que l'aventure qui lui était arrivée la nuit même pouvait bien avoir quelque rapport avec le mystère dont on parlait tout autour de lui.

Mais il attendit pour donner une base plus solide à ses soupçons.

En sortant de la mosquée, il rencontra deux officiers d'Agib qui causaient avec une certaine chaleur ; il les suivit sans rien faire paraître.

— Oui, disait l'un des deux officiers, je suis certain de ce que j'avance, le seigneur Hassan, le fils de notre sultan bien-aimé, était lié avec la femme de l'émir Bedreddin ; c'est elle seule qui pourrait dire le mot de cette énigme !

— Le maître l'a fait venir ce matin, repartit le second officier, et elle a avoué sa liaison avec le seigneur Hassan ; elle a même avoué, en pleurant et en rougissant, qu'elle avait passé la nuit avec lui.

— C'est le chaos ! reprit le premier officier.

— Il faudra bien l'éclaircir.

— Oui, mais qui se chargera de faire la lumière ?

Hassan-Ben-Sabah s'approcha alors assez brusquement des deux officiers et interrompit leur conversation.

— C'est moi, seigneurs, leur dit-il, moi seul qui puis jeter la lumière dans cette aventure pleine de ténèbres. Allez vers le sultan Agib ; dites-lui qu'un disciple du célèbre Mowafek est à Ispahan, et qu'il se propose de lui découvrir toute la vérité, et de lui désigner même le coupable.

Les deux officiers s'éloignèrent à la hâte, et, bientôt après, ils revenaient vers Hassan-Ben-Sabah avec ordre de le conduire au séraï du sultan.

Agib l'attendait avec la plus vive impatience. Il aimait beaucoup ce fils, qui lui avait été enlevé, et il voulait savoir sans tarder s'il devait le revoir, ou s'il fallait renoncer à le serrer jamais dans ses bras.

Hassan Ben-Sabah s'inclina devant Agib avec toutes les marques de la douleur la plus sincère.

— Votre fils Hassan n'est plus, sire, dit-il d'une voix pleine de larmes ; d'odieux assassins lui ont ravi le jour, et maintenant il dort au fond de la rivière qui entoure votre palais.

— Est-ce possible? s'écria le sultan, en roulant avec désespoir sa tête dans ses mains.

— Le crime a été commis hier, quelques instants avant le prière du soir.

— Hier, dites-vous, objecta le sultan, vous vous trompez, Hassan, la femme de l'émir Bedreddin avouait ce matin...

— L'épouse de l'émir a été trompée elle-même, répartit Hassan.

Et il raconta en quelques mots ce qui lui était arrivé la veille, et comment il avait passé toute la nuit qui avait suivi le crime.

Le sultan écoutait, et à chaque instant sa colère devenait plus ardente, et son œil lançait de sanglants éclairs.

Le coupable était évidemment l'émir, et Agib ne se possédait plus.

Enfin, quand Hassan eut achevé son récit, il prit lui-même la parole, d'un ton d'autorité qui n'admettait aucune réplique :

— L'émir Bedreddin a tué mon fils, dit-il d'une voix éclatante, il a mérité la mort, il sera pendu !... Sa femme est la première cause des désordres de mon enfant bien-aimé, c'est elle qui l'a attiré dans son sérai, elle sera brûlée sans pitié : quant à toi, Hassan-Ben-Sabah, l'action que tu as commise est celle d'un malhonnête homme, je te chasse de ma cour, et je t'ordonne de ne jamais te représenter devant mes yeux.

Cette sentence fut exécutée dans toute sa rigueur.

L'émir Bedreddin fut pendu le lendemain même, et sans autre forme de procès.

Sa femme fut brûlée vive en place publique.

Quant à Hassan-Ben-Sabah, il sortit d'Ispahan à la tombée de la nuit, peu satisfait du résultat de ses voyages, et commençant à douter singulièrement de son étoile.

Cependant, l'opinion généralement établie était que les disciples de Mowafek devaient arriver à de hautes destinées, et ce découragement dura quelques jours à peine.

Hassan-Ben-Sabah se remit en route avec une nouvelle ardeur, et se dirigea cette fois du côté de Damas.

Chemin faisant, il rencontra un certain compagnon ismaëlite, appelé Emire-Dharab, auquel il se lia bientôt de la plus étroite amitié.

Comme ils avaient plusieurs pays déserts à traverser avant d'atteindre le terme de leur voyage, un compagnon était pour tous les deux une chose agréable. Ils voyagèrent donc de concert, faisant mille projets pour l'avenir.

Emire-Dharab était aussi jeune que Hassan-Ben-Sabah ; mais il n'était pas à beaucoup près aussi intelligent que le fils d'Ali. Il faisait le métier de marchand, et connaissait à ce titre tous les lieux que son compagnon voulait visiter.

Un jour, ils s'étaient arrêtés dans une plaine immense, située à une dizaine de lieues de Damaghan ; ils avaient fait établir leur tente, et s'apprêtaient à prendre leur modeste repas sur le seuil, lorsqu'un grand cri s'éleva parmi leurs esclaves, et attira tout à coup leur attention.

Ils se levèrent, et comme ils demandaient la cause de cette rumeur, un des esclaves leva une main vers le ciel, et leur montra un point noir vers l'horizon.

Le point noir grossissait à vue d'œil et approchait. Quelques minutes plus tard, on distingua un oiseau d'une grosseur extraordinaire, lequel tourbillonnait sur lui-même, et, prenant enfin son vol désespéré, vint s'abattre avec des cris épouvantables à deux pas de la table des deux amis.

Cet oiseau était une capture importante ; on lui tordit aussitôt le cou, on le pluma, et quand on l'eut fait rôtir convenablement, on le servit à Hassan et à Emire-Dharab.

Toutefois, une surprise les attendait au moment où l'on voulut l'ouvrir, le couteau s'arrêta sur un objet fort dur et s'ébrécha même au contact.

— Qu'est-ce que cela signifie? dit Emire-Dharab.

— Allez toujours, répondit Hassan-Ben-Sabah.

Et aussitôt un diamant d'une grosseur prodigieuse et qui rendait un feu éblouissant roula du ventre de l'oiseau sur la table.

Un cri d'étonnement et d'admiration parcourut les spectateurs, et chacun se pencha pour voir. Cependant Hassan était devenu pensif, et quand son compagnon lui demanda pourquoi cet événement le rendait soucieux.

— Dites-moi, Emire, répondit Hassan, de quelle direction venait cet oiseau?

— De Damas, dit Emire.

— C'est bien, il faut que demain nous soyons à Damas,

— Les ordres d'Hassan furent ponctuellement exécutés, et le lendemain même, ils entraient dans la ville désignée.

Dès qu'ils eurent passé les portes de la ville, ils virent venir à eux un grand concours de peuple, et sans savoir où ils allaient, ils suivirent le cortège.

A la tête marchaient des joueurs d'instruments, des danseurs et des danseuses ; puis un jeune homme et une jeune fille d'une ravissante beauté, puis la foule des esclaves portant des flambeaux.

C'était une noce.

Hassan dit à Emire-Dharab de se retirer dans quelque hôtel de la ville, où il ne tarderait point à l'aller rejoindre, et ayant acheté un flambeau moyennant quelques pièces de monnaie, il l'alluma à celui d'un esclave et se mêla à la foule.

Ils arrivèrent ainsi à la porte du visir Serendib.

Des huissiers, pour empêcher la confusion, arrêtèrent au passage les esclaves qui portaient des flambeaux, et ne voulurent point les laisser entrer. Ils repoussèrent même Hassan-Ben-Sabah ; mais les joueurs d'instruments, à qui ce dernier avait fait quelques largesses, s'arrêtèrent en déclarant qu'ils n'iraient pas plus loin, si on ne voulait pas le laisser entrer avec eux.

— Il n'est pas du nombre des esclaves, disaient-ils, il n'y a qu'à le regarder pour en être persuadé. C'est sans doute un jeune étranger qui veut voir par curiosité les cérémonies que l'on observe aux noces de cette ville.

En disant cela, ils le mirent au milieu d'eux et le firent entrer malgré les huissiers.

Ils lui ôtèrent en même temps son flambeau, qu'ils donnèrent au premier qui se présenta, et après l'avoir introduit dans la salle, ils le placèrent à la droite du nouveau marié, qui s'assit sur un trône magnifiquement orné, près de la fille du visir Serendib.

Cette dernière était parée de tous ses atours; son visage rayonnait de joie, et il n'était pas difficile de remarquer combien elle était heureuse, en voyant à côté d'elle un mari si bien fait et si digne de son amour.

Le trône avait été élevé au milieu d'un sopha.

Les femmes des émirs, des visirs, des officiers de la chambre du sultan, et plusieurs autres dames de la cour et de la ville étaient assises de chaque côté, un peu plus bas, chacune selon leur rang, et toutes habillées de somptueux vêtements. Elles tenaient de grandes bougies allumées.

Cependant Hassan-Ben-Sabah regardait toutes ces cérémonies avec le plus vif intérêt, et il avait presque complétement oublié le motif pour lequel il s'était introduit dans cette salle, quand un incident le rappela tout à coup à la vérité de la situation.

Les deux grands battants d'ivoire de la porte du fond venaient de s'ouvrir, et le visir Serendib lui-même entra. Mais au lieu de ce visage riant, que chacun s'attendait à voir paraître, il ne montra à tous qu'une figure pâle, défaite, abattue, et promena un regard interdit sur tout ce qui l'entourait.

On se précipita à l'envi vers lui, et on l'interrogea.

— Qu'y a-t-il? Pourquoi cet air de tristesse? Quel malheur menace la ville?

Mille questions l'assaillirent en même temps, sans qu'il pût se résoudre à rompre le silence.

— Oh! mes amis, dit-il enfin avec accablement, ce jour est le plus malheureux de ma vie!...

— Le sultan est donc mort?

— Le sultan vit et se porte bien; mais je suis un homme disgracié, perdu à tout jamais!

Un air de consternation générale se répandit à ces mots sur tous les visages, et l'on attendit avec anxiété la fin des explications du visir.

Hassan-Ben-Sabah avait, comme les autres auditeurs, quitté la place qu'il occupait, et s'était rapproché de Serendib. Sa curiosité était vivement piquée, et il écoutait avidement.

Le visir Serendib poursuivit:

— Vous savez, mes amis, dit-il, que depuis quelque temps des voleurs adroits s'introduisent dans le palais de notre bien-aimé sultan. Chaque jour des diamants, des pierres précieuses disparaissent; jusqu'à présent, cependant, ils s'étaient contentés d'emporter des objets de médiocre valeur, mais aujourd'hui c'est le plus gros, le plus précieux des diamants de la sultane qui a disparu, et le sultan m'a donné quarante-huit heures pour le retrouver.

Le visir avait fini de parler, que Hassan-Ben-Sabah écoutait encore; ce qui lui arrivait était si étrange qu'il avait peine à y croire lui-même, et pendant que la terreur se peignait sur tous les visages, son cœur se livrait à la joie.

Sa fortune était faite, s'il pouvait approcher le sultan; le visir serait destitué, pendu même, peu lui importait, et lui, Hassan-Ben-Sabah, pourrait bien le remplacer.

IV.						15

Il ne fit rien paraître de sa satisfaction, et pendant qu'on se lamentait autour de lui, il saisit le premier moment favorable et disparut.

Emire-Dharab l'attendait avec impatience au caravansèraï ; il lui fit part de la bonne fortune qui lui arrivait, et ils convinrent de la manière dont ils devaient s'y prendre pour mieux atteindre leur but.

Il fut décidé que Emire-Dharab, qui était marchand, et par conséquent honorablement connu des habitants de Damas, se rendrait sans tarder au palais du sultan, et qu'il lui ferait connaître qu'il était arrivé dans la ville un homme d'une grande sagesse et d'une haute science, lequel se faisait fort de trouver ce que le visir Serendib savait à peine comment chercher.

Emire-Dharab partit immédiatement, et revint peu de temps après annoncer à Hassan-Ben-Sabah qu'il était invité à se rendre près du sultan.

Hassan ne se le fit pas répéter, et courut se mettre aussitôt à la disposition de celui qui l'attendait.

Toutefois, avant de donner aucune réponse précise, Hassan demanda à visiter le palais, accompagné d'un officier du sultan. Ce qui lui fut accordé.

Il se mit donc à parcourir le sérai dans tous ses détails, examinant toutes choses avec une attention scrupuleuse ; mais cette recherche ne produisit d'abord aucun résultat satisfaisant, et Hassan craignait déjà de s'être aventuré dans une mauvaise affaire, quand on l'introduisit en dernier lieu dans un pavillon réservé, où le sultan seul avait l'habitude d'aller se renfermer à de certaines heures de la journée.

Ce pavillon était entouré nuit et jour par une garde nombreuse d'esclaves, parce que c'était en cet endroit que le sultan cachait ses plus riches trésors. Le sultan avait deux passions bien prononcées, sans compter les autres : il aimait les diamants et les oiseaux, et ce pavillon était la retraite dans laquelle il venait de temps à autre se livrer à ses goûts particuliers.

Un simple examen suffit à Hassan-Ben-Sabah, et il retourna vers le sultan avec une assurance nouvelle.

Tout le monde attendait son retour avec la plus vive impatience; dès qu'il parut, le sultan le fit avancer à ses côtés, et lui demanda s'il pouvait donner quelques renseignements précis au sujet des vols qui avaient été commis, et désigner le coupable à la justice.

Hassan répondit affirmativement.

— Sire, dit-il au sultan, je m'étonne que votre grand visir Seren-bid n'ait pas plus tôt découvert la cause des nombreuses soustractions qui ont été commises. A sa place, il y a longtemps que j'aurais livré les coupables à la justice.

— Mais quels sont-ils donc? demanda le sultan avec quelque impatience

— Sire! répliqua Hassan-Ben-Sabab, que tout la cour me suive dans ce pavillon, où vous vous retirez à de certaines heures pour travailler seul et loin du bruit au bonheur de votre peuple, et je vous ferai connaître les coupables.

La suite de cette histoire n'a pas besoin d'être racontée. Hassan trouva en effet, dans l'endroit réservé aux oiseaux du sultan, la plupart des pierreries qui avaient disparu, et quand le visir, consterné, demanda pourquoi le plus important des diamants n'était point avec les autres, Hassan répondit victorieusement en tirant ce diamant de sa poche et en le faisant passer de main en main.

De ce conte musulman, les damnés chrétiens ont fait le mélodrame intitulé : la *Pie voleuse.* L'origine de tout mélodrame se retrouve ainsi quelque part.

Dès ce jour, Hassan devint le favori du sultan ; mais comme il arrive toujours aux âmes orgueilleuses et sèches, il abusa bientôt de son succès, et devint odieux à tout le monde et au sultan lui-même.

Le visir Serendib, dont le crédit avait considérablement baissé, eut une lueur d'espoir ; chaque jour il regagna du terrain ; le sultan avait eu plusieurs fois à se plaindre de l'orgueil de son favori ; à tout prendre, il aimait encore mieux un ministre imbécile qui le laissait agir à sa guise, qu'un favori impérieux dont il fallait subir les caprices.

Les sultans ne comprennent pas assez qu'un ministre imbécile est un meuble précieux.

Un jour, Hassan se vit fermer la porte du sérai, et un officier du palais vint lui intimer l'ordre de sortir au plus vite de Damas.

Hassan voulut demander quelques explications, mais on lui rit au nez ; il voulut se fâcher, et peu s'en fallut qu'on ne le bâtonnât.

Il s'en retourna pensif vers le khan où habitait toujours son ami Emire-Dharab. Il n'avait pas fait fortune au pouvoir ; il avait été surpris par sa disgrâce, et se trouvait à peu près au dépourvu. Ils quittèrent Damas, avec des idées différentes de celles qu'ils y avaient apportées.

Cependant la fermeté native de Hassan-Ben-Sabah reprit bientôt le dessus, et il continua ses voyages avec la même ardeur, avec la même confiance dans l'avenir.

Hassan-Ben-Sabah fit ainsi bon nombre de tournées, et eut bien des aventures qu'il serait trop long de raconter au lecteur.

Il en eut une toutefois qu'il nous est difficile de passer sous silence.

Après cette dernière digression, nous prenons l'engagement d'être concis et sérieux.

Un jour, Hassan-Ben-Sabah s'était senti touché d'un certain regret, d'un dégoût profond, presque d'un remords. Un remords dans le cœur d'Hassan, c'était chose rare !

Au milieu des fatigues de tous ces voyages, le disciple de Mowafek venait de se rappeler Aïsché, son premier amour, son premier rêve !

Aïsché!... Il revoyait le kiosque charmant qui avait servi si longtemps de nid à leurs vives amours ; le jardin plein d'ombre derrière
lequel il se cachait ; le ruisseau, aux eaux claires et rapides, qui
chantait en passant le long de ses rives fleuries...

Et puis cette ville de Nischabour où il avait été si heureux, où il
avait noué les premiers liens de cette amitié qu'il ressentait encore
pour ses deux condisciples, Omar Khiam et Nisamolmoulk, lui revint
en mémoire.

Il eut envie d'y retourner. Là il retrouverait partout, à chaque
pas, l'empreinte de ses meilleurs souvenirs.

Hassan était à quelques lieues seulement de Nischabour, il partit
un jour à pied, après la prière du matin, et se dirigea vers cette
ville.

Durant le trajet, son regard dévorait l'horizon, son pas s'appuyait
ferme et rapide sur le sol ; il marchait, et l'on eût dit que son front
rayonnait !

Il était ému.

Était-ce le souvenir de la jeune fille qu'il avait aimée ; était-ce seulement cette poésie étrange qui s'attache au passé heureux ou malheureux ?

Hassan avait le cœur plein de joie ; sa première jeunesse avait re-
paru et éclatait dans toute sa physionomie, son cœur battait avec force.

Dès qu'il aperçut de loin, au milieu de la plaine qui l'entoure, la
ville de Nischabour avec ses mosquées et ses kiosques, ses rivières
et ses verts ombrages, son pas devint encore plus rapide, et il se
hâta d'atteindre le but de son voyage.

Arrivé aux portes de la ville, il secoua vivement la poussière qui
souillait ses vêtements, et entra.

Hassan-Ben-Sabah n'avait en ce moment d'autre pensée qu'Aïsché ;
il marcha droit au kiosque qu'elle habitait avant son départ, et il y
arriva en peu d'instants, l'esprit agité, le cœur haletant.

Le kiosque était toujours à la même place, rien n'avait changé;
c'étaient les mêmes platanes sous lesquels il s'était si souvent oublié
aux pieds de la belle jeune fille.

Quelle attention délicate avait ainsi conservé tous ces objets dans
l'ordre où il les avait vus naguère? Pourquoi ce jardin était-il toujours vert sous l'éclatant soleil qui eût dû le brûler? Quelle main
amoureuse en avait pris soin?

Aïsché était-elle toujours la maîtresse de cette retraite? L'avait-elle
abandonnée? En ce moment encore, n'était-elle point cachée derrière
les somptueuses draperies qui pendaient aux fenêtres?

Hassan n'osait avancer ni reculer. A chaque instant, il s'attendait
à voir paraître l'amoureuse jeune fille au détour de quelque allée om-
breuse, ou entendre prononcer son nom par cette voix dont il n'a-
vait pas oublié encore le timbre doux et clair !...

Enfin, Hassan prit une détermination dernière; il frappa à la porte
d'entrée, et, ayant dit son nom à l'esclave qui vint lui ouvrir, il fut
introduit immédiatement dans le kiosque!...

Aïsché accourut à ce nom aimé, qui depuis bien longtemps n'avait
pas retenti à ses oreilles, et elle se précipita, ivre de joie, folle d'a-
mour, dans les bras d'Hassan.

Les premiers moments furent remplis par un échange de paroles
ravies qui se pressaient sur leurs lèvres; ils se retrouvèrent, une
heure durant, aussi jeunes, aussi enivrés, aussi fous qu'ils l'avaient
été quelques années auparavant, et, pour cette heure, Aïsché aurait
donné toute sa vie.

Cependant, après les premiers épanchements de leur amour, Aïsché demanda à Hassan ce qu'il avait fait depuis leur séparation ;
quels pays il avait visités ; de quels honneurs on l'avait entouré?

Hassan raconta en souriant la vie qu'il avait menée.

Quelques années d'insouciance, d'oubli de toutes choses, pendant lesquelles il avait mis à profit les mille ressources de son esprit, sans avoir atteint le but que son ambition se proposait !

Tout en racontant sa vie, Hassan considérait l'appartement dans lequel on l'avait introduit : rien n'y avait été changé ; c'étaient la même disposition, le même jour voluptueux qu'il aimait ; tous les objets que lui-même avait choisis, ou dont il avait naguère fait don à Aïsché.

Il lui prit les mains avec amour, et lui dit, d'un ton pénétré :

— Chère enfant ! vous n'avez pas seulement conservé mon amour dans votre cœur, vous avez voulu encore vous entourer de tous les objets qui vous le rappellent.

Ils m'ont coûté bien cher ! dit Aïsché tristement et en secouant la tête.

— Comment ? fit Hassan.

— Oh ! c'est une douloureuse histoire !

— Expliquez-vous !

— Je ne sais si je le dois... Je crains, Hassan, que vous ne m'aimiez pas assez pour m'absoudre !...

L'histoire d'Aïsché était en effet triste et lamentable ; la pauvre jeune fille avait bien souffert de l'oubli d'Hassan et de l'abandon dans lequel il l'avait laissée.

Aïsché avait d'abord lutté courageusement contre la misère, et ces mille nécessités de la vie qui la menacèrent dès qu'elle se trouva seule. Que faire ? que devenir ? Il fallait cependant prendre un parti.

Aïsché vendit ce kiosque où elle avait été si heureuse ; elle vendit tout plutôt que de se vendre elle-même, et passa ainsi les quelques années qui s'écoulèrent entre le départ et le retour d'Hassan.

Mais, vers les derniers temps, la même situation se présenta, et, cette fois, Aïsché se retrouvant sans ressources, se vit obligée d'en venir à ce dernier moyen qu'elle avait repoussé jusque-là avec indignation.

Toutefois, elle voulut tempérer l'odieux de cette résolution extrême, en servant encore par ce moyen son amour pour Hassan-Ben-Sabah.

A partir de ce moment, elle n'eut d'autre ambition que de rentrer dans la possession de ce kiosque, de tous ces objets qui lui rappelaient le temps heureux de son passé, et qu'elle avait perdus.

Elle avait réussi, quand Hassan revint, et ce dernier admira avec quel dévouement Aïsché avait agi, et il devint triste et rêveur quand il songea combien peu il était digne de tant d'amour.

Hassan resta quelques jours auprès d'Aïsché, puis il partit, mais cette fois pour ne plus revenir.

C'est quelque temps après qu'il arriva à la cour du sultan Melek-schâh, dans la ville de Baghdad, et descendit au khan des marchands.

III.

Quand Hassan-Ben-Sabah se réveilla le lendemain de son arrivée, il se fit servir une magnifique collation, car il était un peu gourmand, et déjeuna avec son ami Émire-Dharab.

Le déjeuner est l'ami de l'homme; Hassan pensait ainsi, et Émire partageait pieusement son opinion.

Tout en prenant leur repas, ils parlèrent d'une quantité de choses, et surtout de celle qui les attirait à Baghdad.

— Émire, disait Hassan à son ami, Émire, cette fois, je crois que la fortune nous a souri, et qu'avant peu nous obtiendrons cette faveur, ces trésors que nous cherchons. Pour moi, je commence à me lasser de notre vie d'aventures, et j'ai hâte de me reposer dans une position calme, qui me permette de jouir en paix du fruit de mes travaux.

Émire secoua la tête d'un air d'incrédulité.

— Ne vous bercez pas d'illusions, mon cher Hassan, répondit-il, nous avons, vous et moi, visité bien des contrées, et entretenu des rapports avec des hommes de nature et de mœurs différentes. Eh bien! vous l'avez dû remarquer comme moi, mon cher ami, les hommes sont partout les mêmes!

— Comment! fit Hassan étonné, douteriez-vous du cœur du philosophe que je viens chercher?

— J'en doute à ce point, mon cher Hassan, répartit Émire-Dharab, que je regrette que nous soyons venus.

— Mais expliquez-vous!

— Vous avez été lié d'amitié avec le grand visir Nisamolmoulk, vous avez étudié ensemble sous le célèbre Mowafek, vous vous êtes juré de rester dévoués l'un à l'autre, tout cela est-il vrai? Eh bien! qu'a donc fait le grand visir pour ses amis, depuis que vous vous êtes quittés?

— Il ignorait où nous envoyer prendre!

— Qu'a-t-il tenté pour vous découvrir?

— Je l'ignore!

— Non! non! croyez-moi, Hassan, le seigneur Nisamolmoulk ressemble à tous les amis qui se souviennent quand ils sont malheureux, mais qui se hâtent d'oublier dès qu'ils sont riches et honorés.

Hassan ne répondit pas tout d'abord, puis enfin il haussa les épaules.

— Bah! dit-il avec un geste d'insouciance, il n'y a d'autre Dieu que Dieu, et Mohammed est son prophète!... Qu'importe! Si Nisamolmoulk ne me reconnaît pas, s'il me repousse, s'il a oublié et notre amitié et nos serments, eh bien, Émire, nous partirons, nous

IV. 16

irons chercher fortune ailleurs, et j'aurai du moins la satisfaction de
n'emporter avec moi aucune des illusions de ma jeunesse.

— Peut-être vaudrait-il mieux les garder, fit Émire.

— C'est ce que nous verrons, repartit Hassan en se levant.

Et sans attendre davantage, il prit le chemin de la salle d'audience
du ministre, dans laquelle il ne tarda pas à entrer.

Il y avait foule; chacun se pressait autour du trône élevé au fond
de l'appartement, et sur lequel siégeait Nisamolmoulk dans ses
habits de cérémonie.

Hassan avait conservé son costume de voyage; il se mêla à la
foule et attendit.

Plusieurs plaignants passèrent alors successivement devant le
grand visir, lui exposèrent succinctement les motifs de leurs plaintes,
et Nisamolmoulk leur rendit la justice avec impartialité, et aux
applaudissements de la foule émerveillée.

Nisamolmoulk était très-aimé à Baghdad, et jamais le moindre
mécontentement n'avait été exprimé contre son administration.

Ses arrêts étaient respectés comme ceux du juste, et l'on venait
de très-loin pour le consulter et lui soumettre des différends importants.

Enfin un vieillard et une jeune fille s'approchèrent du trône sur
lequel il était assis, et, après avoir salué profondément le grand visir,
la jeune fille fit connaître ce qui l'amenait.

Elle raconta comment le vieillard avait abusé de la confiance que
son père avait mise en lui, pour s'approprier une somme considérable qu'il lui avait remise en dépôt. Elle n'oublia aucun incident,
rappela les dates du dépôt, et appela, pour confirmer son témoignage, un jeune homme qui paraissait avoir des motifs tout particuliers pour la défendre.

Enfin les charges parurent si accablantes, il fut si clairement établi
que le vieillard s'était bien réellement rendu coupable du crime qu'on

lui reprochait, que le grand visir le renvoya avec des paroles sévères et en lui disant :

— Que Mohammed punisse les voleurs comme les parjures, et que la justice des hommes t'atteigne avant celle qui t'attend dans l'autre monde !...

Il avait à peine achevé ces mots, que Hassan-Ben-Sabah quitta la place qu'il avait gardée jusqu'alors, et s'avança vers Nisamolmoulk.

— Arrêtez ! s'écria-t-il.

Et comme tout le monde le regardait étonné :

— Mohammed punit plus sévèrement encore les parjures que les voleurs, poursuivit-il, et avant de songer à rendre la justice aux hommes, que le grand visir lui-même prouve ici qu'il n'a aucun crime de ce genre à se reprocher.

Cet incident avait fait subitement refluer toute la foule vers le trône de Nisamolmoulk, et ce dernier restait indécis, incertain, ne sachant que croire, et ne pouvant encore reconnaître Hassan sous son costume de voyage.

— Étranger, lui dit-il d'une voix sévère, ne sais-tu point dans quels lieux tu te trouves, et à qui tu adresses un pareil langage ?

— N'es-tu donc point le visir Nisamolmoulk ?

— Eh bien ?

— N'as tu pas suivi pendant de longues années les leçons du vieux Mowafek ?

— En effet !

— Nisamolmoulk ne se souvient-il plus alors du serment qu'il a prêté le jour de la mort de son maître ?

— Mais qui es-tu ? qui es-tu ? demanda Nisamolmoulk, en quittant son siége et marchant vers Hassan.

— Je viens te demander si tu comptes tenir la promesse que tu fis alors, Nisamolmoulk... Je suis Hassan-Ben-Sabah !

Nisamolmoulk eut à peine entendu ces paroles, qu'il poussa un cri de joie non équivoque, et courut se jeter dans les bras de son ancien condisciple.

— Hassan! Hassan! dit-il, vous! vous ici! Ah! je remercie le prophète de m'avoir réservé cette joie. Venez! venez!

Nisamolmoulk quitta alors la salle d'audience, il entraîna avec lui Hassan-Ben-Sabah, plus surpris qu'ému, et courut le présenter au sultan Melekschâh.

Puis, comme il était tout-puissant, il lui donna tout ce que son ancien condisciple avait pu rêver naguère d'honneurs, de titres, de trésors. Il l'attacha à la cour, l'introduisit près du sultan, et lui donna enfin la première place après lui, près du trône.

Un mois se passa ainsi, pendant lequel Hassan-Ben-Sabah s'abandonna tout entier à l'enivrement des grandeurs. Il avait associé à sa fortune son ami inséparable Emire-Dharab, et il s'oubliait dans l'opulence nouvelle qui les entourait.

Cependant, au bout d'un mois, la mauvaise nature de Hassan-Ben-Sabah se réveilla de nouveau, la jalousie entra dans son cœur, et il n'eut plus de repos qu'il ne se fût emparé tout à fait de l'esprit du sultan Seldjoukide.

D'ailleurs l'astuce de son caractère commençait à se dévoiler; il sut, à force de patience et grâce à son hypocrisie, s'emparer de l'esprit de Melekschâh, en affectant une loyauté sans bornes et la franchise de la vertu.

Bientôt ce dernier suivit ses conseils, lui en demanda même dans toutes les affaires importantes, et ne prit de résolution qu'après l'avoir consulté.

Ainsi, Hassan-Ben-Sabah travaillait sans remords à la chute de son bienfaiteur; il employait avec art tous les moyens qui pouvaient faire connaître au souverain les fautes commises dans le divan, même les plus légères, et l'irritait sans cesse contre son visir, par de perfides insinuations et d'astucieux raisonnements.

En peu de temps, Nisamolmoulk se vit sur le point de perdre son influence et son autorité.

Un soir, Hassan-Ben-Sabah était seul avec Emire-Dharab. Emire-Dharab était soucieux, Hassan venait de l'aborder le front rayonnant.

— Emire, lui dit ce dernier, réjouis-toi, nos affaires marchent grand train, avant qu'il soit longtemps, nous serons à la tête du divan.

— Dites-vous vrai?

— J'en suis sûr.

— Mais quels moyens prétendez-vous employer?

— Écoute, poursuivit Hassan, Nisamolmoulk a demandé au sultan Melekschâh un grand nombre de mois pour la confection du compte des revenus et des dépenses de l'État; et moi, aujourd'hui même, j'ai pris l'engagement de présenter ce même compte avant quarante-six jours. Si je réussis, Nisamolmoulk est perdu, et je le remplace.

— Et êtes-vous sûr de réussir?

— Tu en doutes?

— Le visir est encore bien puissant!

— C'est possible; mais le sultan a soumis à mes ordres, dès aujourd'hui, tous les écrivains de la chambre, et avec la protection de Mohammed, je terminerai ce compte pour le délai fixé!

Emire-Dharab ne répondit pas. Il attendit.

Hassan se mit à l'œuvre le lendemain du jour où il avait pris l'obligation que nous avons dite, et il travailla à la mener à bonne fin, avec une merveilleuse facilité. Au bout de quarante-six jours, le travail était terminé, et il courut, tremblant d'émotion, en porter les résultats au sultan qui l'attendait.

Mais, hélas! cette fois encore, Hassan-Ben-Sabah ne put recueillir le fruit de tous ses travaux.

Après un léger examen, Melekschâh lui rit au nez, lui reprocha sa présomption, et le chassa de sa cour sans vouloir même consentir à lui donner la moindre explication.

Pendant qu'il était occupé de ses calculs et qu'il cherchait à établir la balance entre les recettes et les dépenses de l'Etat, Nisamolmoulk avait adroitement regagné le terrain qu'il avait perdu, et pour conserver le pouvoir dont il jouissait, il avait trouvé bon de brouiller les comptes présentés par Hassan en en dérobant quelques feuilles.

Après tout, c'était de bonne guerre.

Comme Hassan ne put expliquer au sultan, qui avait été prévenu, le désordre imprévu de ses papiers, Nisamolmoulk saisit avec empressement cette occasion favorable d'éloigner de la cour un rival si dangereux.

Et pour qu'il ne doutât point de la haine qu'il avait laissée derrière lui, on envoya de toutes parts sur ses pas, non pour le prendre, Nisamolmoulk n'en avait nulle envie, mais pour faire semblant de lui donner la chasse.

Le grand visir convient, dans ses *Institutions politiques,* d'une manière très-naïve, que si ce malheur n'était pas arrivé au fils de Sabah, il aurait été forcé lui-même de quitter la cour et ses hautes fonctions.

Pendant ce temps-là, le paisible Omar engraissait et faisait un grand nombre d'enfants.

Hassan se retrouvait dans la même position que par le passé; mais il avait de plus, dans le cœur, une rage profonde que son dernier insuccès lui avait inspirée.

Il s'éloigna rapidement de la cour de Meleckschâh, et alla d'abord à Reï, puis à Ispahan, où il se tint caché dans la maison d'un certain Aboulfasl, afin de se dérober aux recherches de Nisamolmoulk.

Ne trouvez-vous point qu'après ces belles aventures, Hassan-Ben-Sabah avait suffisamment fait ses preuves, et qu'il avait tous les droits possibles au titre de Prophète?

CHAPITRE III.

Le règne du sultan Melekschâh, dit M. Haumeer, est un des plus orageux de l'histoire du moyen âge en Orient; chaque pas est marqué par la chute d'anciennes dynasties et par l'élévation de nouvelles familles; dans le Taberistan, le Haleb et le Diarbekr, les dynasties de Beni-Siad, de Beni-Murdas et de Beni-Merwan disparurent; à leur place surgirent les familles de Danischmend et d'Ortok, et s'élevèrent les trônes de Roum, de Taberistan et de Maradin.

La race des Seldjoukides commençait à étendre ses branches jusque dans la Syrie à Karman, et dans l'Asie-Mineure.

A Baghdad, résidence des khalifes de la famille des Abbas, deux partis se firent, au nom de la religion, une guerre sanglante. Les sunnites et les schiites, les partisans de l'iman Eskhaari et ceux d'Hauboli se livrèrent d'affreux combats, au sein même de cette ville.

Quoique la monnaie fût frappée, depuis la mort de l'émir Ressassiri, au nom de la famille d'Abbas, et que les prières publiques fussent faites en son honneur, les deux saintes villes de la Mecque et de Médine priaient dans les temples pour le fanatique khalife Mostauszar, qui occupait le trône d'Égypte. Les daïs, ou missionnaires, c'est à-dire les initiés des ismaëlites et les apôtres de la loge du Caire, parcouraient toute l'Asie pour faire des prosélytes et exciter des révoltes. Il en résulta des troubles qui ensanglantèrent souvent ce malheureux pays.

Ce n'est qu'après avoir quitté la cour de Melekschâh que l'idée vint à Hassan-Ben-Sabah de chercher à profiter de ces troubles qui agitaient le pays pour se créer des partisans, et donner le signal d'une révolte ouverte contre l'autorité et la loi.

Pour préparer son œuvre, il commença par vouloir convertir à ses opinions le rei chez qui il s'était réfugié. A cet effet, il resta quelque temps dans sa demeure.

Un jour qu'il se plaignait de Melekschâh et de Nisamolmoulk à son hôte, il finit en disant que s'il avait deux amis fidèles et dévoués, il aurait bientôt renversé la puissance de ce Turc et de ce *paysan*.

Cette parole remarquable dévoilait les projets ambitieux et profondément calculés du fondateur de l'ordre des Assassins, qui, alors, préludait déjà par la perte des rois et de leurs ministres. Ce mot contient le germe de toute la politique de cet ordre terrible.

« Les opinions sont impuissantes tant qu'elles bouleversent les

« têtes sans armer les bras ; le scepticisme et l'athéisme qui n'oc-
« cupent que des philosophes ou des oisifs ne renversent point de
« trônes ; le fanatisme religieux ou politique fait seul des révolu-
« tions. Qu'importe à l'ambition telle ou telle croyance, pourvu
« qu'elle trouve des instruments assez serviles pour exécuter ses
« projets ! Tout pour elle est d'avoir des esclaves adroits, de fidèles
« satellites et d'aveugles séides. Que ne peuvent deux êtres dévoués,
« animés par le génie d'un tiers et obéissant à ses ordres avec une
« entière abnégation ! »

Cette vérité, dont était convaincu l'audacieux Hassan, n'entra
point dans l'esprit de son hôte le reï d'Aboulfasl, un des hommes les
plus judicieux de son époque. Il prit ces paroles pour un signe de
démence et ne douta point de la folie d'Hassan.

Car, disait-il, comment un homme sensé peut-il croire, qu'avec
l'aide de deux compagnons, il luttera avec succès contre le sultan
Melekschâh, dont la puissance s'étend depuis Antioche jusqu'à
Kaschgar?

Sans révéler à Hassan toute sa pensée, le reï lui fit prendre, à
chaque repas, des boissons aromatiques et des mets préparés avec
du safran, dans l'espoir de le guérir et de lui fortifier l'esprit.

Le fils de Sabah devina ses projets et se prépara à le quitter.

En vain son hôte employa-t-il toute son éloquence pour le retenir,
Hassan partit bientôt après pour l'Égypte.

Il emmenait toujours avec lui Émire Dharab, qui avait décidé-
ment cessé de faire le négoce et s'attachait à sa fortune.

Hassan a laissé sur ce dernier et sur son départ pour l'Égypte
quelques détails qu'il est bon, peut-être, de faire connaître au lecteur.

« Élevé, dit-il, comme mes aïeux, dans la doctrine des douze
« imams (*imamié*), je fis la connaissance d'un compagnon Ismaélite
« (*refik*), appelé Émire-Dharab, auquel je fus bientôt uni par une

« étroite amitié. Je pensais que le khalife d'Égypte était un homme
« imbu des doctrines des Ismaëlites et de celles de ses philosophes.
« Émire prenait souvent avec chaleur la défense de leurs idées, et
« nous nous disputions fréquemment sur des articles de foi. Les
« critiques dont ma secte fut l'objet laissèrent cependant une pro-
« fonde impression dans mon âme.

« Plus tard, je rencontrai un autre Ismaëlite, nommé Abou-
« Nedschmsaradsch, qui, sur ma demande, m'expliqua leur reli-
« gion, m'en donna une entière connaissance ; enfin, je trouvai un
« daï, missionnaire, nommé Moumin, auquel le scheikh Abdol-
« melek-Ben-Attasch, supérieur des missions à Irak, avait permis
« d'exercer cette fonction. Je le priai d'accepter mon serment de
« fidélité au nom du khalife fatémite. Il refusa d'abord, parce que
« j'étais revêtu de plus grandes dignités que lui ; mais comme je le
« pressais sans cesse, il céda enfin à ma volonté.

« Le scheikh Abdolmelek, qui à cette époque vint à Reï, eut tant
« de plaisir à converser avec moi, qu'il m'accorda sur-le-champ
« l'emploi de missionnaire de l'autel et du trône (daï), et m'engagea
« à aller en Égypte, pour jouir du bonheur de servir l'iman Mos-
« tauzar, khalife fatémite alors régnant. Au départ du scheikh de
« Reï pour Ispahan, je me mis en route pour l'Égypte. »

Il était dans la destinée de Hassan-Ben-Sabah de lutter longtemps
avant de fonder l'ordre dangereux et infâme auquel il était appelé à
donner la vie.

C'était déjà un commencement que d'avoir choisi une voie défini-
tive, et d'avoir accepté l'emploi de missionnaire. Son génie et son
audace devaient faire le reste.

Depuis longtemps il avait été initié en Perse aux mystères immo-
raux des Ismaëlites. C'est pour cette raison, vraisemblablement,
qu'il avait été jugé tout de suite digne de répandre leurs doctrines.

D'ailleurs, la renommée avait porté jusqu'au khalife Mostauzar la nouvelle de ses talents spéciaux, et de l'autorité dont il avait joui à la cour du sultan Melekschâh. On se montra heureux de s'être attaché un pareil missionnaire, et on le reçut avec honneur et distinction.

Le supérieur des missions, ou grand-maître de la loge, Daïl-Dool, le schérif Tahre-Kaswimi, et quelques autres personnes d'un haut rang, furent envoyés à sa rencontre jusqu'à la frontière. Dans la ville, Mostauzar lui assigna une demeure particulière, le fit complimenter par les officiers de la cour et le combla de faveurs.

Mostauzar ne parla bientôt plus de lui qu'avec les plus grands éloges ; et telle était, dit-on, l'affection qu'il lui portait, que ses parents et les premiers fonctionnaires assuraient tout haut que Hassan allait incessamment être nommé grand visir.

Ce dernier retrouva donc encore une fois ce pouvoir dont il avait joui un moment à la cour de Melekschâh. Mais, maintenant, il rêvait déjà une autre puissance et d'autres honneurs.

Initié à tous les secrets de la loge du Caire, il ne tarda pas à dévoiler les plans de son ambition sans bornes ; il ne voulait pas moins que la chute du khalifat de la famille d'Abbas, et l'élévation d'un trône nouveau sur la ruine de l'autre.

Cet homme, jusque là simple missionnaire du khalife fatémite Mostauzar conçut le projet de s'assurer à lui-même la domination, au lieu de travailler pour son maître, et pensa tout autant à renverser l'œuvre de son souverain, qu'à élever et affermir l'édifice de sa propre grandeur.

Comme dans l'opinion des mosliniens, l'iman et le khalife seuls doivent être investis du pouvoir, les peuples n'étaient divisés que sur le point de savoir si c'était à la famille d'Omnia, à celle d'Abbas, ou à celle de Fatima, que la suprême puissance devait légitimement être transmise.

Les ambitieux qui voulaient s'emparer de l'autorité n'avaient d'autre moyen d'y parvenir que de l'exercer à l'ombre du khalifat, qui lui-même n'était plus alors qu'un simulacre de puissance.

C'est ce que voulut tenter Hassan-Ben-Sabah ; mais cette fois encore il échoua. Un grain de sable suffit quelquefois pour faire tomber le char le plus solide.

Du temps qu'il était fort avant dans les bonnes graces de Mostauszar, Hassan eut plusieurs querelles avec Bedr-Dschemali (Pleine-lune-de-beauté), Emir-Oldschouyousch, ou généralissime, qui commandait l'armée des Ismaëlites avec un pouvoir absolu ; ces querelles avaient eu pour cause la révolution que fit naître, à cette époque, la succession au trône d'Egypte.

Le khalife avait proclamé son fils Vésar son successeur légitime, tandis qu'un parti à la tête duquel se trouvait Bedr-Dochemali, avait nommé comme seul digne du trône, son autre fils Mostéali, qui, plus tard en effet, succéda à son père.

Hassan soutint les droits de Vésar, et s'attira par là la haine du généralissime, qui, non content de le traiter avec la plus grande animosité, détermina enfin le khalife à faire emprisonner le fils de Sabah dans la forteresse de Damiette.

Ainsi, encore une fois, Hassan se trouvait tombé des plus hautes régions du pouvoir.

Mais ce fut la dernière, car il avait enfin compris où était la vérité de la vocation.

Toutefois, il était enfermé dans une forteresse escarpée, gardé à vue avec une vigilance qui ne laissait aucun espoir d'évasion ; il fallait attendre patiemment, et remettre provisoirement son sort entre les mains de Mohammed.

C'est ce que fit Hassan, qui se consola en disant : *C'était écrit.*

Du cachot dans lequel on l'avait enfermé, Hassan voyait l'horizon sans fin se dérouler au loin, et, pendant les premiers jours de sa captivité, ce spectacle lui procura des distractions salutaires. De-

LA FONTAINE AUX JEUNES FILLES.

(Frontispice du recit)

vant lui la plaine était immense et n'avait de bornes au loin que le ciel bleu....

Çà et là, quelques bouquets d'arbres brûlés par les ardeurs du soleil, et de petits ruisseaux, presque desséchés, parsemaient l'étendue comme de petites taches sombres oubliées sur un voile de lin.

Mais ce qui attira particulièrement l'attention d'Hassan, ce qui lui procura de réelles distractions, ce fut une sorte de fontaine publique, située à quelques pas de sa prison, assidûment fréquentée par les jeunes filles de Damiette.

La première fois qu'Hassan vit arriver de tous côtés ces gracieuses enfants, portant sur leurs épaules les vases qu'elles venaient remplir, la première fois qu'il entendit leurs rires clairs et le son harmonieux de leurs voix si fraîches, il se sentit remué jusqu'au plus profond de son cœur, sans pouvoir comprendre la nature de cette émotion inusitée.

Il se pencha autant qu'il put à sa fenêtre, et regarda.

Toutes ces jeunes filles étaient belles et jeunes, et rien ne semblait altérer la sérénité de leur gaîté. Une surtout, paraissait posséder le doux privilége d'égayer ses compagnes, et sa venue était toujours le signal d'une satisfaction unanime dans le groupe qu'elle venait augmenter.

C'était presque une enfant encore ; elle avait de beaux yeux noirs qui regardaient franchement ; ses longs cheveux tombaient en flots d'ébène sur ses épaules brunes, et elle portait le costume pittoresque des filles de Damiette avec une aisance, une grace, une distinction toute particulières.

Hassan sentit qu'il s'intéressait à cette jeune fille plus qu'aux autres ; quand elle ne venait pas le soir, il se sentait mécontent et triste ; quand elle venait au contraire, il lui semblait qu'un poids tombait de dessus sa poitrine, qu'il respirait plus librement, et ses nuits étaient moins agitées.

Quelques semaines se passèrent ainsi sans incident. Les jeunes filles étaient toujours aussi rieuses, aussi folâtres, et leur gaîté montait chaque soir en joyeux éclats jusqu'à la prison d'Hassan.

Une fois entre autres, il avait entendu appeler la jeune fille qu'il avait remarquée du nom de Médine, et, depuis ce jour, il n'avait eu garde d'oublier ce nom.

Un jour, cependant, Médine ne vint pas au rendez-vous habituel, et la réunion fut moins gaie que d'habitude. Le prisonnier entendit à plusieurs reprises prononcer son nom; mais malgré toute l'attention qu'il portait aux paroles que l'on échangeait près de la fontaine, il ne put saisir ce que l'on disait.

Qu'était-il arrivé à Médine? Son absence inquiéta Hassan-Ben-Sabah, et ce fut avec une sorte de fièvre qu'il attendit le lendemain. Comme la veille, Médine manqua au rendez-vous. Huit jours s'écoulèrent de cette façon, pendant lesquels Hassan éprouva toutes les douleurs de l'inquiétude la plus sincère.

Médine était malade sans doute, la gaîté de ses compagnes s'était éteinte, comme par enchantement; on n'entendait plus ni rires ni joyeux propos; la tristesse régnait dans le petit groupe, et c'est à peine si, pendant toute la soirée, on échangeait quelques paroles autour de la fontaine.

Pourquoi cette préoccupation du captif qui rêvait déjà l'empire sanglant du poignard? — Ne savez vous plus l'histoire du prisonnier qui pleura la mort de son araignée?

Hassan ne savait à qui s'adresser pour avoir des renseignements, et cependant il ne vivait plus; nuit et jour il cherchait qui pourrait lui donner des nouvelles de Médine.

Son geôlier était un homme dur, avec lequel il n'était pas possible d'entamer la moindre conversation. Il ne pouvait s'adresser aux jeunes filles elles-mêmes : cette imprudence eût suffi à le faire changer de prison, et il n'eût voulut pour rien au monde se priver du spectacle de tous les soirs.

Pendant huit jours, Hassan souffrit donc sans rien dire, et remettant son espoir en Mohammed, il attendit qu'une occasion favorable se présentât.

Enfin, le huitième jour, Médine revint ; mais elle était pâle et triste, ses joues avaient maigri, sa démarche était languissante, ses compagnes parurent l'accueillir avec une compassion douce et résignée.

Médine parla peu, et ne se mêla point aux ébats de ses jeunes compagnes. Seulement, Hassan, qui ne la quittait pas des yeux, remarqua avec une étrange émotion que la jeune fille, avant de s'éloigner, jeta de son côté un long regard.

Que s'était-il donc passé depuis qu'il ne l'avait vue? C'était bien à lui que ce regard s'adressait... il ne pouvait en douter ; il en était certain... Était-ce de la bienveillance, ou seulement le hasard?

Hassan eut mille inquiétudes et mille espoirs.

Toutefois, ce roman étrange ne devait pas s'arrêter là.

Le lendemain, dès que le jour parut, Hassan entendit la porte de sa prison grincer sur ses gonds, et le guichetier entrer.

Ce n'était plus le même. Celui-ci avait quarante ans à peine ; sa physionomie était moins dure ; il portait sur le visage l'indice certain d'un caractère gai. Il parla à Hassan, et lui demanda s'il se trouvait bien du régime de la prison.

Il y avait longtemps que le fils de Sabah n'avait entendu une voix humaine ; il y avait longtemps surtout qu'on ne lui avait témoigné un intérêt quelconque. Cet intérêt inattendu l'étonna moins encore qu'il ne l'attendrit.

— Je n'ai pas trop lieu de me plaindre, répondit-il à son geôlier, mon cachot est triste et sombre comme tout cachot ; mais j'ai du moins ici quelque distraction.

— Ah !... les jeunes filles de la fontaine ! fit le geôlier.

— En effet! les jeunes filles de la fontaine.

— Elles sont rieuses et folles ; de la bonne et franche gaîté, n'est-ce pas?

— Oui, elles m'amusent de leur babil. Les connaissez-vous?

— Eh qui ne les connait!

— Il y en a une surtout dont le visage m'a frappé.

— Je sais de qui vous voulez parler...

— De Médine.

— C'est cela même.

— Qui est-elle? Quel est son père? sa famille?

— Oh! oh! on ne sait trop, répartit le geôlier avec un clignement d'yeux significatif; Médine est une fille qui est fort connue dans Damiette, et dont tout le monde a presque peur!

— Vraiment!

— Oui, les plus courageux craindraient d'exciter son courroux.

— Et pourquoi donc?

— Médine entretient, dit-on, un commerce suivi avec les Génies.

— Dites-vous vrai? s'écria Hassan.

— Je rapporte ce que tout le monde sait.

Hassan devint pensif, puis il reprit, quelques secondes après :

— Ce que vous me dites là est vraiment bizarre, mais me m'étonne pas... Dès le premier jour où je l'ai vue, j'ai conçu de cette jeune fille une opinion toute particulière... Ah! si j'étais libre!...

Le geolier sourit à ce souhait et haussa les épaules.

— Remerciez le prophète, plutôt, lui dit-il, de n'être point libre en ce moment.

— Que voulez-vous dire?

— Je veux dire que, si vous n'étiez point enfermé entre les murailles de ce cachot, la jeune fille dont nous parlons en ce moment, vous ferait peut-être un mauvais parti!

— Ellè me hait donc?

— Voilà ce que disent ses compagnes du moins, mais je tàchera d'éclaircir le fait sans me compromettre.

Le geôlier se retira sur ces paroles, laissant Hassan en proie à une vive agitation.

Pourquoi Médine lui en voulait-elle? que lui avait-il fait? que voulait dire ce changement de geôlier, et pourquoi celui-ci enfreignait-il aussi facilement le réglement sévère de la prison, qui interdisait, sous les peines les plus dures aux gardiens, d'échanger la moindre parole avec leurs prisonniers.

Hassan avait des soupçons qui n'attendaient qu'un prétexte pour devenir des certitudes; il hésitait, son cœur cherchait, mais, vainement, dans un autre sentiment, la raison de ces faits que rien n'expliquait naturellement.

Et puis il se rappelait, avec une singulière émotion, ce long regard que Médine lui avait jeté avant de se retirer, la dernière fois qu'il l'avait vue.

Ce regard n'était pas de la haine : c'était presque de la sympathie, peut-être de l'amour !

Hassan ne ferma pas l'œil de la nuit.

Le lendemain, il attendit avec une anxiété fiévreuse que l'heure vînt où les jeunes filles se réunissaient autour de la fontaine.

Selon son habitude, Médine vint avec son vase; mais elle était encore plus triste, plus préoccupée que la veille; elle causa peu avec ses compagnes, et, quand elle se retira, elle ne manqua pas de jeter, comme la veille, un long regard au prisonnier.

Huit jours se passèrent ainsi, et, chaque soir, la même répétition se reproduisit.

Du reste, le geôlier était devenu tout à coup taciturne et sombre, comme l'avait été son prédécesseur avant lui, et, malgré les pres-

IV.   18

santes sollicitations dont il avait été l'objet de la part d'Hassan, il n'avait laissé échapper aucune parole.

Hassan ne savait que penser ; il tomba bientôt dans une sorte d'abattement ; et ne voyant aucune chance de salut, il résolut d'attendre avec patience, et sans plus s'inquiéter, le sort que Mohammed lui réservait.

Un soir, le geôlier entra doucement dans son cachot, et s'approcha de lui d'un air mystérieux.

— Monseigneur, lui dit-il, vous ne dormez pas?

Hassan se leva en sursaut.

— Qu'y a-t-il? demanda-t-il avec avidité.

— Une grande nouvelle !

— Explique-toi.

— Cette nuit on doit venir vous prendre.

— Moi !... Pour me tuer?...

— Chut! ayons de la prudence, et n'opposez aucune résistance à ceux qui se présenteront. Vous dormirez, ou vous ferez semblant de dormir; les hommes entreront alors dans votre cachot, s'empareront de votre personne en proférant des cris de mort, vous garotteront sans pitié ; ne dites rien, laissez-les faire, la moindre résistance de votre part pourrait tout perdre.

Mais que feront-ils de moi? demanda Hassan avec une certaine inquiétude.

— Cela les regarde, moi je n'en sais rien, répondit le geôlier ; ils ont reçu des ordres, ils les exécuteront, voilà tout ; quant au reste, vous le verrez bien.

Le geôlier n'en ajouta pas davantage et disparut.

Comme on le comprend bien, Hassan resta éveillé toute la nuit.

Il s'était couché cependant, pour faire croire à son sommeil dans le cas où l'on viendrait le prendre, comme on le lui avait annoncé;

mais son esprit battit la campagne, cherchant quelle était cette mystérieuse intervention à laquelle il allait devoir sa liberté.

Malgré lui, le souvenir de Médine revenait sans cesse le visiter, et il s'attendait à chaque instant à la voir paraître.

Hassan avait foi en elle; il savait qu'elle entretenait un commerce suivi avec les Génies, et s'attendait à tout de sa part.

D'ailleurs, peu lui importait de mourir; la vie misérable qu'il menait ne lui souriait que fort peu ; à tout prendre , il valait encore mieux s'exposer à la mort pour sortir de cette condition, que de la supporter éternellement.

Hassan n'avait pas oublié l'amitié que lui portait Mostauzar; il savait pertinemment qu'il n'était pour rien dans les violences dont il était l'objet; il espérait trouver près de lui un appui résolu, dès qu'il serait rendu à la liberté. Il fallait donc tout faire pour recouvrer cette liberté.

Vers onze heures de la nuit, Hassan entendit un bruit formidable s'élever tout à coup à quelque distance.

C'était comme un ébranlement général, un tremblement de terre, une secousse terrible qui fit remuer un moment et craquer les murs de la prison.

Hassan crut que son dernier jour était venu; il se mit sur son séant et écouta effaré!

Un murmure confus avait succédé à ce fracas assourdissant, et ce murmure grossissait d'instant en instant, comme les vagues tumultueuses qui se précipitent furieuses sur la falaise, par un jour de tempête.

Hassan eut une indicible épouvante, et une sueur glacée perla sur son front.

Le murmure approchait toujours, il s'enflait, et maintenant il pouvait démêler, parmi tout ces bruits confus dont il était composé, des voix d'hommes et de femmes, des cris de mort, des menaces sanglantes.

Un instant même, il crut entendre proférer son nom !

Il se leva.

Sa fenêtre était ouverte, il y jeta un rapide coup d'œil, et se retira presque aussitôt, en jetant un grand cri.

Le spectacle était étrange !

Au milieu des ombres épaisses de la nuit, répandues de toutes parts, à la lueur rouge et sanglante de flambeaux de poix, une foule immense en guenilles sautait et chantait sur la place qui entoure la prison.

Hommes, femmes, enfants, vieillards, mêlés et confondus, exécutaient une sarabande forcenée, en appelant Hassan le fils de Sabah, et ordonnant de le mettre à mort, de le déchirer impitoyablement et de jeter ses membres en pâture aux oiseaux de proie ! Ce désordre était horrible à entendre, ce spectacle était effrayant à voir.

Hassan se cacha la tête dans ses mains, et se réfugia à l'autre bout de sa prison.

Il avait peur !

Tout à coup cependant, et comme s'il eût retrouvé la force, la confiance, la foi qui lui avaient fait défaut un instant, il bondit de sa place, releva son front inspiré, et revint se pencher en souriant à la fenêtre.

Le bruit continuait toujours, le spectacle était toujours le même.

En ce moment, un son de pas se fit entendre dans le corridor qui conduisait à son cachot ; Hassan se rappela les instructions qui lui avaient été données par son geôlier ; il quitta brusquement son poste d'observation et courut se jeter sur son lit de paille.

La porte s'ouvrit presque aussitôt, et quelques hommes entrèrent.

Ainsi qu'on le lui avait annoncé, ces hommes se précipitèrent sur lui avec une ardeur qui était peut-être feinte, mais qui paraissait bien réelle, le garrottèrent étroitement, et l'ayant chargé sur leurs épaules, ils s'éloignèrent sans lui avoir adressé une seule parole.

Hassan leur avait fait voir, d'ailleurs, qu'il pouvait être aussi discret qu'eux, car il s'était bien gardé d'ouvrir les lèvres.

On partit.

Les hommes prirent un chemin détourné, descendirent une grande quantité de marches, entrèrent dans une sorte de corridor, qu'à sa fraîcheur humide Hassan reconnut pour être souterrain, et marchèrent ainsi longtemps.

Au bout d'un quart d'heure à peu près, ils sortirent de la prison.

Hassan sentit un vent frais et humide lui fouetter le visage, et entendit un certain bruit semblable à celui du vent sur les vagues.

Il était en pleine campagne, à deux pas de la mer.

Sa poitrine respira plus à l'aise, et il commença à croire que Mohammed ne l'avait pas tout à fait abandonné.

Cependant les hommes marchaient toujours ; ils atteignirent bientôt le port, où un navire les attendait, et ayant donné le signal aux marins qui montaient le navire, celui-ci partit et s'éloigna vers la pleine mer.

On avait ôté à Hassan les liens qui retenaient ses membres, et maintenant il pouvait aller et venir sur le pont, sans qu'un geôlier gênât sa liberté! Mais les hommes continuaient d'être muets, et les questions que Hassan leur adressait sur leurs projets et le but de leur voyage restaient sans réponse.

Hassan vit bien que sa persistance était inutile, et comme après tout, ce qui s'était passé jusqu'à ce moment devait le rassurer sur la suite de cette aventure, il s'assit sur le pont et regarda la mer et le ciel, ces deux infinis.

Le ciel était pur, la mer calme.

Mille paillettes phosphorescentes brillaient dans le sillon sombre tracé par le navire au milieu des flots ; le ciel resplendissait d'étoiles.

La brise qui s'était levée enflait doucement la voile, et imprimait

142 LES TRIBUNAUX SECRETS.

au navire un mouvement berceur; Hassan se serait endormi volontiers sur le pont, mais la curiosité suffisait à le tenir éveillé.

Du reste, l'équipage entier était muet comme les hommes qui l'avaient enlevé à la prison de Damiette, et à part ceux que la manœuvre réclamait, les marins étaient tous couchés sur le pont, et dormaient ou rêvaient.

En ce moment, Hassan-Ben-Sabah vit à quelque distance de lui un singulier phénomène.

Une vapeur blanche s'éleva un instant au-dessus des flots profonds, grandit en se dirigeant vers les cieux et finit par marcher vers Hassan, qu'elle enveloppa bientôt tout entier dans ses plis transparents.

Hassan ouvrit les yeux avec avidité; le navire semblait avoir disparu, il n'en restait plus que cette partie sur laquelle il était nonchalamment couché. Seulement, à quelques brasses du navire, une charmante conque marine se berçait sur les flots, et sur cette conque une gracieuse jeune fille.

Hassan en fut comme ébloui, car cette jeune fille n'était autre que celle qu'il avait vue la veille encore auprès de la fontaine de Damiette.

La jeune fée lui sourit, et ayant sauté à bas de sa conque, elle courut sur les vagues, qu'elle effleurait à peine de ses petits pieds blancs, et vint s'asseoir près de Hassan.

— Médine ! Médine ! s'écria ce dernier ivre de joie et d'espoir; comment êtes-vous ici?

— C'est moi qui vous ai sauvé, répondit Médine en rougissant, cette nuit, avec le seul secours de mon art.

— Mais comment ! comment avez-vous pu?...

— Oh! c'est fort simple ! répliqua Médine avec un fin sourire; cette nuit, une des tours les plus solides de la ville s'est écroulée avec grand fracas, et les habitants effrayés ont cru voir dans cet accident un miracle opéré par Mostauzar, et Hassan-Ben-Sabah. Vos

envieux voulaient vous mettre à mort ; ils avaient ameuté le peuple ;
j'ai gagné quelques geôliers, et avec le secours des hommes qui vous
accompagnent et qui vous conduisent dans quelque île solitaire, je
vous ai arraché à une mort certaine. N'ai-je pas bien fait?...

— Ah! Médine, répondit Hassan avec enthousiasme, Mohammed
me réservait donc cette joie suprême de vous devoir la vie et la liberté.
Vous ne me quitterez plus.

— Oh! je ne puis vous suivre, objecta Médine.

— Quoi! vous allez partir... me quitter!...

— Pas tout de suite, fit la jeune fille avec un regard céleste, mais
dès que les premiers feux du jour doreront le bout des lames bleues,
je m'envolerai.

— Et je ne vous reverrai jamais.

Médine prit un air pensif, et elle laissa tomber son front pur dans
sa main blanche.

— Ecoutez, Hassan, lui dit-elle, je ne puis vous dire quelle destinée vous attend, parce que ce secret n'est pas le mien, mais celui
de Mohammed ; mais un lien puissant m'attache à vous, et ce lien
c'est votre amour ; tant que vous ne le romprez pas, je veillerai sur
vous comme une sœur sur son frère, comme une maîtresse sur son
amant : je vous serai dévouée et soumise, et je ne me ferai jamais
attendre quand vous songerez à m'appeler.

— Et comment vous appeler, objecta Hassan, quel signal vous
donner ; quelle parole sacramentelle prononcer !

Médine détacha lentement l'écharpe de gaze qui entourait ses reins
souples et forts, et la présenta à Hassan d'un geste gracieux.

— Voici mon écharpe, Hassan, lui dit-elle d'une voix émue,
qu'elle ne vous quitte pas ; elle sera votre sauvegarde, elle sera votre
fortune. En l'appuyant sur vos lèvres et en prononçant mon nom,
vous m'aurez appelée ; en quelque lieu de la terre que je sois, j'ac-
courrai.

Elle s'arrêta et reprit :

— Mon écharpe a encore un autre don : serrée autour de votre taille, elle sera un gage de force ; avec elle, vous vaincrez ; sans elle, vous serez vaincu.

— Et cette écharpe m'appartient ?

— La voici !

Médine et Hassan conversèrent encore quelque temps ainsi, enveloppés de cette vapeur blanche qui les rendait invisibles à tous les regards humains, et quand les premières lueurs du jour colorèrent l'horizon, Médine se leva, baisa doucement le front du disciple de Mowafek, qui s'était endormi dans ses bras, et disparut comme elle était venue.

Quand Hassan rouvrit les yeux, et qu'il ne vit plus la jeune fille à ses côtés, il crut qu'il avait été le jouet d'un rêve. Mais l'écharpe était bien serrée autour de sa taille, et les matelots, qui avaient recouvré la parole, lui demandèrent avec étonnement où il avait passé la nuit, qu'ils ne l'avaient point vu depuis la veille.

Après cela, le doute eût été impossible !

Hassan se releva donc avec confiance, et remercia Mohammed et Médine du plus profond de son cœur.

Il avait foi dans ce qui lui arrivait, et il ne douta pas un moment de la réalité de la puissance de Médine.

Il se mit donc à causer avec les hommes du bord, et leur demanda où ils avaient l'intention de le mener ; et comme il lui fut répondu qu'ils faisaient voile vers l'Afrique, il chercha à les dissuader, sans pouvoir y parvenir ; il eût bien voulu pouvoir consulter Médine sur ce qu'il avait à faire, mais le soleil était à peine levé, et il n'osait la faire paraître à une pareille heure.

Hassan oubliait que les fées et les génies ont le don de se rendre invisibles, le jour comme la nuit, et qu'il pouvait en conséquence se

G. Staal. del.

Ferdinand. sc

APPARITION DE MÉDINE.

Marquure Imp.r., S.t Jacques, 67, Paris.

(Tribunaux secrets)

passer cette fantaisie. Il s'abstint, ce qui prouve qu'il était encore très-novice dans son nouveau métier d'omnipotent.

Cependant, dès que les ombres se répandirent sur la surface de la mer, Hassan eut recours à son talisman, et, comme la veille, la vapeur blanche s'éleva du sein des flots, et lui apporta la charmante enfant de Damiette.

Quand les deux amants eurent longuement parlé de leurs amours, Hassan fit part à Médine de ce qu'il tenait des marins de l'équipage, et de leur dessein de le transporter en Afrique.

— Je le savais, répondit Médine, et je ne l'aurais pas permis ; mais je vois, Hassan, que vous avez hâte de retourner sur la terre-ferme, et, je rapprocherai,.autant qu'il sera en mon pouvoir, ce moment désiré ; dès demain même, je vous délivrerai.

— Mais quel moyen emploierez-vous? demanda Hassan, que la curiosité tenait toujours.

— Quoiqu'il arrive, Hassan, repartit la brune jeune fille, ne montrez aucune épouvante ; ne craignez rien, et n'oubliez jamais que Médine veillera sur vous, tant que vous l'aimerez.

La nuit se passa comme la précédente, et, quand vint le jour, Médine, cette fois encore, baisa le front d'Hassan, qui s'était endormi à ses côtés, et disparut.

Le lendemain, le même étonnement se manifesta parmi les marins, quand Hassan se montra au milieu d'eux. On l'avait cru tombé à l'eau ; mais on ne s'en était pas inquiété davantage, car on commençait à le croire doué d'un pouvoir surnaturel et au-dessus des dangers ordinaires qui peuvent menacer la vie humaine.

Ceci témoigne qu'il est quelquefois dangereux de passer pour un esprit.

Cependant Hassan-Ben-Sabah n'avait point oublié sa conversation avec Médine, et il attendait impatiemment l'effet de cette intervention qu'elle lui avait promise.

IV.   19

Vers le milieu du jour, un point noir parut à l'horizon, et la figure des matelots parut s'assombrir tout d'un coup. Ce point noir, c'était ce que l'on appelait, en terme de marine, un *grain*. Or un grain c'est une tempête.

Les marins se mirent aussitôt en mesure de recevoir le grain ; ils descendirent rapidement la voile, pour ne point offrir de prise au vent, et se placèrent chacun à son poste de manœuvre.

Toutes ces mesures n'étaient pas inutiles, car, à peine étaient-elles terminées, que le vent se prit à souffler dans les cordages avec une violence âpre et désordonnée, et qu'il coucha le navire sur le flanc. Ce n'était que le commencement.

Le navire se releva vigoureux et fier sur sa quille, et se remit à fendre les flots devenus plus menaçants. Les matelots ne s'étaient pas trompés un seul instant sur la grandeur du danger qu'ils allaient courir, et ils se multipliaient sur tous les points pour faire face à l'orage.

Cependant Hassan s'était assis tranquillement sur l'arrière du navire, et il regardait d'un œil paisible ce combat des hommes contre la Destinée.

Dans un de ces moments redoutables où le navire craquait de la base au sommet, où le vent se déchaînait avec une fureur violente, où les vagues soulevées, plus hautes que les mâts, menaçaient de tout engloutir, les matelots s'arrêtèrent stupéfaits devant Hassan, immobile et souriant, inaccessible à la crainte.

Un d'eux lui demanda la cause de cette sécurité qui se peignait sur son visage ; Hassan haussa les épaules, et montra le ciel d'un doigt prophétique :

— Notre Seigneur (*Sidna*), répondit-il, m'a promis qu'aucun malheur ne m'arriverait !

Et comme ses compagnons le regardaient avec étonnement, il les invita à jeter un coup d'œil sur ce qui se passait en ce moment autour d'eux.

En effet, la mer s'apaisa aussitôt comme par enchantement, le vent cessa de siffler, la pluie de tomber, et le navire reprit sa route.

— Eh bien! ajouta alors Hassan d'une voix ferme, me croirez-vous maintenant, quand je vous parlerai? Le Seigneur ne veut pas que j'aille en Afrique, et il vous engloutira tous, si vous tentez de m'y conduire contre sa volonté.

— Mais où voulez-vous donc aller, puissant prince? demandèrent les matelots.

— En Syrie! répondit Hassan-Ben-Sabah.

Dès ce moment, dit le biographe d'Hassan, ses compagnons de voyage reprirent confiance, et devinrent ses plus fidèles disciples. C'est ainsi qu'il sut profiter du hasard et des événements naturels pour augmenter sa puissance.

Nous faisons cette réflexion pour les personnes incrédules qui auraient le cœur de mettre en doute l'intervention de la fée Médine, l'écharpe et la chambre à coucher économique.

La nuit même, un vent favorable s'éleva, et le vaisseau aborda bientôt sur les côtes de Syrie.

A peine débarqué, Hassan se dirigea vers Haleb.

Mais ses vêtements se ressentaient d'un long séjour dans la prison de Damiette et sur le pont du navire; en entrant dans Haleb, il se rendit à l'établissement de bains, et de là au Bezestein, pour y faire emplette de quelque vêtement qui montrât moins la trame.

C'était le matin, les boutiques s'ouvraient une à une; Hassan n'eut que l'embarras du choix.

Cependant, comme il venait d'entrer dans une boutique, une dame, suivie d'un eunuque, y entra également, et demanda à choisir des étoffes d'un prix extrêmement élevé. Le marchand laissa aussitôt

Hassan, pour servir une pratique qui lui paraissait plus digne de tous ses soins.

Mais, malgré la variété et le bon goût des étoffes qui lui furent présentées, la dame n'en trouva aucune qui lui plût, et se tournant vers Hassan, elle dit au marchand, en lui montrant l'écharpe qu'il portait, qu'elle désirait en posséder une semblable, et qu'elle la payerait au poids de l'or s'il pouvait la lui procurer.

Hassan demeura interdit de se voir ainsi mêlé à la conversation; cependant il se rapprocha de la jeune dame, et lui dit qu'il regrettait de ne pouvoir la lui offrir; mais que pour tout l'or du sultan de Baghdad il ne pourrait s'en dessaisir, attendu qu'elle ne lui appartenait pas.

La dame avait relevé son voile pour mieux examiner le tissu de l'écharpe dont on parlait, et Hassan put admirer la beauté de son visage.

Jamais encore il n'avait rien vu de plus parfait.

Elle avait une peau plus blanche que le satin; ses cheveux noirs encadraient harmonieusement son visage; ses yeux avaient l'éclat et la vivacité de l'étincelle.

Hassan se sentit troublé, car cet illustre prophète était d'une complexion très-folâtre, et peu s'en fallut qu'il ne consentit à faire don de l'écharpe; mais le souvenir de Médine lui revint fort à propos à l'esprit, et il s'arrêta.

D'ailleurs la jeune dame avait baissé son voile et ne le regardait plus; le trouble qui s'était emparé de lui s'était un peu calmé, il ne songea qu'à choisir des vêtements à son goût, et à s'éloigner. La jeune dame n'insista pas davantage, et se retira bientôt, suivie de son eunuque, sans avoir fait la moindre emplette.

Dès qu'elle fut sortie, Hassan s'empressa d'acheter ce dont il avait besoin, et retourna au caravanseraï où il était descendu.

Mais à peine y fut-il, que l'eunuque de la dame qu'il avait vue un moment auparavant chez le fripier y arriva et demanda à lui parler.

— Vous êtes le plus heureux des hommes, dit cet eunuque à Hassan, ma maîtresse m'envoie vers vous ; elle n'a pu vous voir sans vous remarquer, elle désirerait passer près de vous tous les instants de sa vie, et veut vous entretenir, ne fût-ce qu'un instant.

Quand Hassan-Ben-Sabah vit qu'on se jetait ainsi à sa tête, il fit le renchéri.

— Ta maîtresse est jolie, répondit-il ; mais, en vérité, je ne puis me résoudre à l'aller voir.

— Et pourquoi donc, monseigneur?

— La femme qui s'offre est un bien moins précieux que celle que l'on recherche, et je ne sais quel sentiment l'attire vers moi

— Elle vous connaît.

— Elle ! s'écria l'apprenti prophète avec surprise.

— N'êtes-vous pas le seigneur Hassan-Ben-Sabah?

— Qui lui a dit ce nom?

— Ma maîtresse a beaucoup voyagé, et elle vous apprendra elle-même en quels lieux elle vous a connu.

Ces dernières paroles piquèrent la curiosité d'Hassan ; il ordonna à l'esclave de marcher devant lui, et, après avoir pris sa bourse pleine de sequins, il partit.

Je soupçonne que c'était la fée Mé line qui avait donné ces pièces de monnaie au prophète Hassan, à moins toutefois qu'il ne les eût volées.

En passant près du palais du kalife Abdolkadir-Eilani, ils furent obligés de ralentir leur marche, car la foule était immense, et l'on ne pouvait avancer qu'avec la plus grande difficulté.

Une vive inquiétude se peignait sur tous les visages, et chacun paraissait s'adresser des questions empressées auxquelles nul ne faisait de réponses satisfaisantes.

Pour que les choses aillent bien en effet, il faut que tout le monde ne se mêle pas d'interroger à la fois. Dans les pays d'orient les plus civilisés, il y avait des sergents de ville, châtrés avec soin, qui divisaient la foule en deux parts : les questionneurs et les répondeurs.

On avait beau ne pas savoir, il fallait répondre. Et c'était juste !

L'institution de ces sergents de ville, connus sous le nom de *ramfeddins*, s'est perdue comme tant d'autres bonnes choses !

Hassan se mêla un moment à ces groupes animés, que les officiers du palais n'essayaient point de repousser, et il demanda la cause de ce rassemblement tumultueux. On lui répondit que le kalife Abdolkadir-Elani était au plus mal, que les médecins les plus habiles avaient été appelés auprès de son lit, et que l'on désespérait de ses jours.

Abdolkadir-Eilani était fort aimé, Hassan-Ben-Sabah se sentit touché des regrets amers qu'il entendit exprimer dans la foule. Il continua sa route tout pensif.

Chemin faisant, et comme la demeure de la dame qui le faisait appeler était encore éloignée, il se rapprocha de l'eunuque, et voulut lier conversation avec lui.

— Voilà un kalife, dit-il, qui a su se faire aimer de son peuple ; s'il meurt, il laissera de profonds regrets.

— Oh ! il mourra, fit l'eunuque.

— Comment sais-tu cela ?

— Il y a déjà huit jours que le kalife est dans cet état, et quoiqu'il soit jeune encore.

— Ah ! il est jeune !

— Quarante-cinq ans, deux mois et trois jours.

— C'est un âge encore tendre !... Et de quelle maladie meurt-il ?

— Oh ! une étrange maladie, mon cher seigneur, dont les médecins n'ont pu déterminer le caractère... On commence à croire et à dire dans Haleb qu'il pourrait bien être empoisonné !

— Empoisonné ! s'écria Hassan.

— Hélas! oui... Et la grande douleur que sa maladie inspire au peuple n'est rien en comparaison de celle qu'elle cause à son fils.

— Il a un fils, le kalife?

— Un fils de vingt ans.

— Et d'où savez-vous la douleur de ce fils de vingt ans?

— Hélas! le jeune Abdolkadir-Eilani venait naguère fort souvent voir ma maîtresse, en tout bien tout honneur, monseigneur.

— Et il n'y vient plus?

— Il est trop accablé, et ne se consolera jamais.

Ce bout de conversation donna à réfléchir à Hassan-Ben-Sabah, et comme il touchait au terme de sa course, il se tut, et entra dans une petite maison élégante dont la porte venait de s'ouvrir devant lui.

Il traversa alors plusieurs appartements somptueusement meublés, dans lesquels régnait une fraîcheur parfumée qu'y entretenaient éternellement des ventilateurs habilement ménagés.

Çà et là, quelques femmes nonchalantes, étendues sur de moelleux sophas, fumaient des parfums qui enivrent, ou écoutaient des chants qui endorment.

Nous savons que ces sages peuples de l'orient se servent de la musique principalement pour endormir. Ils n'ont pas assez de l'opium, il leur faut des chanteuses.

Hassan admira en passant la beauté de ces femmes, et arriva, en dernier lieu, dans une pièce qui dépassait en richesse tout ce qu'il avait vu jusqu'alors, soit à Baghdad, soit au Caire, soit à Ispahan.

Il s'arrêta ravi sur le seuil.

Autour de la pièce circulait une cloison d'ivoire, toute incrustée d'or, d'ambre et de pierreries; des tapis épais assourdissaient le bruit des pas, des sophas voilés de gaze invitaient au repos; aux quatre coins de la chambre, dans des cassolettes d'un travail exquis, brûlaient ces encens d'Arabie qui préparent doucement à la volupté.

Enfin, au fond, dans le demi-jour qui tombait dans la pièce à tra-

vers les hautes draperies suspendues aux fenêtres, une femme d'une
ravissante beauté, celle qu'il avait rencontrée chez le marchand du
Bezenstein, laissant entrevoir, sous la gaze transparente qui l'enveloppait, les formes splendides de son corps.

Il n'en fallait pas tant au prophète.

Hassan se sentit pénétré d'une émotion bien naturelle ; son regard
s'alluma, ses tempes battirent. La jeune femme lui sourit dès qu'elle
l'aperçut, et lui fit signe d'approcher. Hassan courut s'asseoir à ses
côtés.

Il avait déjà oublié la maladie du kalife Abdolkadir-Eilani, il avait
oublié Médine et le but de son voyage, pour ne songer qu'au plaisir
que lui promettait la possession d'une femme aussi belle que l'était
celle qui l'appelait.

Il s'assit près d'elle et lui prit les mains.

— Je ne sais, dit-il avec une fatuité de prophète, à quel sentiment je dois d'être en ce moment auprès de vous, perle de beauté
souveraine ; mais ce bonheur je ne l'oublierai de ma vie, et je suis
tout disposé à vous en être reconnaissant, ô lumière éblouissante de
mes yeux !

— Ce bonheur a sa cause toute naturelle, répondit la jeune femme ;
quoique vous me voyiez pour la première fois, il y a cependant longtemps que je vous connais et que j'ai entendu parler de vous.

— Comment cela ? fit Hassan étonné.

— Par vos amis.

— Vous connaissez de mes amis ?

— Je connais Omar Khiam.

— Omar Khiam ! est-ce possible !

— J'ai habité quelques années la ville de Nischabour.

— Et quel est votre nom ?

— Fathma !

— Ah ! diable ! s'écria Hassan en chargeant une pipe en bois

d'Arrel du plus pur matayul ou herbe de Falgar, je suis enchanté
de vous revoir... Vous vous êtes toujours bien portée?... Moi
aussi... etc., etc.

Ils causèrent ainsi agréablement pendant le temps qu'ils voulurent, et ils échangèrent plusieurs preuves de confiance.

Quand les deux amants eurent épuisé le cercle dans lequel tour-
nait leur conversation, le kalife Abdolkadir-Eilani revint à l'esprit
d'Hassan, et il voulut interroger la jeune femme sur ses relations avec
le fils du roi, et connaître son opinion sur la nature de sa maladie.

Mais au premier mot qu'il lui en dit, Fathma rougit et balbutia.

Était-ce pudeur? Ma foi Hassan avait quelques raisons pour en
douter. Était-ce la crainte? était-ce la douleur? Il ne savait que
penser.

Cependant cela l'intrigua, et il se promit de revenir.

Le mieux eût été de rester, mais peut-être qu'Hassan avait des
courses à faire.

Avant de partir, il laissa sa bourse de sequins sur le sopha, et
promit à Fathma qu'il viendrait bientôt la revoir.

Fathma l'accompagna jusqu'à la porte, et lui dit qu'elle l'atten-
drait avec impatience.

Puis Hassan sortit.

Une fois dans la rue, il se dirigea vers le palais du kalife Abdolkadir-Eilani, qu'il trouva, comme le matin, encombré de peuple et
de gens de toutes conditions, lesquels se lamentaient au récit des
dernières nouvelles que l'on répandait. Le kalife était, disait-on,
plus malade, et son fils avait juré qu'il le suivrait dans la tombe.

Sans pouvoir dire comment cela se fit, Hassan se sentit porté par
le mouvement de la foule jusqu'à la grille qui entourait le palais, et
comme la curiosité était toujours chez lui le sentiment dominant, il
franchit le seuil de la porte et entra.

Grâce au désordre qui régnait à l'intérieur, personne ne le remarqua, de sorte qu'il put ainsi traverser les appartements et arriver bientôt près de l'endroit où le kalife se mourait.

Chemin faisant cependant, il avait porté rapidement un bout de son écharpe à ses lèvres, et, bien qu'il ne vît personne à ses côtés, il entendit la voix de Médine qui lui demandait ce qu'il voulait.

— Je veux sauver le kalife, répondit Hassan.

— Prends ce flacon, répondit Médine, un peu désobligée par l'aventure de Fathma, et que ton génie fasse le reste... Tout ce qui t'arrive aujourd'hui est l'œuvre de Mohammed sans doute, et pour cette raison, mais pour cette raison seule, je te pardonne.

Hassan n'était pas assez amoureux de cette fée déjà ancienne pour être jaloux, il ne prit pas garde aux paroles de Médine, saisit le flacon qu'elle lui tendait, et marcha résolument vers la chambre du kalife.

A mesure qu'il avançait pourtant, les esclaves tentèrent de s'opposer à son passage; mais quand il eut annoncé qu'il venait pour sauver le kalife, un grand mouvement se fit de toutes parts, et le fils d'Abdolkadir-Eilani accourut vers lui avec des cris de joie.

— Ah! vous le sauverez! vous le sauverez! s'écria le malheureux jeune homme en se jetant à son cou.

— Je ferai tout ce qu'il faudra, monseigneur, répondit Hassan-Ben-Sabah; mais si je le sauve, je désire avoir ensuite avec vous un entretien sérieux et grave.

— Avec moi! fit le jeune homme presque effrayé.

— Pour vous parler de Fathma! ajouta Hassan.

Le fils d'Abdolkadir-Eilani poussa un cri à ce nom, et saisit la main de son interlocuteur.

— Ah! venez! venez! lui dit-il, sauvez mon père, et je vous conterai tout.

Hassan-Ben-Sabah entra alors dans la chambre où était le moribond, entouré de tous les principaux officiers de sa cour.

Tous les assistants attendaient Hassan avec la plus vive anxiété;

les médecins d'Haleb avaient renoncé à donner leurs soins au kalife, et s'étaient retirés en déclarant qu'il était perdu; Hassan arrivait donc comme un envoyé du ciel.

Il s'approcha du lit élevé sur lequel Abdolkadir-Eilani était couché, et lui saisit les mains sans prononcer une seule parole; puis, ayant tiré son flacon de son sein, il en versa quelques gouttes sur les lèvres du kalife, et attendit.

Le kalife fit un soubresaut nerveux, remua les bras et les jambes avec violence, poussa quelques soupirs qui ressemblaient à des râles, et retomba lourdement sur son lit.

Ce fut une stupéfaction générale; on le crut mort.

— Qu'avez-vous fait? s'écria le fils du kalife en saisissant la main d'Hassan.

— Vous l'avez vu! répondit Hassan sans s'émouvoir.

— Mais qu'est-ce que cette liqueur?

— Du poison, répondit Hassan avec calme.

Un mouvement d'indignation se manifesta aussitôt dans toute l'assemblée, et chacun se rua sur Hassan. C'en était fait sans doute de lui, quand le moribond remua de nouveau sur son lit, et parut revenir à la vie.

— Qu'est-ce que cela signifie? demanda le fils d'Abdolkadir-Eilani interdit.

— Cela signifie, jeune homme, répondit Hassan avec beaucoup d'autorité, que le meilleur moyen de combattre les effets terribles du poison, c'est d'employer le poison. Si vous aviez étudié le grec, vous sauriez que Phérécrate de Samos, bien différent de cet autre Phérécrate qui inventa les vers phérécratiens, nommait ce genre de médication de l'homœopathie.

— Ah! quel savant! quel savant! se dit la foule, écrasée par le respect.

— Ah ça! le prince était donc empoisonné? demanda le visir en se rapprochant.

— Sans doute! fit Hassan.

— Mais quel peut être le coupable?

— C'est ce que nous examinerons plus tard, ajouta l'ex-prisonnier de Damiette, en jetant un regard oblique sur le fils d'Abdolkadir-Eilani, qui n'avait soufflé mot.

Je commence à soupçonner que ce jeune musulman était bien criminel!

Cependant le kalife avait repris ses sens, son œil se rouvrit avec une vivacité nouvelle, sa poitrine respira plus librement, sa main chercha celle de son fils.

Le kalife était sauvé.

Cette nouvelle fut bientôt connue de tous ceux qu'elle intéressait, et elle passa rapidement des appartements dans les jardins, et des jardins dans toute la ville. Mille clameurs de joie s'élevèrent aussitôt de tous côtés, la ville s'illumina comme par enchantement, et le kalife, en écoutant l'expression de la joie que la nouvelle de son rétablissement excitait dans Haleb, put comprendre quel deuil sa mort y aurait jeté.

Cela lui fit plaisir.

Le nom d'Hassan se mêla bientôt à toutes ces clameurs, et on l'introduisit dans toutes les prières que l'on adressa à Mohammed pour le remercier d'avoir rendu Abdolkadir-Eilani à la vie.

Cependant Hassan ne perdait pas de vue son but, qui était de se créer des prosélytes sur la route qu'il allait suivre, et il s'était dit déjà qu'il pouvait tirer parti de la position que le hasard venait de lui faire.

Hassan était désormais un homme sérieux, faisant des affaires et tâchant de fonder solidement sa boutique de prophète.

Abdolkadir-Eilani lui était tout reconnaissant, son fils ne l'approchait qu'en tremblant, le peuple entier bénissait son nom ; c'était plus qu'il en fallait. Bon nombre de courtisans ne demandaient déjà qu'à s'attacher à sa fortune.

Encore un peu d'audace, et toute la ville d'Haleb lui appartenait. Que fallait-il faire pour cela?

Prouver au père Abdolkadir-Eilani que son fils, de concert avec la courtisane Fathma, avait voulu l'empoisonner.

Rien ne semblait plus facile.

Il était vrai que le jeune homme avait eu des remords cuisants de son action, qu'il avait amèrement regretté ce crime que la passion avait pu seule lui faire commettre ; mais qu'importaient à Hassan-Ben-Sabah les repentirs et les remords du criminel ! son intérêt lui faisait au contraire une obligation de se servir de ces armes terribles, et il n'hésita pas un seul moment.

Hassan avait bien autre chose à faire que de s'apitoyer sur la position de ce fils que le désespoir torturait. Il lui fallait des prosélytes, et pour atteindre ce but tous les moyens étaient bons.

En conscience, si Hassan n'avait jamais fait pis que d'écraser du talon un parricide, même repentant, nous lui donnerions bien volontiers l'absolution.

Un soir, Hassan-Ben-Sabah était auprès du kalife Abdolkadir-Eilani, qui venait d'entrer en pleine convalescence, et le malheureux père le pressait de questions, désirant savoir quel était le coupable qu'il fallait punir.

Hassan se défendait de le nommer, mais faiblement. Enfin il prit la parole, et dit d'une voix ferme :

— Le kalife d'Haleb est un homme sage et prudent, il comprendra la réserve de son fidèle serviteur ; cependant, il importe que l'homme qui s'est rendu coupable d'un pareil crime soit puni, et je ne veux pas lui cacher plus longtemps mes soupçons qui ne paraissent que trop fondés.

— Voyons! voyons! dit le kalife Abdolkadir-Eilani.

— A quelle époque, environ, sentites-vous les premières atteintes du mal qui vous a mis au bord du tombeau?

— Il y a huit jours de cela.

— Et, vers cette époque, n'avez-vous pas accompli un acte important dans l'administration de votre province?

— En effet, j'ai associé mon fils à mes travaux, et l'ai désigné d'avance comme mon successeur.

— Fort bien! Et, s'il vous en souvient, c'est le soir même de ce jour que vous êtes tombé malade!

— Que voulez-vous dire? demanda le malheureux père effaré.

— Oh! rien, répondit Hassan, c'est un simple rapprochement que j'établis. Continuons!...

— Mais ne n'est pas de mon fils qu'il s'agit?

— Votre fils, monseigneur, est jeune, son cœur s'ouvre à la vie, il a l'abandon, la passion, l'oubli de son âge. Depuis quelque temps, il s'est lié avec une courtisane dont la beauté désespère toute expression humaine, Fathma, et cette femme s'est emparée sans partage de son esprit. Or, Fathma est habile, monseigneur, elle a compris qu'il valait mieux être la maîtresse du kalife que celle de son fils... et...

— Mais tout ce que vous me dites est horrible! balbutia Abdolkadir-Eilani.

— Ce que je vous dis est la vérité.

— Mon fils!... dit le kalife.

— Fathma! répliqua Ben-Sabah.

— Hassan! Hassan! veuille Mohammed que vous mentiez!...

Hassan ne répondit pas, mais il s'inclina, et annonça ainsi qu'il était prêt à prouver ce qu'il venait d'avancer.

Cependant une scène d'un autre genre se passait, à la même heure, chez la courtisane. Le fils du kalife, libre de toute préoccupation, s'était empressé d'aller retrouver Fathma, et lui avait appris tout ce qui se passait : Hassan savait tout; il allait les dénoncer à la justice, il n'y avait pas à en douter ; il fallait fuir pour se soustraire à la malédiction de son père et aux fureurs du peuple.

Fathma écouta son amant avec une apparente tranquillité, et, quand il eut fini, elle rassura les craintes du fils d'Abdolkadir.

— Si vous voulez suivre de tout point, lui dit-elle, les instructions que je vais vous donner, Hassan, non-seulement ne pourra rien contre nous, mais encore il sera perdu avant huit jours!

— Comment cela? fit le fils du kalife étonné.

— D'une manière fort simple et que vous comprendrez facilement. Toutefois, avant de m'engager plus avant, je désire savoir si vous aimez mieux vous unir à mes ennemis, ou si vous vous sentez le courage de me défendre contre eux?

— Oh! parle! parle! s'écria Abdolkadir, je ferai tout ce que tu voudras.

Fathma prit la parole; elle entretint son amant fort avant dans la nuit, et le fils du kalife ne rentra dans le palais de son père que vers le matin; mais au lieu d'aller prendre un repos dont il avait tant besoin, il se fit introduire aussitôt auprès d'Abdolkadir-Eilani.

Ce dernier n'avait pu dormir de la nuit; il accueillit son fils avec empressement. Le jeune homme courut se jeter dans les bras de son père.

— Mon père! s'écria-t-il d'une voix émue, je remercie Mohammed de vous avoir rendu à la vie, non-seulement parce qu'il vous a conservé à mon amour, mais parce qu'il vous permettra de punir l'audacieux coupable qui vous a versé le poison.

Abdolkadir-Eilani se leva en sursaut à ces paroles, et regarda son fils.

— Que dis-tu, mon enfant? murmura-t-il; explique toi.

— Le coupable, mon père, poursuivit le jeune homme, n'est autre que celui qui a feint plus tard de vous sauver.

— Hassan ?

— Hassan-Ben-Sabah !

— Mais qui t'a dit cela, enfant ?

— Tout à l'heure, mon père, reprit le fils du kalife après un moment de silence et d'hésitation, j'ai été mandé auprès d'une courtisane fameuse du nom de Fathma...

— Fathma !... répéta machinalement Abdolkadir, c'est le nom que l'autre a prononcé !

— Une femme qui est meilleure que sa condition, mon père, reprit le jeune prince, et qui a tenté vainement de détourner l'assassin du crime qu'il méditait.

— Mais dans quel but, ce crime ?

— Dans le but de vous sauver ensuite, et de s'emparer de votre amitié.

— Est-ce possible ! s'écria le kalife.

— Mon père ne me croit-il pas ?

— Oh ! j'aime mieux croire à ton amitié qu'à ta haine, mon enfant. Va, va reposer sans inquiétude, aujourd'hui Hassan ne sera plus de ce monde !...

Le kalife n'avait qu'une parole, et il le fit bien voir, car le jour même, dès qu'Hassan-Ben-Sabah, plein de confiance dans les soupçons qu'il avait jetés la veille dans l'esprit du kalife, se présenta au palais pour continuer son rôle d'accusateur, il fut saisi par dix-huit gardes, et garrotté avec adresse.

Il tenta bien de protester contre cette violence inattendue ; mais les dix-huit officiers avaient des ordres sévères et exprès, ils ne prirent pas garde à l'animation de leur prisonnier et l'entraînèrent.

Un espoir restait à Hassan : c'était le peuple. Le peuple l'aimait, il pensait qu'il viendrait à son secours ; mais on avait tout prévu, et de la ceinture qu'il portait on lui fit un bâillon que l'on appliqua sur ses lèvres.

Hassan crut encore une fois que sa dernière heure était venue ;
mais le bonheur avec lequel il avait échappé aux précédents dangers
lui donna du courage, et il attendit avec assez de fermeté l'issue de
ce nouvel incident de sa vie aventureuse.

On marcha quelque temps ainsi, et l'on arriva enfin aux portes
d'une solide forteresse qui ressemblait trop à celle de Damiette, pour
ne pas déplaire à Hassan. Cependant cette vue le remit tout à coup
sur la voie d'un autre ordre d'idées, et il se rappela la charmante
Médine, qu'il avait un peu oubliée depuis quelques jours.

Le talisman qu'il devait employer pour l'appeler à son secours
était précisément sur ses lèvres, il le baisa avec transport, et prononça à plusieurs reprises le nom de Médine.

A peine eut-il fait entendre ce nom, que les hommes qui le portaient s'arrêtèrent.

— Que me voulez-vous? demanda alors une voix bien connue à
l'oreille d'Hassan.

— Hélas! ma pauvre Médine, répondit ce dernier, tu vois à quelle
extrémité ils m'ont réduit?

— Ils vont te tuer.

— Je le crains énormément!

— Hassan, dit Médine d'un ton de doux reproche qui alla à l'âme
d'Hassan, malgré son égoïsme, vous ne méritez guère l'intérêt que
l'on vous porte; mais l'amour que j'ai conçu pour vous est plus fort
que ma volonté, et je veux encore vous sauver.

— Médine! Médine! balbutia Hassan, je vous aime!

— Je veux encore vous croire, Hassan, quoique vous m'ayez déjà
trompée. Espérez donc et attendez.

La jeune femme disparut aux yeux de son amant, et les hommes
qui s'étaient arrêtés commencèrent à entamer une conversation fort
animée.

C'étaient presque tous des hommes du peuple qui avaient été

témoins de la manière dont leur prisonnier avait sauvé le kalife ; ils
lui avaient voué depuis une sorte de dévouement, et ce n'était qu'à
regret qu'ils l'avaient garrotté.

Une fois en pleine campagne et éloignés d'Haleb, ils crurent qu'ils
pouvaient sans crainte donner un libre essor à l'affection qu'ils lui
portaient. Ils détachèrent donc les liens qui retenaient ses membres,
et lui annoncèrent qu'il était libre.

Hassan croyait à peine à tant de bonheur.

— Libre ! s'écria-t-il. Il n'y a d'autre Dieu que Dieu, et Mohammed
est son prophète. Hommes du peuple, au nombre de dix-huit ! la
condition que l'on vous a faite est misérable et sans attraits ; venez
avec moi, je vous ferai riches et heureux !

— Et où voulez-vous nous mener ? dit l'un des dix-huit hommes.

— Près d'Ispahan, à Alamont, la terre bénie !

— Et nous serons riches ?

— Comme le kalife d'Haleb.

— Et nous aurons des femmes ?

— Chacun dix-huit, et belles comme la courtisane Fathma !

— S'il en est ainsi, seigneur Hassan, répondirent les dix-huit
hommes, nous sommes prêts à vous suivre.

Hassan ne leur laissa pas le temps de la réflexion ; il partit.

D'ailleurs une nouvelle ardeur avait pénétré son esprit, il se croyait
sérieusement appelé à accomplir de grandes destinées, et n'était pas
éloigné de croire qu'il ne devait qu'à sa propre force le succès qui
avait couronné la plupart de ses aventures. L'ingrat avait déjà oublié
Médine.

Dans les ouvrages qu'il a laissés à l'admiration éclairée de ses
disciples, Hassan déclare que tous ses malheurs lui viennent de la
jalousie de Mohammed, qui voyait bien que lui, Hassan, était en
passe de le supplanter aisément.

D'Haleb, Hassan alla donc à Khouristân, Ispahan, Yesb, Kerman, propageant partout sa doctrine ; de Kerman, il revint à Ispahan, où il séjourna quatre mois ; puis il retourna à Khouristân.

Après s'être arrêté trois mois dans cette province, il se fixa, à peu près pour autant d'années, à Damaghan et dans les contrées voisines.

Là, il fit un grand nombre de prosélytes, et envoya dans toutes les forteresses du pays des daïs, ou missionnaires, d'une grande éloquence.

Après y avoir tout préparé pour la réussite de ses projets futurs, il se rendit à Dschordschan, d'où il partit pour Dilem. Toutefois, il ne voulut point entrer sur le territoire de Reï, parce que Abou-moslen-Rasi, gouverneur de ce district, fidèle aux instructions qu'il avait reçues de Nisamolmoulk, mettait tout en œuvre pour s'emparer de sa personne.

Hassan se vit donc forcé d'aller à Sari, et de là à Demawend, d'où il prit le chemin Kaswin pour aller à Dilem, et enfin à la forteresse d'Alamont, dont il comptait faire le berceau de sa puissance.

L'histoire de ces diverses pérégrinations est peut-être très-divertissante, mais nous ne la connaissons pas.

Avant ce voyage, il avait déjà envoyé à Alamont un de ses plus zélés et plus habiles missionnaires, le daï Hossein-Kami, pour inviter les habitants à prêter serment au kalife Mostauzar.

La plus grande partie obéit ; mais Ab-Mehdi, qui commandait la forteresse au nom de Melckschâh, homme pieux et simple, resta fidèle à son devoir avec un très-petit nombre des siens, et ne voulut reconnaître pour souverain spirituel que le kalife de Baghdad, issu de la famille d'Abbas, et pour souverain temporel que le sultan Melekschâh, de la famille des Seldjoukide.

Ce gouverneur était un descendant d'Ali, et comptait au nombre de ses aïeux le daï Ilalhakk, c'est-à-dire *celui qui invite à dire la vérité*.

Hassan-Ben-Seïd-Bakeri avait bâti cette forteresse d'Alamont trois cent cinquante ans avant Hassan-Ben-Sabah, c'est-à-dire huit cent soixante ans après Jésus-Christ, ou l'année 246 de l'hégire.

Alamont (*repaire de vautours*), ainsi nommée à cause de sa position inaccessible, est située au 84° 50′ de longitude, et au 36° de latitude ; c'est la plus grande et la plus formidable des cinquante forteresses du district de Roudbâr, à soixante parasangues au nord de Kaswin.

Le pays au milieu duquel elle se trouve placée sert de frontière entre le Dilem et l'Irak, provinces qui n'ont toutes deux, pour les arroser, d'autre fleuve que le Schahroud ou *fleuve royal.* Cependant deux autres rivières portent ce nom : l'une prend naissance dans le mont Talkan, près de Kaswin ; l'autre, qui a sa source dans la montagne de Schir, parcourt le district du Roudbâr d'Alamont.

Comme Roudbâr peut, en général, se traduire par *pays riverain,* ce nom est encore commun à un autre district ; c'est celui-ci qui, plus au nord, est désigné sous le nom d'Alamont, pour le distinguer du Roudbâr de Lor, situé plus au midi, près d'Ispahan, et arrosé par le Sendroud, *fleuve de la vie,* comme l'autre par le Schahroud, *fleuve royal.*

Depuis longtemps, Hassan-Ben-Sabah avait jeté ses vues sur la forteresse d'Alamont ; mais, malgré les intelligences qu'il s'était ménagées à l'intérieur, il désespérait de s'en emparer, lorsqu'au moyen de la connaissance parfaite qu'il avait de la cabale (*kabbala*), il crut pouvoir légitimer, aux yeux de la multitude, les intrigues auxquelles il dut ses succès.

Il trouva, fort heureusement ou fort habilement, dans les lettres dont se composait le mot Alamont le chiffre 483, qui était celui de l'année courante.

En outre, à partir de ce moment, il se servit du nom du kalife du Caire, et se fit passer pour un modèle d'austérité et de piété ; il eut ainsi des prosélytes soi-disant pour le kalife et la religion, mais en réalité pour lui-même et dans le seul intérêt de son ambition.

Au dire de ses contemporains, sa faculté d'hypocrisie était plus développée que celle de Mohammed lui-même.

Quand il se crut assez fort, il envoya vers Mehdi, le commandant de la forteresse d'Alamont, un homme chargé de lui demander, pour trois mille ducats, la place que pouvait représenter en superficie une peau de bœuf.

Comme Mehdi était un homme fort simple, et qui ne pouvait soupçonner un stratagème sous cette proposition, il accorda la demande sans trop de difficulté.

Hassan n'en attendait pas davantage, et dès qu'il eut obtenu la réponse désirée, il coupa la peau de bœuf en lanières fort minces, et en entoura le château.

Mais le commandant était courageux, s'il n'était pas défiant, et goûta peu la subtilité ; il chassa les ismaëlites qui s'étaient introduits dans la forteresse, et ne se crut pas obligé de se soumettre aux conditions du marché imprudent qu'il avait passé avec Hassan.

Mehdi prit toutes les mesures nécessaires pour se mettre à l'abri, et attendit son ennemi de pied ferme.

Malheureusement pour lui, Hassan avait déjà gagné presque toute la garnison. Une nuit, les portes de la forteresse lui furent ouvertes, et il s'en rendit maître presque sans coup férir.

Toutefois, comme il voulait encore garder un semblant de justice, avant la sortie de Mehdi, il lui fit remettre pour le reï Mosaffer, gouverneur de la forteresse de Kadkouh, un mandat laconique ainsi conçu :

« Le reï Mosaffer payera à Mehdi, descendant d'Ali, la somme « de trois mille ducats, comme prix de la forteresse d'Alamont. « Salut au prophète et à sa famille ! Que Dieu, le plus grand des « bienfaiteurs, nous soit en aide ! »

Mehdi ne pouvait croire qu'un homme comme le reï, qui jouissait d'une haute considération en sa qualité de lieutenant des Seldjoukide, fît la moindre attention au billet d'un aventurier comme Hassan ; mais, à son grand étonnement, la somme stipulée fut payée à présentation.

CHAPITRE VI.

Hassan-Ben-Sabah était en possession de la forteresse d'Alamont,
qu'il avait si longtemps convoitée. C'était un centre redoutable d'opération, et il ne négligea rien, dès ce moment, soit pour étendre sa
puissance, soit pour rendre imprenable ce *repaire de vautours,* que
le hasard des combats venait de faire tomber entre ses mains.

D'une part, le roi Mosaffer, un des premiers et des plus fidèles
partisans du fils de Sabah, et Hossein de Kaïn, un des plus zélés,
professaient ses doctrines, et parcouraient, le premier, le Dschebal,

et le second, le Kouhistân, deux provinces montagneuses au nord de la Perse, afin d'y faire des prosélytes.

D'autre part, Hassan, pendant ce temps, entourait sa résidence de formidables remparts, et y dirigeait quelques sources d'eau douce. En outre, il faisait construire un canal qui devait amener l'eau jusqu'au pied de la forteresse, plantait partout des arbres fruitiers, et encourageait les habitants à se livrer à l'agriculture.

Il prévoyait en même temps ce qui lui serait utile en cas de siége, et ne négligeait rien de ce qui pourrait fortifier ce château qui dominait la province de Roudbâr, l'approvisionner et améliorer la culture des terres.

Rien ne saurait donner une idée exacte du tableau que, des hauteurs d'Alamont, on voyait se dérouler devant soi.

Le matin surtout, quand le soleil se dégageait étincelant des vapeurs qui s'élevaient de la plaine, le tableau semblait s'illuminer tout à coup et sortir radieux des ténèbres.

Au loin, dans la brume transparente, des villes entières couchées à l'ombre des palmiers et des platanes, élevant vers le ciel les flèches aiguës de leurs mosquées blanches, ou se mirant nonchalantes dans l'eau claire des lacs.

Çà et là, des déserts sablonneux s'étendaient comme des taches fauves sur cette grande plaine, qui ressemblait à la peau tigrée d'un léopard.

A droite et à gauche, des montagnes aux pentes douces, qui recélaient dans leurs flancs sombres des mines d'or, d'argent, de mercure et de plomb.

De toutes parts, enfin, un ciel dont rien ne venait ternir l'azur éclatant.

Hassan-Ben-Sabah allait souvent s'asseoir, recueilli et pensif, sur la plus haute des tours d'Alamont, et, de là, son regard profond planait sur ces tableaux magiques; et pendant qu'il s'oubliait dans la contemplation des merveilles qu'il voyait, sa pensée, toujours active, ardente, infatigable, cherchait quels moyens contribueraient le plus facilement à étendre et asseoir sa puissance.

Hassan-Ben-Çabah s'occupait d'établir sur des bases solides son système politique et religieux, et de le coordonner avec les idées qui avaient présidé à.la création de l'ordre.

Il s'agissait de fonder un empire, de lui donner des instructions, et de suppléer par des moyens extraordinaires au défaut d'argent et de troupes, ces deux grands auxiliaires de toute domination. Depuis le jour où il avait dû renoncer à jouer un rôle dans l'empire des Seldjoukide, Hassan s'était tracé un chemin à part comme missionnaire des ismaëlites, et avait imaginé un système de gouvernement que lui seul, dit M. Haumeer, était capable de concevoir et de mettre à exécution.

Rien n'est vrai et tout est permis, tel fut toujours le principe de sa doctrine secrète ; mais comme elle n'était communiquée qu'à un petit nombre de personnes, et se cachait du voile de la plus austère piété, il retenait les esprits sous le joug d'une obéissance aveugle aux préceptes de l'islamisme avec d'autant plus de facilité, qu'il leur faisait espérer qu'une prospérité éternelle serait la récompense de leur soumission et de leur abnégation sur cette terre.

Jusqu'alors, les ismaëlites n'avaient eu que des daïs (*maîtres*), et des refiks (*compagnons*) ; les premiers, initiés seuls à tous les secrets de cette doctrine, étaient chargés de faire des prosélytes ; les seconds, qui formaient le plus grand nombre, ne les apprirent que peu à peu.

L'esprit hardi de Hassan s'aperçut bientôt qu'il y avait un vice radical dans cette organisation faite à la hâte ; il y avait bien là des disciples, des missionnaires, beaucoup d'agents actifs et intelligents, mais il n'y avait pas un soldat.

Il comprit que pour exécuter avec promptitude et succès de grandes entreprises, il fallait créer une troisième classe, pour qui les véritables secrets de l'ordre devaient toujours être couverts d'un voile impénétrable ; ils devaient n'être que des instruments aveugles, fanatiques, toujours aux ordres de leurs supérieurs.

Le fils de Sabah savait parfaitement que tout corps bien organisé a besoin non-seulement d'hommes intelligents, actifs et d'un dévouement sans bornes, mais encore de forces matérielles.

Il créa donc les porteurs de poignards.

Ces hommes s'appelaient *fedavis, c'est-à-dire ceux qui se sacrifient, les sacrés,* et cette qualification indique suffisamment à quoi ils étaient destinés. Ils étaient vêtus de blanc (*dealbati*), et se donnèrent le nom de Mobeigesé (*les blancs*), ou de Mohammere (*les rouges*), parce qu'ils portaient, avec leurs habits blancs, des bonnets, des bottes ou des ceintures rouges.

De nos jours encore, ce costume est celui des guerriers et des princes du Liban, des janissaires, et des bostaudschi, les gardiens du sérai.

Les fedavi étaient, en quelque sorte, la garde du grand-maître ; ils ne quittaient jamais le poignard, car ils devaient toujours être prêts, au premier signal, à consommer le crime qui leur était commandé.

Ils devinrent, pour le chef de l'ordre, de sanglants instruments de vengeance et de domination.

Le grand-maître s'appelait SIDNA-SIDOEY, c'est-à-dire *notre seigneur,* ou Scheikh-Al-Dschebal, c'est-à-dire *le vieux* ou *le grand-maître de la montagne.*

L'ordre s'était emparé partout des châteaux situés dans les parties montagneuses du pays, dans l'Irak, dans le Kouhistàn et la Syrie, et le Vieux de la Montagne résidait toujours à la forteresse d'Alamont, vêtu de blanc, comme dans Daniel le Vieux des Jours.

Il ne fut ni roi, ni prince dans l'acception ordinaire du mot. Il ne prit jamais le titre de sultan, de meleck ou d'émir, mais seulement celui de scheikh, que portent aujourd'hui encore les chefs des tribus

arabes, et les supérieurs des ordres religieux des sofis et des derviches.

Son gouvernement n'était ni ne devait être celui d'un royaume
ou d'une principauté ; c'était une confrérie, un ordre, comme celui
des chevaliers de Saint-Jean, des chevaliers teutoniques ou des templiers.

Les plaines d'un pays sont toujours dominées par les montagnes
qui les entourent et les châteaux qu'on y a construits : se mettre en
possession de ces châteaux par la force ou par la ruse, intimider
les princes par toute espèce de moyens, telle était la politique des
Assassins.

La tranquillité se maintenait à l'intérieur par la stricte observation
des règles positives de leur religion ; leurs châteaux et leurs poignards les garantissaient à l'extérieur.

On ne demandait aux sujets de l'ordre proprement dits, ou aux
profanes, que la rigoureuse observation de l'islamisme, et la priva-
tion du vin et de la musique ; mais on exigeait des satellites sacrés
une obéissance aveugle et un bras fidèle toujours prêt au meurtre.

Les recruteurs, ou véritables initiés, travaillaient les esprits, indi-
quaient et dirigeaient les assassinats commandés par le scheikh, qui,
du haut de son château, ébranlait les consciences et désignait les
victimes.

Après lui, les daïlkebir (*grands-recruteurs*) ou grands-prieurs
occupaient le second rang ; ils étaient ses lieutenants dans les trois
provinces où la puissance de l'ordre s'était étendue, c'est-à-dire
dans le Dschobal, le Kouhistân et la Syrie. Ils avaient sous leurs
ordres les daïs ou maîtres initiés ; les refiks ou compagnons, voués
toujours à la défense de la secte et de sa religion, n'arrivaient que
par degrés à la dignité de daïs.

Les gardes de l'ordre, les fedavis ou sacrifiés et les lassiks (*aspi-
rants*), semblent avoir été ses novices ou ses laïcs.

Outre les sept degrés de scheikh, grand-maître; daïlkébir, grand-prieur; daï, maître; refik, compagnon; fedavi, manœuvre; lassik, aspirant et laïc, jusqu'à celui des profanes, il y avait encore une autre gradation dans la hiérarchie spirituelle. Cette gradation s'applique bien plus à la doctrine des ismaëlites, des sept imams parlants et des sept imams muets, qu'à la distinction établie dans les pouvoirs politiques.

D'après cette division, il y a dans toute génération sept personnes entièrement distinctes l'une de l'autre par le rang qu'elles occupent; ces personnes sont :

1° L'imam établi par Dieu;

2° La preuve, *houdschet* que les ismaëlites appelaient le *vase,* ÉSAÏ;

3° Le *soumassa,* qui tire la science du *houdschet,* comme le *houdschet* de l'imam;

4° Les *missionnaires,* daïs;

5° Les *mesounis,* les *affranchis,* qui sont admis au serment (*ahd*) et à une promesse solennelle;

6° *Mackellebi, ceux qui imitent les chiens,* qui sont à l'affût des conversions comme les chiens à l'affût du gibier;

7° *Mouminis,* les croyants ou le peuple.

Hassan ne se contenta pas de créer ces divisions dans la hiérarchie spirituelle de l'ordre qu'il voulait fonder, il donna encore aux daïs ou missionnaires initiés un réglement en sept points, qui avait moins pour objet l'instruction générale des profanes que les conseils de prudence à prescrire aux maîtres.

C'était, pour ainsi dire, le cathéchisme de l'ordre.

Il s'appelait Askhinaï-resk, *connaissance de sa vocation,* et renfermait des renseignements indispensables pour la connaissance des hommes qu'ils devaient choisir.

Au nombre des maximes renfermées dans le premier livre, figu-

raient celles-ci : « *Ne jetez point la semence dans un sol aride. —
Ne parlez point dans une maison où il y a une lampe allumée.* »

La seconde règle fondamentale de l'ordre s'appelait TOENIS, *science
de s'insinuer dans la confiance des personnes.* Elle devait servir à
gagner des prosélytes, en flattant leurs penchants et leurs passions.

3° Du moment où un jeune homme donnait dans le piége, il fallait aussitôt faire naître dans son esprit le scepticisme le plus complet
touchant les préceptes positifs en matière de religion, et se servir des
absurdités du Koran pour le jeter dans un labyrinthe d'incertitudes
et de scrupules.

4° Ce n'était qu'après tous ces préliminaires que le candidat était
admis à prêter serment (*ahd*); il promettait une inviolable discrétion,
une obéissance aveugle, et s'obligeait en même temps à ne communiquer à personne qu'à son supérieur les doutes qu'il pourrait avoir
sur les mystères et la doctrine des ismaëlites.

La cinquième règle, *Teddlis,* apprenait au néophyte à distinguer
les différences et les similitudes qui existaient entre la doctrine et les
opinions des Assassins, et celles des plus grands politiques et des
plus célèbres théologiens. C'était encore un moyen de le séduire et
de l'exalter, que de lui mettre sous les yeux la vie des personnages
les plus illustres.

Dans la sixième, *Tessis,* c'est-à-dire règle d'affermissement, on
ne faisait que répéter aux disciples tout ce qu'on leur avait déjà dit,
afin de les affermir dans leur croyance.

La septième règle, *Teevil,* c'est-à-dire *interprétation allégorique,*
par opposition au *Teusil, interprétation littérale de la parole de
Dieu,* terminait les cours des Assassins. L'essence de la doctrine
secrète, proprement dite, était tout entière dans cette dernière règle.
Suivant le degré d'instruction du candidat, il était, ou *bateni,* c'est-
à-dire initié au culte intérieur et au sens des termes allégoriques;
ou *dkhaheri,* c'est-à-dire celui qui se renferme dans le culte extérieur.

Les allégories apprenaient aux Assassins à ne considérer comme essentielle que la pratique du culte intérieur, et à regarder avec indifférence l'observation ou la violation des lois de la religion et de la morale ; ils devaient donc douter de tout, et avoir pour principe que rien n'était défendu.

Dans ces doctrines était toute la philosophie des Assassins ; mais Hassan ne les communiquait qu'à quelques initiés, et à ceux des supérieurs qui tenaient la masse sous le joug, en lui imposant la seule obligation des préceptes de l'islamisme.

Sa politique était de ne faire connaître ces principes d'athéisme et d'immoralité qu'aux gouvernants, jamais aux gouvernés ; de contraindre les peuples à obéir aveuglément aux ordres de leurs chefs, et de les faire servir à l'exécution de ses projets ambitieux, les premiers, en les accoutumant à une complète abnégation d'eux-mêmes ; les seconds, en les laissant librement satisfaire toutes leurs passions.

Les études et les sciences devenaient ainsi le partage d'un petit nombre. L'ordre des Assassins avait bien moins besoin, pour atteindre son but, du secours de la science que de celui des poignards.

Aussi le grand-maître ne quittait-il jamais le sien.

Une fois que Hassan-Ben-Sabah eut ainsi jeté les bases solides de sa puissance et de sa domination, il songea à commencer ses sanglantes opérations.

Malgré les préoccupations profondes que lui avait causées l'établissement de ses fidèles dans le *repaire de vautours*, cependant il n'avait point oublié les soins de sa vengeance, et avait dépêché quelques-uns de ses lieutenants vers les forteresses appartenant au sultan Melek-schâh.

Mais ce dernier, d'après les conseils de Nisamolmoulk, son visir, n'attendit pas que Hassan vînt l'attaquer, il envoya l'émir Arslantasch (Pierre de Lion), avec ordre de s'emparer de Hassan et d'exter-

miner tous ses partisans. Malheureusement, les partisans de Hassan-
Ben-Sabah étaient plus nombreux et plus redoutables qu'on ne le
croyait.

Arslantasch remplit sa mission avec zèle et courage, et un instant
même on put penser que c'en était fait de cet ordre des Assassins, qui
commençait à peine ; mais Hassan redoubla d'ardeur, et manquant
de vivres, entouré seulement de soixante-dix compagnons, il résista
jusqu'au moment où Abou-Ali, son missionnaire dans le Kaswin, où
il recrutait des soldats, lui envoya trois cents hommes qui, pendant
la nuit, assaillirent les assiégeants et les mirent en fuite.

Après cet échec, Melekschâh, reconnaissant le danger qui le menaçait, envoya Kisil-Sarik, un de ses plus intimes confidents, avec
les troupes du Khorassân, contre Hossein-Aini, missionnaire de
Sabah, qui devait insurger la province du Kouhistan.

Alors commença entre les deux puissances ennemies une lutte
acharnée, implacable, sanglante surtout, qui ne pouvait se terminer
que par l'anéantissement de l'une ou de l'autre.

Cette lutte continua longtemps avec des chances diverses ; mais
malgré le courage, l'activité, le génie, déployés par Hassan dans
cette guerre de bêtes fauves, à travers les montagnes, l'ordre des
Assassins se trouva bientôt traqué de toutes parts, et sur le point
d'être vaincu et dispersé.

Ce n'est pas ce que voulait le fils de Sabah, et il appela à son aide
de nouvelles ressources.

Un soir un homme qui portait le costume des marchands du pays
partit d'Ispahan pour Baghdad.

Il était monté sur un petit cheval noir, sur la croupe duquel une
valise contenant ses vêtements de voyage était solidement attachée.

L'homme pouvait avoir quarante-cinq ans environ ; mais à la
vigueur de ses traits, à sa physionomie robuste, on lui en eût à peine
donné trente-cinq.

Cet homme s'appelait Astandar.

Dès qu'il se trouva à quelques parasangues d'Ispahan, il mit son cheval au galop, et brûla la route sablonneuse.

Le temps était fort sombre, le vent soufflait avec une violence âpre et désordonnée ; parfois même, bien que le manteau dont il était couvert fût solidement attaché sur ses épaules, cette partie de son vêtement se soulevait avec vivacité, et l'on pouvait apercevoir à sa ceinture la poignée étincelante d'une arme pareille à celles que portaient d'habitude les *fedavi*.

La distance qui sépare Ispahan de Baghdad n'est pas précisément considérable, et en raison de la rapidité de la course, notre homme arriva le lendemain aux portes de la ville où régnait le sultan Melek-schâh.

Il n'eut pas un instant d'hésitation, une fois arrivé au terme de son voyage, et il entra résolument dans la ville. '

On eût dit même qu'il avait une connaissance parfaite des lieux, car il se dirigea aussitôt vers le khan des étrangers. Toutefois, sur sa route, il put remarquer qu'une certaine animation régnait dans toutes les rues, et que la gaîté la plus franche était peinte sur tous les visages.

Astandar ne put s'empêcher de sourire en remarquant cette gaîté populaire. Il se frotta les mains, et quand il descendit de cheval, on prétend qu'il prononça ces paroles qui cachaient un sens profond :

« Il n'y a d'autre Dieu que Dieu et Mohammed est son prophète. »

Baghdad était en effet dans un jour d'allégresse.

Les dernières nouvelles de la guerre entreprise contre Hassan-Ben-Sabah étaient des plus favorables, et tout donnait lieu de penser que le chef de l'ordre des Assassins ne tarderait pas à tomber lui-même entre les mains du sultan Melekschâh. On avait trouvé plaisant d'ajouter à la joie que devait naturellement exciter de pareilles nouvelles, celles qui précédaient ordinairement les fêtes, dites du *Chatir*. On verra plus loin en quoi ces fêtes consistent.

Le visir Nisamolmouk avait depuis longtemps résolu de mettre un terme à toutes ses propres hésitations; il importait qu'il prît au plus tôt une détermination, et se déclarât enfin l'ennemi sincère de son ancien condisciple, s'il ne voulait pas perdre tout à fait la position qu'il avait conquise. Ses grands talents, son intelligence et son activité l'avaient élevé à la haute fortune à laquelle il était parvenu. Menacé de perdre à la fois et la place de visir et les faveurs du sultan, que les intrigues de Hassan voulaient lui enlever, il se décida enfin à entrer en guerre ouverte avec le maître d'Alamont.

Aussi était-ce lui qui excitait la haine du peuple de Baghdad, et en général de tout le pays persan, contre la puissance odieuse de l'ordre des Assassins.

Ces fêtes qu'il commandait, et auxquelles il ne manquait jamais de présider, étaient un moyen qu'il employait habituellement pour tenir en éveil les ennemis du fils de Sabah. Des récompenses y étaient distribuées à ceux qui s'étaient le plus distingués dans la guerre. C'était en quelque sorte une prime offerte au courage, à la violence; nous pourrions presque dire au crime.

Ce jour donc, c'était fête dans Baghdad, et les musiciens allaient et venaient, semant partout la gaîté et invitant à la danse.

La musique ou *mousiki*, comme chez les Grecs, est l'élément indispensable de toutes les fêtes chez les Persans, bien que l'art du chant, comme celui de la danse, passent pour déshonnêtes chez ces peuples.

L'un et l'autre sont des arts qu'on ne fait point apprendre à ses enfants, mais qui sont abandonnés aux femmes prostituées et aux baladins, de telle sorte que c'est une inconvenance parmi eux que de chanter.

Cependant ce peuple a une telle disposition pour cet art, qu'en plusieurs professions ils chantent tout le jour, quoique fort lente-ment, pour s'animer et s'exciter.

Les chanteurs s'appelent *kainé*, mot qu'on dit venu de Caïn, parce qu'on prétend que ce sont les filles de Caïn qui importèrent en Orient le chant et la musique.

Les plus habiles musiciens sont tous aux gages du roi, et ils n'ex-cèdent pas le nombre de dix à douze. Voici les paroles d'un petit air qui peut donner une idée de la poésie :

« Celle qui tient mon cœur m'a dit languissamment : Pourquoi êtes-vous morne et défait?

« Quelles lèvres de sucre vous ont mis dans leurs chaînes.

« J'ai pris un miroir, je le lui ai présenté, en disant : Qui est cette beauté qui resplendit dans ce miroir?

« La langueur de votre teint est l'ambre qui tire la paille.

« Pourquoi vos yeux brûlent-ils de ce que vos appas attirent?

« Maudit soit ce compagnon qui se pâme si vite.

« Apportez des fleurs odoriférantes pour faire revenir le cœur à mon roi! »

Leur chant est ferme, clair et gai, comme on se représente le chant Dorien; ils disent que pour bien chanter, il faut rire et pleurer par l'harmonie de la voix.

Astandar n'était pas précisément venu à Baghdad pour assister aux réjouissances publiques ; mais il fit contre fortune bon cœur, et attendit qu'une occasion favorable se présentât de mettre son projet à exécution. A tout prendre, du reste, la fête du Chatir était curieuse et méritait d'être vue.

Cette fête consiste en une longue suite d'épreuves qui précèdent la réception de tout homme qui ambitionne la place de valet de pied du roi.

Il faut qu'il aille de la porte du palais à une colonne située hors de la ville, à la distance d'un parasangue, prendre douze flèches, *entre deux soleils,* et l'une après l'autre. On n'est reçu valet de pied du roi qu'après cette épreuve. L'émir qui préside à ces fêtes se présente accompagné du coureur, auquel il donne un calaat (*khilâ-at*) ou habit entier, et quelquefois aussi la permission de commencer à quatre heures du matin, ce qui est une grâce de près d'une heure : car on peut exiger que cet homme fasse cette course *entre deux soleils,* comme le dit le réglement royal.

Aussitôt que la fête commence, on tend les maisons, on pare les boutiques, on arrose les rues le long du chemin que doit parcourir le postulant valet, et bientôt la place publique devient vide et nette comme une salle de bal.

Devant le portail du palais, on dresse une tente de quatre-vingts pieds de long, sur trente de large, haute à proportion, portée sur des piliers dorés et tendue de drap rouge. La tente est doublée de beaux tapis et de brocart ; le bas en est couvert d'un riche tapis tout d'une pièce, rehaussé de carreaux de drap d'or. A droite s'élève un buffet chargé de vases émaillés de pierreries, et plus loin, vingt bassins d'or, dans lesquels sont arrangées avec symétrie toutes les sortes de fruits que produit le pays.

Dix à douze valets de pied du sultan, richement habillés et chacun de différentes couleurs et de différents ornements (car en Perse on ne sait ce que c'est que la livrée), font les honneurs de la tente à quiconque la vient voir, pourvu qu'il appartienne aux classes élevées.

Les huissiers de la garde du sultan stationnent aux portes, et les gardes du sérai se tiennent rangés en haie dans la place longeant toutes les avenues. Vis-à-vis le grand portail du palais, les éléphants, au nombre de neuf, couverts de riches housses et parés de chaînes, de ceps et d'autres ornements d'argent massif, regardent pacifiquement ce spectacle extraordinaire.

Chaque éléphant a son cornac, vêtu à l'indienne. Le plus grand de ces animaux est enharnaché et prêt à recevoir le sultan sur un trône posé sur son dos, et que protégent d'épaisses draperies.

Ce trône est assez long pour permettre de s'y coucher. Enfin, l'autre bout de la place est consacré aux divertissements et à la parade. Ce sont des danseurs de corde, des bandes de sauteurs, suivies d'un nombre immense de valets de pied préparés au même exercice, et le corps des bateleurs tout entier. Les bons chatirs, ou valets de pied, savent tous danser et voltiger.

On raconte à ce sujet qu'un Persan, transporté à Paris, après une longue suite de circonstances malheureuses, avait excité la curiosité du roi, qui ordonna que cet étranger lui fût présenté. C'était pendant une brillante fête, le roi dansait ; on le lui fit remarquer, et, comme on lui demandait si le roi ne dansait pas bien, il répondit :

« Par le nom de Dieu, c'est là un excellent *chatir !* »

Mais revenons en Perse.

Un cri de joie, longtemps répété, annonce enfin l'arrivée du chatir ; il est en chemise, avec un simple bourrelet, uni et assez mince, de toile d'argent, qui lui couvre une partie du corps. Ses bras et ses jambes sont nus, frottés d'un onguent composé d'une mixtion d'huile de rose, d'huile de muscade et de cannelle ; sa tête couverte d'un bonnet qui lui descend jusqu'au bas des oreilles, orné de trois ou quatre petites plumes légères. Au bonnet, au cou, aux bras et sur l'estomac pendent des amulettes.

Seize à vingt valets de pied des grands seigneurs courent à pied devant lui et à ses côtés, et se relayent les uns les autres. Ils sont précédés par un nombre considérable de cavaliers, parmi lesquels bon nombre de grands seigneurs qui les devancent beaucoup plus par satisfaction personnelle que pour faire faire place.

Un courrier exprès, nommé par le sultan, suit également. Le peuple en foule regarde et applaudit. A tout moment, on rafraîchit le visage du chatir avec des eaux de senteur, on l'évente continuellement derrière lui et à ses côtes, et ces diverses opérations se font avec tant d'adresse et de légèreté que, quoique le chemin soit toujours couvert de monde à pied et à cheval, il ne se trouve jamais personne devant le chatir.

C'est ainsi qu'il fournit ses douze courses, sans s'arrêter un moment, et rapportant chaque fois aux pieds du visir, représentant le sultan, la flèche qu'il est allé chercher.

Astandar s'était mêlé à la foule; il espérait profiter de ce désordre pour accomplir la mission dont on l'avait chargé, mais ces tentatives furent toutes infructueuses.

Enfin, l'heureux postulant avait fini ses douze courses; il vint hors d'haleine rapporter la dernière flèche aux pieds du visir et fut proclamé *chatir*, ce qui est près du roi une des charges les plus importantes par le revenu.

Tous les grands envoyèrent des présents, et la foule se retira proclamant le mérite d'un homme qui pouvait parcourir ainsi trente-six lieues en douze heures.

A ces exercices publics succédèrent des réjouissances particulières que le sultan donna aux femmes de son sérai. Et à ce sujet, peut-être, n'est-il pas hors de propos de dire quelques mots d'un usage peu connu, et qui n'en est pas moins original.

Lorsque les femmes du sultan sortent du sérai et vont à la ville, ce qui n'arrive guère que de nuit, un certain nombre de cavaliers marche cent pas en avant, et une même quantité cent pas derrière, criant tous: *Courouc! courouc!* mot turc qui signifie *défense!*

Dans cette circonstance, c'est pour le peuple un ordre exprès de se retirer.

Cette injonction est terrible, et nul ne se la fait dire deux fois! Chacun se sauve comme si l'on venait d'apprendre qu'un lion s'était déchaîné. Les eunuques à cheval, avec de longs bâtons à la main,

marchent entre les cavaliers et les femmes pour frapper ceux qui ne
seraient pas assez alertes dans leur fuite.

Le courouc qui se fait pour les femmes du sultan est tout-à-fait
terrible ; il y va de la vie pour tout homme qui se trouverait sur le
chemin de cette cavalcade et même sur le reste de la route.

Si c'est dans la ville qu'elles passent, on occupe les rues par où se
fait la marche, ainsi que les rues les plus proches à droite ou à gauche. Si elles vont à la campagne, on chasse tous les hommes des villages à une lieue à la ronde, et cette précaution est prise un demi
jour avant leur passage.

Ces dames sont, comme on le voit, fort gênantes ; mais il faut bien
que le shah s'amuse un peu avant d'être étranglé sur ses vieux jours.
Car c'est là la fin ordinaire de ces aimables princes.

Il y a un régiment composé d'espèce de janissaires, particulièrement destiné à cette fonction de crieurs de *courouc*, et qu'on appelle
koroktchi (*quouroùgddy*) : c'est le chef de cette troupe qui donne les
ordres, lesquels lui sont portés par le capitaine de la porte du séraï,
qui les tient lui-même du chef des eunuques.

Il vont le jour précédent battre l'estrade et avertir les hommes
qu'à telle heure ils aient à s'enfuir chacun de chez soi, parce que les
femmes du sultan doivent passer, et si quelqu'un faisait de la résistance, ils le tueraient sur la place et en seraient fort loués, comme de
raison.

Ils sont enrôlés expressément pour cela.

Deux heures avant que le séraï ne sorte, ces koroktchi retournent
aux mêmes lieux, où d'abord ils font des décharges de mousqueterie,
pour avertir une dernière fois les curieux de se retirer immédiatement, et cet exercice se continue durant quelques heures, afin que
ceux qui seraient dans les montagnes ou dans les cavernes soient
avertis.

Une heure après, les eunuques blancs se mettent en campagne et battent aussi la route ; mais cette fois s'ils rencontrent quelque homme dans l'espace défendu, ils le mettent immédiatement à mort.

On ne peut pas faire moins.

A cette occasion, il arriva à Astandar une aventure qui fut loin de le réjouir autant qu'il l'avait été par la fête du *Chatir*.

Le sultan, désireux de voir ses femmes prendre leur part des réjouissances publiques, leur permit pendant deux jours de suite de courir la ville et les champs. Ces divertissements forcèrent Astandar de déguerpir deux fois. La première fois, surpris subitement vers minuit, il se vit forcé de sortir de son lit pour s'exposer aux rigueurs de la saison, dans un costume peu propre à le protéger contre le vent frais de la nuit. Mais il dut s'estimer encore fort heureux d'en être quitte à si bon marché, car un habitant de la ville, surpris dans les mêmes circonstances, ayant été trouvé couché et endormi, fut, malgré ses cris et ses protestations, roulé dans le tapis sur lequel il s'était couché, et enterré vif à l'endroit même où il avait été pris.

Le misérable !

Ah çà ! vous qui haussez les épaules ou qui vous indignez, ne vous souvenez-vous plus que nos philosophes du dix-huitième siècle, ces chers et ces vertueux, mettaient toutes ces mœurs-là bien au-dessus de nos mœurs chrétiennes !

Nos philosophes au cœur tendre et nos professeurs !

Mais rentrons dans notre sujet, après avoir fait connaître ce côté par trop piquant des mœurs persannes.

Heureux si par ces révélations, faites avec tant d'à-propos, nous sauvons quelque malheureux Français, attaché d'ambassade ou négociant honnête, et qui, dans son ignorance, aurait été cruellement étouffé à son auberge par la milice du séraï.

Ce livre devra être désormais le *vade mecum* de tout voyageur en Perse.

Un soir, Astandar sortit du khan dans lequel il était descendu ; un

long manteau tombant jusque sur ses pieds le cachait entièrement,
et, chose singulière, sous ce manteau, Astandar ne portait point son
costume habituel de marchand, mais bien ce vêtement éclatant des
membres de l'ordre des Assassins.

Il avait appris que tous les soirs le grand visir Nisamolmoulk sortait du palais du sultan Melekschâh, et parcourait Baghdad, escorté
seulement de quelques officiers qui le suivaient de loin.

Nisamolmoulk, en bon ministre, allait ainsi s'assurer par lui-même
des besoins de son peuple, écoutait toutes les plaintes, toutes les ré-
clamations qui lui étaient adressées, sondait avec courage tous les
mystères qui lui étaient dévoilés, et, le lendemain, rendait la justice
au pays étonné, avec une connaissance parfaite de toutes les causes
qui lui étaient soumises.

Jamais Nisamolmoulk n'avait eu à se repentir de la confiance avec
laquelle il s'aventurait ainsi chaque nuit dans les quartiers les plus
mal famés de Baghdad, et jusqu'alors, du moins, il n'avait point encore eu besoin d'avoir recours à ses officiers.

Ceux-ci ne paraissaient donc le suivre que pour la forme, et bien
souvent même ils s'écartaient de la route tracée pour vaquer à leurs
petites affaires, et ne rejoignaient le grand visir qu'au moment où il
rentrait au palais.

Le soir où Astandar sortit de son khan, avec son costume de tragédie, il y avait déjà quelque temps que Nisamolmoulk parcourait les
rues de Baghdad; la ville entière était plongée dans un profond
repos, et, pendant une heure, aucun accident ne vint troubler la
promenade nocturne de l'ancien disciple de Mowafek.

Les officiers s'étaient dispersés peu à peu sur la route, les uns atti-
rés par quelque rendez-vous d'amour, les autres par l'espoir d'un
gain honnête au jeu, de sorte qu'au bout d'une heure le grand visir
se trouva seul, marchant toujours devant lui, à travers les rues sombres, étroites, silencieuses de Baghdad....

Il arrivait alors à l'extrémité de la ville, près d'une mosquée déserte, à quelques pas seulement d'une petite rivière qui fait le tour d'une petite promenade publique.

En ce moment, Astandar courut vers lui et se précipita à ses genoux.

— Écoutez-moi, au nom de Dieu, monseigneur! s'écria le fédavi.

— Qu'est-ce que cela? demanda Nisamolmoulk étonné; que se passe-t-il, et pourquoi ce désespoir?

— Ah! monseigneur, poursuivit Astandar, en se relevant, j'arrive de la forteresse d'Alamont.

— Alamont... tu as vu Hassan-Ben-Sabah?

— Je l'ai vu, répondit Astandar.

— Viens! viens alors, dit Nisamolmoulk.

Et il l'entraîna vers la mosquée.

Cependant Astandar regardait soupçonneusement de tous côtés; il s'attendait, à chaque instant, à voir paraître les officiers qui accompagnaient d'ordinaire le visir, mais il ne vit personne, et suivit Nisamolmoulk qui marchait vers la mosquée.

Astandar respira plus à l'aise.

— Voyons, dit alors le visir, parle; qui es-tu? d'où viens-tu? Y a-t-il longtemps que tu as vu Hassan?

Astandar s'était arrêté, et, après s'être assuré par un dernier coup d'œil que personne ne les avait suivis, il se rapprocha de son interlocuteur, et glissa traîtreusement sa main à sa ceinture.

— Il y a dix jours, monseigneur, j'étais à Alamont, dit-il d'une voix ferme, mais basse, j'ai vu Hassan-Ben-Sabah, et les dernières victoires qui ont été remportées sur ses hommes ont exalté sa haine et son ressentiment, et il a juré qu'il vouerait ses ennemis aux poignards de ses fédavi.

— Je ne me suis jamais trompé sur cet homme! répliqua Nisamolmoulk; il est cruel, lâche et bas; il aura recours à l'assassinat s'il craint d'être vaincu en n'employant que des armes loyales ; il n'y a rien à attendre de lui, il faut s'en débarrasser.

— Hassan est bien puissant, monseigneur, objecta Astandar.

— Qu'importe !

— Les fédavi pénètrent partout, ils sont toujours armés d'un poignard dont l'usage leur est familier ; ils vous tueront, si vous n'y prenez garde !

— Moi ! se récria Nisamolmoulk.

— Vous et le sultan Melekschàh.

— Avant qu'ils viennent jusqu'à moi, répondit Nisamolmoulk, j'aurai eu le temps de m'emparer de la personne de leur chef.

Et comme Astandar souriait, le grand visir ajouta :

— Ne penses-tu pas comme moi ?

— Non, monseigneur, répondit Astandar, car depuis huit jours déjà il y a dans les murs de Baghdad un homme qui a reçu la mission de vous tuer, et qui, tôt ou tard, remplira cette mission.

— Est-ce possible ! fit Nisamolmoulk ; et cet homme ?

Astandar avait tiré son poignard de sa ceinture ; il saisit la main du visir avec une énergie terrible.

— Cet homme, c'est moi, monseigneur, dit-il avec éclat, et depuis huit jours mon poignard brûle ma main impatiente : à toi donc, visir Nisamolmoulk ; c'est Astandar qui frappe, c'est Hassan-Ben-Sabah qui ordonne !...

Et avant que Nisamolmoulk eût le temps de l'éviter, Astandar lui enfonçait dans la poitrine le poignard qu'il avait reçu, à cet effet, des mains mêmes de Hassan...

Le malheureux visir tomba sans proférer une parole : il était mort sur le coup.

Les fédavi savaient leur métier.

Quant à Astandar, il sortit doucement de la mosquée, et rentra au khan sans que l'on se fût aperçu de son absence.

Cependant, quand, le lendemain matin, la nouvelle de la mort de Nisamolmoulk se répandit dans Baghdad, ce fut, de toutes parts, une consternation générale; le peuple fit entendre des cris déchirants autour du palais du sultan, et Melekschâh lui-même ordonna que toute la ville prendrait le deuil pendant un mois.

On fit ensuite des recherches inouïes pour découvrir son assassin, mais toutes ces recherches furent infructueuses. Seulement, comme il était évident que les officiers n'avaient pas fait leur devoir en n'accompagnant pas le grand visir pendant toute la durée de sa course nocturne, les malheureux furent pendus, à la grande satisfaction du peuple.

Ce spectacle, qui ne manquait pas de charmes pour les Persans de pure race, calma un peu la douleur de tous, mais, malgré l'activité que l'on put déployer, le nom de l'assassin resta toujours un mystère, et Astandar ne cessa pas un seul instant de se promener dans les rues de Baghdad, affectant de choisir les lieux les plus fréquentés pour but de ses courses fanfaronnes

Pourquoi Astandar ne s'était-il pas éloigné du théâtre de son crime? Quel sentiment l'avait retenu dans cette ville, où il pouvait craindre à chaque instant d'être découvert et pendu?...

L'assassin avait repris, le lendemain, son costume de marchand; il allait fréquemment au Bezenstein, faisait un peu de négoce, mais il ne paraissait pas disposé à s'éloigner.

Il avait donc un autre but? Le meurtre de Nisamolmoulk ne l'avait pas seul attiré à Baghdad?

Peut-être avait-il une autre victime à frapper; mais quelle était cette autre victime, et quel moyen allait choisir Astandar pour arriver jusqu'à elle?

Un moyen, en vérité, fort simple.

Le jour même de son arrivée à Baghdad, Astandar s'était mis en rapport avec certains esclaves du séraï; il leur avait parlé de les arracher à la triste condition qui leur était faite ; il avait excité leur cupidité, leurs désirs, toutes leurs passions.

Parmi les quelques hommes qu'il avait ainsi entrepris de séduire, un seul avait paru l'écouter favorablement : le désir ardent d'avoir, lui aussi, des femmes, un palais, des esclaves ; de remuer l'or et les pierreries, de se laisser porter et éventer par une longue suite de valets, tout cela l'avait séduit ; Astandar avait fait le reste en glissant chaque jour dans sa main une bourse pleine d'or.

Quelques jours après la mort de Nisamolmoulk, Astandar changeait son costume contre celui de l'esclave, et s'introduisait furtivement dans le palais.

Mais le meurtre dont le grand visir avait été victime avait fait redoubler de surveillance. Des gardes faisaient à chaque instant leur ronde dans l'intérieur du palais, et dans les allées du jardin, cherchant, de toutes parts, un criminel à saisir, et fouillant toutes les personnes suspectes qu'ils rencontraient. Il devenait chaque jour plus difficile d'approcher du sultan.

Astandar était profondément habile, et une fois engagé dans les sombres corridors du séraï, il marcha résolument à son but. Plusieurs fois, durant le trajet, il manqua d'être surpris, mais à chaque fois, il sut se dérober à tous les regards avec la silencieuse souplesse du serpent.

Enfin, après une heure de tâtonnements, car, n'ayant pas été nourri dans le séraï, il n'en connaissait pas les détours, il arriva en dernier lieu près de l'appartement du sultan Melekschâh, dont le seuil était gardé par deux sentinelles. Les deux sentinelles dormaient couchées en travers de la porte.

Astandar passa doucement, souleva les draperies qui masquaient la porte et entra.

Nous ne perdrons pas de temps à décrire l'appartement du sultan ; disons seulement qu'une lampe d'opale y jetait une clarté mourante, laquelle permettait à peine de distinguer au fond, en face de la porte, le sultan Melekschâh, couché sur un lit élevé, ayant à ses côtés une femme sans voile, sur le sein de laquelle il venait de s'endormir.

La femme était admirablement belle, et Astandar se sentit un moment troublé. Mais il maîtrisa bien vite ce premier mouvement, et examina avec attention tous les objets qui ornaient cette retraite.

Astandar était parfaitement au courant de toutes les habitudes de Melekschâh; il savait que le sultan prenait tous les matins un breuvage que son médecin ordinaire déposait chaque soir près de lui, et il cherchait de tous côtés le vase qui renfermait ce breuvage.

Il n'avait pas de temps à perdre; chaque instant de retard pouvait tout compromettre; il fallait se hâter !

Enfin, Astandar aperçut sur une table, caché dans l'ombre, le vase qu'il cherchait; il tira en même temps de son sein un petit flacon dans lequel était renfermé un poison actif et subtil; il en versa quelques gouttes dans le vase, et se hâta de s'éloigner, en prenant le même chemin qu'il avait suivi pour venir.

Les sentinelles continuèrent de ronfler sur le seuil, suivant l'habitude des sentinelles de tous les pays.

Une heure après, Astandar rentrait au khan; mais cette fois pour préparer activement sa valise, ordonner au palefrenier de faire sortir son cheval de l'écurie, et, dès que tous ces ordres furent exécutés, sans attendre plus longtemps, il s'éloigna au galop, et gagna le pays montagneux le plus proche.

Cependant ce n'était pas la peur qui pressait ainsi Astandar; c'était tout simplement la joie d'avoir réussi dans son entreprise, d'avoir complété son œuvre, l'impatience d'aller faire connaître ce résultat inespéré à Hassan-Ben-Sabah.

Astandar ne s'était pas trompé, et le lendemain matin, de bonne heure, comme le sultan Melekschâh, après avoir dit ses prières, se dirigeait vers la salle du conseil, où l'attendaient les principaux officiers de sa cour, il poussa un cri terrible, tourna sur lui-même, en cherchant à se retenir aux objets qui l'entouraient, et finit par tomber, comme foudroyé, sur la mosaïque¹...

L'épouvante gagna tous les cœurs à ce spectacle affreux ; on courut vers le malheureux sultan ; les médecins furent appelés à son secours, mais tous les soins qu'on lui prodigua furent inutiles : le sultan Melekschâh était mort!... Et l'on put constater qu'il avait été empoisonné!

Tel fut le début d'Hassan-Ben-Sabah : deux de ses bienfaiteurs tués du même coup. Cela promettait assurément un bien remarquable prophète!

CHAPITRE VII.

I.

Toute l'Asie fut remplie de terreur à la nouvelle des deux meurtres de Melekshâh et son grand visir, et ce coup d'audace ouvrit d'une
façon terrible le règne sanglant de Hassan-Ben-Sabah.

A partir de ce moment, les princes voisins commencèrent à le
regarder comme un scheikh redoutable, et à le traiter en conséquence
avec considération.

Le rei Aboulfast, chez qui il s'était arrêté, comme on se le rappelle, devint peu de temps après un de ses plus fidèles partisans, et
un jour qu'il se trouvait à la forteresse :

— Rei, lui dit Hassan, en lui faisant souvenir d'Ispahan, qui de nous était en démence, et à qui de nous les boissons aromatiques que tu me fis prendre convenaient-elles le plus? Tu vois que j'ai tenu mes serments, aussitôt que j'ai pu trouver des amis fidèles.

Le rei Aboulfast lui répondit quelque chose d'insignifiant.

Ce rei était un pauvre sire. Il ne faut pas le confondre avec Aboulfast de Tiz, sur la mer d'Arabie, qui inventa le baume au moyen duquel on guérit les oignons que les chameaux contractent aux pieds et qui sont fort douloureux.

Aboulfast de Tiz était bossu comme Abdulmeleck, et mourut d'une maladie honteuse en l'an 229 de l'Hégire.

C'est lui qui montait sur son âne à rebours pour mieux voir ce qui se passait derrière lui.

Il a composé un grand nombre de traités philosophiques à l'usage des petits Persans.

Hassan-Ben-Sabah se plaisait singulièrement à évoquer les souvenirs du passé; une fois entre autres, dit-on, il se passa une étrange fantaisie.

Une nuit, quatre fédavi apportèrent à Alamont un homme dont les yeux avaient été bandés avec soin, et le déposèrent dans un des appartements les plus somptueux du principal corps de logis de la forteresse.

Quand l'étranger comprit qu'il était arrivé au terme de son voyage, quand on lui eut enlevé ce bandeau qui l'empêchait de voir, il promena un moment son regard étonné sur tous les objets qui l'entouraient, et respira avec une profonde satisfaction.

Il avait pu croire jusque-là que l'on voulait attenter à ses jours; cette façon dont il avait été enlevé par quatre hommes qui n'avaient pas proféré une seule parole tout le long de la route; ce voyage à travers des montagnes à la pente rude; tout ce mystère dont il n'avait pas le sens, lui avaient inspiré de réelles inquiétudes.

Enfin, il était arrivé sans événement fâcheux ; l'appartement qu'on lui donnait dépassait en richesse tout ce qu'il avait pu voir jusqu'alors ; on ne devait pas nourrir des pensées homicides contre un homme que l'on traitait aussi bien ; aucun gardien ne veillait à sa porte, il était libre...

Toutefois le voyage qu'il venait de faire l'avait fatigué, il fit honneur au souper qu'on lui servit, et après avoir jeté un dernier regard satisfait sur l'appartement, il s'étendit sur un lit et ne tarda pas à s'endormir !

Cet homme n'était autre que le poète Omar Khiam.

Après le meurtre de Melekschâh et de Nisamolmoulk, il avait vécu quelque temps des ressources qui lui restaient ; mais le successeur du sultan lui ayant rogné le revenu de douze mille ducats qui suffisaient à son bonheur, sa position devint tout à coup gênée et misérable.

Il fut obligé de vendre ses femmes d'abord, puis ensuite les meubles de son séraï, et les quatre féduvi s'emparèrent de sa personne au moment où il songeait sérieusement à se jeter à l'eau ! Omar Khiam aurait mis fin de la sorte à son existence, si cet événement inattendu ne fût venu changer le cours de ses idées.

Remarquez que ce poëte avait vendu ses femmes avant son mobilier.

Le lendemain, quand Omar se leva, le soleil entrait d'autorité dans sa chambre, il sauta à bas de son lit et courut à la fenêtre, qu'il ouvrit.

Le tableau qui s'offrit alors à son regard lui arracha un cri d'admiration !

De toutes parts, c'étaient des parterres de fleurs et des buissons d'arbres à fruits, entrecoupés de canaux artificiels, des gazons ombragés et des prairies verdoyantes, où des sources d'eau vive jaillissaient à chaque pas. Des bosquets de rosiers et des treilles de vigne ornaient de leur feuillage de riches salons ou des kiosques élégants de porcelaine garnis de tapis de Perse et d'étoffes grecques.

Omar Kiam ne pouvait en croire ses yeux, et il se demandait quelle fée amoureuse l'avait transporté dans ce paradis?

Il appela et l'on accourut !

Des boissons délicieuses lui furent alors servies dans des vases d'or, d'argent et de cristal par de jeunes garçons et de jeunes filles aux yeux noirs, semblables aux *houris,* divinités de ce paradis que le prophète avait promis aux croyants !...

Omar Khiam s'abandonna à la volupté qui s'emparait de ses sens, et ne chercha pas même à se défendre contre son propre entraînement... Le son des harpes se fit entendre, et des voix douces et pures se mêlèrent un moment au chant des oiseaux sous les feuillages épais.

C'était le matin.

Tout était plaisir, volupté, enchantement ; Omar se laissa bercer par cette suave harmonie qui l'engourdissait ; il prit tout ce qu'on lui offrait, il mangea ces pastilles d'herbages (haschische) et l'opium de jusquiame que lui présentaient les houris.

Omar était un philosophe sensuel, il se croyait assis au banquet du paradis de Mohammed, un instant même il pensa qu'il pouvait bien être mort ! C'était en effet tout un autre monde. et le pauvre poëte se félicitait, *in petto,* d'avoir quitté une terre où on lui avait supprimé sa pension de douze mille ducats.

Les jeunes garçons étaient beaux, les jeunes filles lui souriaient, il était heureux, et s'endormit une seconde fois, en souriant et en demandant à Mohammed de prolonger cette extase divine !

Quand il se réveilla, il se trouvait au milieu du jardin d'Alamont, sur le seuil d'un de ces kiosques de porcelaine dont nous avons parlé. Devant lui était Hassan-Ben-Sabah !

— Hassan ! s'écria Omar, en le reconnaissant.

Hassan sourit.

— Et où te croyais tu donc, mon poëte? lui dit-il.

— Que Mohammed me pardonne, fit Omar, mais je me croyais déjà au septième ciel ; allons ! ce n'était qu'un rêve, il faut en prendre son parti !

— Non, Omar, interrompit le chef d'Alamont, non, cette vie que tu as commencée hier, tu pourras la continuer aussi longtemps qu'il te conviendra : cette forteresse est ton domaine, tu seras libre d'aller et de venir, selon ton gré, et le jour où cette existence te déplaira, tu pourras t'en aller. Est-ce ainsi que tu désires que je parle?

Omar ne répondit pas : il y avait encore en lui une certaine honnêteté native qui lui défendait d'accepter de tels bienfaits d'une main aussi indigne ; mais la misère l'attendait à la porte de la forteresse, et Omar Khiam avait peur de la misère. Il resta.

Il oublia, — les poëtes sont sujets à ces défaillances — que Hassan était le meurtrier de ses bienfaiteurs.

Ce que nous avons dit plus haut de la réception qui avait été faite à Omar Khiam peut s'appliquer en général à tous ceux qui entraient dans l'ordre.

Quand il se rencontrait un jeune homme doué d'assez de force ou d'assez de résolution pour faire partie de cette légion de meurtriers, le grand maître, ou le grand prieur, l'invitait à sa table ou à un entretien particulier. On l'enivrait avec de l'opium de jusquiame ; on le faisait transporter dans les jardins.

A son réveil, il se croyait au milieu du paradis.

Ces femmes, ces *houris,* contribuaient encore à compléter l'illusion.

Lorsqu'il avait goûté à satiété toutes les joies que le prophète promet à ses élus après leur mort, lorsque enivré par ces douces voluptés et par les vapeurs d'un pétillant nectar, il tombait de nouveau dans une sorte de léthargie, on le transportait hors de ce jardin, et, au bout de quelques minutes, il se trouvait auprès de son supérieur.

Celui-ci s'efforçait alors de lui faire comprendre que son imagination trompée lui avait fait voir un véritable paradis et donné un avant-goût de ces ineffables jouissances réservées aux fidèles qui auront sacrifié leur vie à la propagation de la foi, et auront eu pour leurs supérieurs une obéissance illimitée.

Ces jeunes gens se dévouaient alors avec joie à devenir les aveugles exécuteurs des arrêts du grand maître.

Ainsi, toute leur éducation avait pour objet de les convaincre qu'en obéissant sans restriction aux ordres de leur chef, ils s'assuraient, après leur mort, la jouissance de tous les plaisirs qui peuvent flatter les sens, et qu'ils devaient ainsi chercher l'occasion d'échanger cette vie terrestre contre la vie éternelle.

Ce que Mohammed avait promis aux Mosliniens dans le Koran, ce qui n'avait été pour un grand nombre qu'un beau rêve ou une vaine promesse, s'était réalisé poux eux, et l'espoir de goûter un jour ces félicités d'un autre monde les excitait aux plus hideux forfaits.

Mais cette fraude fut bientôt découverte; ce fut probablement le quatrième grand maître qui, après avoir dévoilé au peuple tous les mystères de l'impiété, lui révéla aussi les joies du paradis.

Ce qui, jusqu'alors, ne leur avait servi que comme moyen de jouissance, fut, dès ce moment, le but unique de leur vie.

L'ivresse de l'opium, en fascinant leur imagination, les transportait au milieu des plaisirs célestes; mais leurs forces épuisées ne leur permettaient déjà plus de saisir des réalités.

Constantinople et le Caire nous montrent encore aujourd'hui quel incroyable attrait l'opium, préparé avec de la jusquiame, a pour l'indolence léthargique du Turc, et combien il agit puissamment sur l'organisation de l'Arabe.

Les effets qu'il produit nous expliquent la fureur avec laquelle les jeunes gens recherchent ces énivrantes pastilles d'herbages qui leur donnent dans leurs propres forces une confiance sans bornes.

L'usage de ces pastilles, ajoute M. Haumeer, à qui bon nombre de ces détails sont empruntés, leur avait fait donner le nom d'*Haschis-chin*, c'est-à-dire *mangeurs d'herbes*. Ce mot dans la langue des Grecs et dans celle des croisés s'est transformé en celui d'assassins (*Haschischin, assassiner*), qui, devenu dans tous les idiômes euro-péens synonyme de meurtrier et de sicaire, rappellera éternellement le souvenir des forfaits de cet ordre.

II.

Le mouvement qui se manifesta dans toute l'Asie dès que l'ordre des Assassins fut fondé est curieux à observer.

Ce fut le commencement d'une époque de meurtres et de ven-geances, également fatale aux ennemis déclarés et aux amis de la nouvelle doctrine; ceux-ci tombèrent sous les poignards des Assas-sins; ceux-là sous le glaive des princes, qui, éveillés par les dangers dont les partisans de Hassan menaçaient le trône, mirent tout en œuvre pour les exterminer.

Les imans et les juristes les plus célèbres publiaient de leur propre mouvement, ou par ordre, des *Fetwa* ou avis qui désignaient les ismaélites comme les ennemis les plus redoutables du trône et des autels, et les maudissaient comme des infâmes et des athées. Ils ex-citaient les nations à une guerre ouverte contre la secte de Hassan, proclamant que la loi de l'islamisme commandait impérieusement la destruction de cette race d'infidèles, d'apostats, de *révolutionnaires*.

L'iman Ghasoli, un des plus grands moralistes de l'islamisme en Perse, publia un écrit contre les partisans de la doctrine secrète, in-titulé : *De la folie des partisans de la doctrine de l'indifférence en matière de religion, c'est-à-dire des impies que Dieu veuille con-damner.*

Mais ces discussions touchaient peu Hassan, qui n'en continuait pas moins son œuvre terrible.

L'Irak et le Khorassàn furent surtout le théâtre de ses continuels assassinats. Ses compagnons s'étaient déjà emparés des plus redoutables forteresses de ces pays; dernièrement encore, ils s'étaient rendus maîtres de Schahdourr (perle royale), forteresse récemment construite par le sultan Melekschâh.

On raconte, à ce propos, que ce dernier chassant, un jour, dans ces parages avec l'ambassadeur de l'empereur romain de Constantinople, un chien se perdit sur un plateau de rocher, où plus tard s'éleva le château.

L'ambassadeur fit observer que son maître aurait depuis longtemps profité d'une position aussi formidable, et qu'on aurait déjà construit un château dans un lieu que la nature avait elle-même pris soin de fortifier. Le sultan suivit le conseil de l'ambassadeur ; et c'est ce fort qui tomba, quelques années après, au pouvoir des ismaëlites. C'est pourquoi le peuple disait qu'une forteresse dont un chien avait indiqué l'emplacement et dont la construction était due aux conseils d'un infidèle, ne pouvait à la fin que porter malheur au pays.

Bien des places fortifiées passèrent ainsi entre les mains des ismaëlites ; les Assassins se trouvèrent eux-mêmes un moment en lutte ouverte avec les chrétiens et les chevaliers de leurs ordres religieux, mais il n'entre pas dans notre cadre de donner ici les détails de cette lutte.

Ces récits trouveront naturellement leur place dans l'histoire des Templiers.

Il y avait à cette époque, à Khodschead, un homme du nom de Abou-Harb-Issa, ce qui signifie : *Jésus, père de la guerre.*

C'était un riche marchand qui faisait à Haleb, et dans toute la Perse, le commerce des chameaux ; il possédait de nombreux servi-

teurs, et avait amassé, grâce à son activité et à sa probité, de grandes
richesses. Cet homme avait conçu pour l'ordre des Assassins en général, et pour Hassan-Ben-Sabah en particulier, une de ces haines
profondes que la mort peut seule éteindre.

Dans ses voyages fréquents, il avait pris à tâche d'ameuter contre
Alamont tous les pays qu'il parcourait, et il avait juré de les exterminer jusqu'aux derniers, s'ils tentaient jamais de venir à Khodschead.

Ces propos furent rapportés à Hassan-Ben-Sabah, qui voulut punir
l'orgueil de ce marchand, et lui donner, en le châtiant, une preuve
éclatante de sa puissance.

Il médita longtemps son projet, et comme il n'ignorait pas que
Abou-Harb-Issa était homme à faire ce qu'il avait juré; qu'il avait, en
outre, bon nombre de serviteurs qui défendraient courageusement
leur maître, s'il était attaqué, il jugea prudent d'attendre une occasion
favorable.

Le vieux marchand avait eu jadis un grand nombre d'enfants qui
tous étaient morts dans la guerre, et il ne lui restait plus qu'une fille
du nom de Kamil, sur laquelle il avait reporté toute son affection,
et qui était maintenant tout l'espoir de sa vieillesse.

Kamil pouvait être à juste titre la joie et l'orgueil de son père.

Elle avait seize ans à peine; c'était une belle créature qu'il était
impossible de voir sans l'aimer. Elle avait de beaux et longs yeux
noirs qui brillaient comme deux soleils; elle avait de grands cheveux soyeux et bouclés; le long vêtement qui l'enveloppait laissait
deviner sa taille fine et souple.

Kamil n'avait jamais quitté la demeure paternelle; les esclaves de
son père l'accompagnaient partout et la regardaient comme une
sœur; elle était bonne et douce pour elles; elle était la joie et la
gaieté de la maison.

Depuis quelque temps cependant, Kamil avait perdu un peu de sa
naïve et joyeuse humeur. Ce n'étaient pas les absences de son père

qui lui inspiraient ses tristesses passagères, ce n'était pas l'ennui qui mettait parfois ce voile de mélancolie sur son front.

Kamil était habituée aux absences d'Abou-Harb, et sa vie était tout aussi occupée qu'avant.

Mais depuis quelque temps, la jeune fille avait remarqué un beau seigneur du nom d'Ahmed, lequel résidait habituellement à Haleb, mais qui, peut-être séduit par la grâce touchante de Kamil, venait fréquemment dans les environs.

La pauvre enfant avait peine à s'expliquer ce changement singulier qui s'opérait en elle. Pourquoi elle tremblait et rougissait sous son voile quand elle rencontrait Ahmed; pourquoi encore elle se trouvait si seule et si désolée quand elle le voyait s'éloigner.

Son père s'était aperçu de ce changement, et le bon vieillard avait souri quand Kamil avait tenté de lui conter ce qui se passait en elle.

— Je devine tout, lui dit-il; j'ai tout remarqué, mon enfant; tu seras heureuse.

Kamil se jeta éplorée dans les bras de son père : sans savoir pourquoi, elle se sentit soulagée d'un grand poids.

A partir de ce moment, Ahmed vint chez le vieux Abou-Harb; il passait des journées entières assis à côté de la jeune fille, ses mains dans les siennes, ses yeux dans ses yeux.

Ils étaient jeunes tous les deux, et ils s'aimaient!

Ces quelques mois qui s'écoulèrent ainsi furent pour Kamil comme un avant-goût des félicités du ciel. Elle aimait Ahmed avec toute la sainte ferveur, toute la pudeur pleine d'abandon d'un cœur qui se sent battre pour la première fois. Elle ne voyait rien au delà de son amour; tout avait disparu; elle s'étonnait elle-même du vide immense qui se faisait à ses côtés quand son amant l'avait quittée.

Ahmed avait vingt-cinq ans; c'était déjà un homme; il appartenait à une des premières familles de la Perse, et c'était un grand bonheur pour Abou-Harb que de lui donner sa fille. Toutefois,

Ahmed ne s'était pas arrêté à ces considérations ; Kamil lui avait plu ; il comprenait que sa vie serait désormais triste et inoccupée s'il ne la possédait pas, et il l'avait demandée.

Au reste, le moment où les deux fiancés devaient être unis n'était pas éloigné ; Abou-Harb quitta momentanément sa demeure de Khodschead, et vint s'établir à Haleb, où devait se célébrer la cérémonie nuptiale.

Le père de Kamil devait faire un long voyage, après lequel il avait promis d'unir les deux amoureux. Il s'agissait pour lui d'une affaire de la dernière importance, qui consistait à aller chercher à Damas, et à ramener à Haleb, cinq cents chameaux richement chargés.

Abou-Harb partit donc, promettant d'être à peine un mois dans ce voyage.

Kamil resta seule, et Mohammed pourrait dire combien son esprit forma de vœux pour le prompt retour de son père.

Mais la pauvre enfant avait compté sans les Assassins.

Hassan-Ben-Sabah était au courant de tout ce qui s'était passé à Khodschead et à Haleb, et, dès qu'il apprit qu'Abou-Harb partait pour un long voyage, il avait réuni le conseil de l'ordre, en séance secrète, et avait ordonné que des mesures furent prises en conséquence.

— Cet Abou-Harb, dit-il, est notre plus implacable ennemi ; le voilà qui part pour Damas, il ne faut pas qu'il rentre vivant à Haleb ; d'ailleurs, le butin qu'il nous offre est considérable, il importe de ne pas le laisser échapper... Que le conseil désigne sans tarder un membre de l'ordre, et qu'il parte sur les traces du marchand.

L'avis de Hassan-Ben-Sabah fut immédiatement exécuté, et un assassin du nom d'Aboutaher arriva à Haleb le jour même où le père de Kamil en partait.

Le choix de cet homme était heureux ; car il y avait à peine quelques mois que les gens d'Abou-Harb lui avaient tué un frère. Nul ne devait avoir plus que lui, dans le cœur, le désir d'une vengeance implacable.

Pendant la route, il suivit Abou-Harb pas à pas, se gardant bien de se montrer, évitant de faire soupçonner sa présence, mais ne perdant pas de vue celui qu'il avait promis d'assassiner.

Toutefois, et comme cet homme pouvait être tué lui-même durant le trajet, Hassan, qui ne voulait pas que le père de Kamil rentrât à Haleb, avait fait entourer sa demeure d'agents mystérieux, lesquels devaient le mettre à mort dans le cas où il échapperait au poignard d'Aboutaher.

Toutes les précautions étaient bien prises, comme on le voit, et, pour plus de garantie encore, le chef des Assassins avait donné le commandement de la bande de Haleb à ses deux fils, dont l'aîné s'appelait Ostad, et le plus jeune, Hossein.

Pendant les premiers instants, tout marcha selon les prévisions du chef de l'ordre des Assassins, et, quand Abou Harb sortit de Damas avec sa riche caravane, l'homme qui l'avait suivi dans son voyage se mêla à la troupe de ses serviteurs, et se mit à épier le moment favorable pour mettre son projet à exécution. Il avait reçu l'avis qu'une bande d'ismaëlites se tenait dans les environs, prête à fondre sur la caravane dès que le chef aurait été assassiné.

Heureusement pour le père de Kamil, Mohammed le tira miraculeusement de ce péril extrême.

Un soir, il venait de s'arrêter dans une immense plaine qui s'étend à une trentaine de parasanges environ de Damas; les serviteurs avaient établi les tentes; on devait rester deux jours dans ces parages, autant pour faire de l'eau que pour permettre aux chameaux de prendre un peu de repos. Des courriers étaient expédiés de temps à autre vers Haleb, et tenaient Kamil au courant de la santé de son père. Encore quelques jours, et Abou-Harb allait regagner sa demeure, et les fêtes nuptiales allaient commencer.

Le père de Kamil venait de rentrer dans la tente qui lui avait été préparée, après la prière du soir faite en commun et à haute voix ; la nuit vint tout à fait, et il se trouva bientôt seul et entièrement séparé de ses serviteurs.

Ce fut cet instant qu'Aboutaher choisit pour s'introduire près de lui. Il était armé d'un long poignard qui pendait caché à sa ceinture ; sa résolution était ferme et inébranlable, rien ne pouvait le faire hésiter.

D'ailleurs Aboutaher était un de ces sombres fanatiques que l'ordre entourait de soins particuliers et entretenait dans une exaltation permanente. Il avait juré de tuer son ennemi, et il croyait, en commettant ce crime, faire une action agréable à Dieu.

Abou-Harb dormait profondément quand l'assassin entra.

Ce dernier s'avança donc à pas lents, avec la souplesse cauteleuse du tigre, et quand il fut parvenu près du lit du marchand, il tira son poignard de sa ceinture.

Mais si le père de Kamil dormait, ses serviteurs veillaient pour lui. L'un d'eux, du nom de Kaïssi, soupçonnait depuis longtemps Aboutaher de méditer quelque crime, et il épiait toutes ses actions avec constance.

Depuis Damas, il n'avait cessé de suivre Aboutaher, et chaque soir il allait coucher près de lui pour être plus sûr de ne pas le perdre de vue. Quand Aboutaher sortit donc de la tente des esclaves pour se diriger vers celle du maître, Kaïssi le suivit, et il entra en même temps que lui dans la chambre où dormait Abou-Harb.

Lui aussi avait armé sa main d'un long poignard, et quand l'assassin se précipita vers le père de Kamil, Kaïssi s'élança sur lui et le frappa par-derrière.

Malheureusement le coup avait porté à faux, et Aboutaher eut le temps de se redresser ; une lutte violente, mêlée de cris de haine et d'imprécations sauvages, commença aussitôt.

Aboutaher était robuste, mais son adversaire l'était au moins autant que lui. Le combat fut sanglant, mais court. Le bruit avait
réveillé le père de Kamil. Il se leva, saisit son cimeterre qui pendait
à côté de son lit, et frappa dans l'ombre. Deux cris se firent entendre.

Aboutaher venait d'être frappé à mort, il entraînait Kaïssi dans sa
chute.

Le lendemain, Abou-Harb reprit sa route vers Haleb ; il avait hâte
d'arriver au terme de son voyage : le crime dont il avait manqué
d'être victime lui avait inspiré de sérieuses craintes ; il avait peur
maintenant que Hassan-Ben-Sabah ne tentât quelque entreprise
contre sa fille, et les nouvelles qu'il recevait d'Haleb étaient peu
propres à le rassurer.

On lui mandait, en effet, que depuis quelque temps des hommes
mystérieux rôdaient incessamment autour de sa demeure. Ahmed
avait bien fait tout ce qu'il devait faire dans une pareille circonstance ;
il ne cessait de veiller sur Kamil, et toutes les nuits une garde d'esclaves dévoués stationnaient à la porte de la jeune fille. Mais on ne
pouvait prévoir jusqu'où les ennemis d'Abou-Harb pousseraient leur
audace, et il était à craindre qu'ils ne profitassent de la première
négligence d'Ahmed pour enlever Kamil.

Abou-Harb pressait donc son retour, et il eût volontiers fait don
de ses cinq cents chameaux pour être déjà rendu à Haleb.

Les craintes du marchand n'étaient que trop fondées. Dès que
Hassan-Ben-Sabah avait appris l'issue de la tentative d'Aboutaher,
il avait envoyé des ordres dans toutes les directions, et avait signifié
à la bande d'Assassins qui se trouvaient répandus dans la campagne
d'Haleb, d'attaquer, coûte que coûte, la caravane d'Abou-Harb.

En même temps, il menaçait ses fils de la mort, dans le cas où ils
ne lui rapporteraient pas Kamil vivante ou morte.

Cependant Abou-Harb approchait d'Haleb ; les courriers se suc-

cédaient maintenant plus fréquents ; le père de Kamil n'était éloigné
que de trois ou quatre parasangues de la ville, dans quelques heures,
il allait serrer la main de son gendre, et embrasser sa fille.

Ahmed et Kamil ne se possédaient pas de joie ; celui-ci voulut
aller au-devant d'Abou-Harb, avec quelques-uns de ses serviteurs les
plus courageux, afin de lui faire une escorte redoutable et qui le mit
à l'abri de tout danger.

Il partit le matin d'Haleb, après avoir pris congé de Kamil, heureuse et souriante, et, suivi de ses esclaves armés, il s'avança à la
rencontre d'Abou-Harb.

Deux heures s'étaient à peine écoulées, quand il aperçut enfin, à
une grande distance, une colonne énorme de poussière, de laquelle
se dégageaient de temps en temps les silhouettes pittoresques d'un
groupe considérable de chameaux. Ahmed pressa le pas, désireux
de revoir plus tôt encore Abou-Harb ; mais au moment où les deux
troupes se réunissaient, des cris partirent de toutes parts, et une nuée
d'Assassins fondit sur la caravane surprise.

Plusieurs des membres de l'ordre terrible tentèrent même de profiter d'un premier moment de trouble pour se frayer, avec leurs poignards, un passage sanglant jusqu'au marchand ; mais les serviteurs
courageux avaient tout à coup serré leurs rangs, et lui faisaient un
rempart impénétrable de leurs corps.

Les Assassins, interdits de cette résistance, reculèrent, et alors un
combat en règle commença.

Les Assassins étaient pleins de rage ; ils attaquèrent avec impé-
tuosité. Les serviteurs d'Abou-Harb et ceux d'Ahmed défendirent
leurs maîtres sans souci de leur vie.

Ahmed les animait par son exemple ; il les exhortait de la voix et
du geste, se jetait éperdûment lui-même au plus fort de la mélée, et
se faisait un cercle de cadavres autour de lui.

Enfin, les Assassins furent obligés de fuir ; mais ils ne le firent qu'à regret, et en promettant de revenir bientôt.

Ahmed et Abou-Harb se jetèrent dans les bras l'un de l'autre après le combat, heureux d'avoir échappé à un si grand danger, et ils reprirent le chemin d'Haleb, en bénissant Mohammed.

Un plus grand malheur que celui qu'ils avaient évité devait les frapper en arrivant dans la ville, car Ostad et Hossein, les deux fils d'Hassan, avaient mis à profit l'absence d'Ahmed, et ils venaient d'enlever la malheureuse Kamil.

Ahmed et Abou-Harb, que cette nouvelle avait d'abord abattus, se relevèrent bientôt avec une ardeur nouvelle, et, sans attendre davantage, ils s'élancèrent à la poursuite des ravisseurs. Mais Ostad et Hossein avaient sur eux une avance de près de six heures ; ils étaient montés sur ces fameux coursiers que le Vieux de la Montagne tirait à grands frais d'Arabie. Il y avait bien peu de chances en faveur de ceux qui les poursuivaient.

CHAPITRE VIII.

Dès que l'on apprit à la forteresse d'Alamont l'enlèvement de la fille du marchand Abou-Harb, une joie enthousiaste se répandit dans tous les rangs des sectaires. On s'attendait, il est vrai, à apprendre la mort du marchand lui-même; mais l'enlèvement de Kamil était la plus grande punition que l'on pût lui infliger pour la haine qu'il portait à l'ordre, et une fête fut commandée pour célébrer cet heureux événement.

« Pendant sept jours et sept nuits, on n'entendit du haut des tours que le bruit des timbales et des chalumeaux qui annonçaient aux châteaux environnants la joie de l'impiété et le triomphe du crime. »

Quand la fête fut terminée, Hassan-Ben-Sabah trouva à propos de rendre tous les habitants du pays de Roudbâr témoins de sa satisfaction et de sa puissance, et il les convia solennellement à se rendre au château d'Alamont, où il avait fait construire une chaire vis-à-vis de la KIBLA, et planter aux quatre coins quatre étendards, un blanc, un rouge, un jaune et un vert.

On appelle la *Kibla* le pays de la Mecque, vers lequel tous les moslimins se tournent dans leurs prières.

Le peuple des environs avait trop peur des vengeances de l'ORDRE pour manquer à l'appel qui lui était fait ; il s'assembla en foule sur la Moszella (*place de prières*), située au pied du château, et semblable à celle du faubourg de Schiraz, célébrée dans les poésies d'Hafezein.

C'était le dix-septième jour du mois de ramazan, Hassan monta en chaire, et, dit M. Haumeer, commença à jeter le trouble dans l'esprit de ses auditeurs par des paroles obscures et énigmatiques ; il leur persuada qu'un envoyé de l'iman, ce mystique possesseur du kalifat égyptien, lui avait remis une lettre adressée à tous les ismaëlites, qui changeait la règle fondamentale de la secte, et lui donnait une nouvelle sanction. Il leur déclara qu'en vertu de cette lettre « les portes de la grâce et de la miséricorde étaient ouvertes à tous'ceux qui lui obéiraient et le suivraient ; qu'eux seuls seraient les véritables élus, et qu'en cette qualité ils seraient affranchis de l'observation de toutes les lois jusqu'au jour de la résurrection, c'est-à-dire de la révélation de l'iman. »

Ensuite il recita en langue arabe le Khoutbé, ou *prière de la chaire*, qu'il disait également avoir reçu de l'iman. Un interprète, placé au bas de la chaire, en donna la traduction suivante aux auditeurs :

« Hassan est notre kalife, daï et houdschet, c'est-à-dire *notre successeur, notre missionnaire, notre preuve*. Tous ceux qui suivent notre doctrine doivent lui obéir dans les affaires de la foi et du monde, considérer ses ordres comme venant d'en haut, ses paroles comme inspirées, ne point faire ce qu'il défendra et faire tout ce qu'il commandera, comme si ces ordres étaient donnés par nous-même. Qu'ils sachent que notre seigneur les a jugés dignes de sa miséricorde, et qu'il les a conduits vers Dieu le tout-puissant. »

Quand il eut ainsi parlé, il fit dresser des tables, et ordonna au peuple de rompre le jeûne et de se livrer à tous les plaisirs, comme aux jours de fête; car, disait-il, c'est aujourd'hui le jour de la révélation de l'iman.

Depuis ce moment où le crime se montra sans voile aux yeux de tout le monde, ajoute M. Haumeer, le nom de *Moulahid, impies,* qui jusqu'alors n'avait été donné par les légistes qu'aux partisans de Karmath et à ceux de quelques autres sectaires, fut étendu à tous les ismaëlites de l'Asie.

A dater de ce jour, le dix-septième du mois de Ramazan, les Assassins célébrèrent la fête de la révélation comme la véritable époque de l'annonciation de leur doctrine. De même que le nom de Mohammed n'avait jamais été prononcé par les mosloiens sans que l'on ajoutât : *Qu'il soit béni!* de même les ismaëlites ajoutèrent depuis au nom de Hassan la formule : *Salut à sa mémoire!*

L'historien Mirkhoud raconte que Joussoufschabkiatid, homme digne de foi, avait lu au-dessus de la porte de la bibliothèque d'Alamont l'inscription suivante :

> Avec l'aide de Dieu,
> Le dominateur du monde
> Rompit les chaînes de la loi.
> Salut à son nom!

Plus tard, l'exemple de Hassan-Ben-Sabah fut suivi par ses successeurs. Ainsi, Hassan II écrivit au rei Mosaffer, alors grand prieur dans le Kouhistân, comme l'avait été, dans l'Irak, son homonyme,

contemporain de Hassan-Ben-Sabah, et lui donna des instructions
dans lesquelles il lui disait :

« Moi, Hassan, je vous déclare que je suis le représentant de
Dieu sur la terre, et le reï Mosaffer est le mien dans la province de
Kouhistân. Les hommes de ce pays doivent lui obéir et regarder ses
ordres comme émanés de ma bouche. »

Mosaffer fit construire dans le château de Mouminabad, sa résidence, une chaire, de laquelle il lut au peuple la lettre du grand-
maître. Presque tous les habitants l'accueillirent avec joie ; ils ne
pouvaient guère faire autrement ; ils burent du vin au pied de la
chaire, en mêlant leurs voix au son des chalumeaux et au bruit des
tambours. Hassan II fut proclamé comme véritable successeur du
prophète.

Or, nous demandons humblement pardon au lecteur, si ces scélérats, ces fous et ces sophistes sont autrement sophistes, scélérats et
fous que nos fous, nos sophistes et nos scélérats de France. Si notre
Sorbonne pouvait se transporter dans l'Anti-Liban, ceux qui l'y suivraient en verraient bien d'autres !

Mais en voilà assez sur cette question, il est temps de revenir à la
fiancée d'Ahmed, à la fille du malheureux Abou-Harb.

En entrant dans la forteresse, Kamil ignorait où on la menait, et
quels dangers allaient la menacer ; elle se croyait enlevée par des
ennemis particuliers de son père, mais ne pensait pas que ces ennemis
pussent être des Assassins.

Elle fut bientôt détrompée.

Ostad et Hossein étaient deux jeunes gens dans toute la vigueur
de l'âge et des passions, et ils ne lui laissèrent pas longtemps ignorer
quel sort honteux était réservé à leur victime. Kamil comprit alors
seulement toute l'étendue de son malheur, et toute l'horreur de sa
position.

Elle savait que les Assassins étaient capables de tous les crimes, et récemment encore elle avait entendu raconter à son père la terrible menace qui avait été faite au sultan Sandschar.

Fakhrolmoulk (*gloire de l'empire*), Aboulmossafer-Ali, fils du grand-visir Nisamolmoulk, avaient péri sous le glaive des Assassins. Hassan-Ben-Sabah voulut épargner les jours de Sandschar; mais comme ce dernier ne cessait de le traquer de toutes parts, il voulut au moins lui inspirer une crainte salutaire qui le rendît plus circonspect. Il espérait ainsi le désarmer par la terreur, et n'avoir pas besoin d'augmenter encore le nombre de ses ennemis par un nouvel assassinat qui ne manquerait pas d'avoir un retentissement fâcheux.

Dans cette vue, il avait gagné un esclave du sultan, qui, pendant le sommeil de son maître, planta un poignard dans la terre, tout près de sa tête.

Le sultan, bien qu'effrayé de voir à son réveil cet instrument de mort, ne laissa point paraître ses craintes; mais, quelques jours après, le grand-maître lui écrivit dans le style bref et tranchant de l'Ordre :

« Sans notre affection pour le sultan, on lui aurait enfoncé le poignard dans la poitrine, au lieu de le planter dans la terre. »

Sandschar avait immédiatement cessé de poursuivre l'Ordre, malgré la haine qu'il lui avait toujours portée.

Cette aventure avait fait du bruit dans le pays, et n'avait pas peu contribué à augmenter encore la terreur qu'inspiraient les Assassins. Sandschar venait de faire la paix sous les conditions suivantes.

Il avait été convenu :

1° Que leurs châteaux resteraient comme ils étaient, sans qu'il leur fût permis d'y ajouter de nouvelles fortifications;

2° Qu'ils n'achèteraient ni nouvelles armes, ni nouveaux instruments de guerre;

3° Qu'ils ne feraient point à l'avenir de nouveaux prosélytes.

Mais les ismaélites ne se piquaient pas de garder leurs serments, et ils recommencèrent leurs assassinats dès que Sandschar les eut laissés respirer.

Kamil ne songeait pas sans frémir qu'elle allait se trouver à la merci de ces affreuses bandes désordonnées, dont le seul culte était le viol et le pillage, et sa pensée se reporta pleine d'amertume vers Haleb, où elle avait laissé Ahmed.

Que n'était-il près d'elle ; il l'aurait sauvée ! Mais sans doute déjà il avait réuni les serviteurs dévoués de son père, et il allait voler à son secours.

Kamil fut placée au sommet de la forteresse d'Alamont. De sa fenêtre, elle voyait le merveilleux paysage que nous avons décrit.

L'horizon était immense. Hélas ! la pensée de Kamil allait encore au delà.

Quelques semaines se passèrent ainsi, sans amener de changement à sa position. Les fils d'Assan-Ben-Sabah étaient partis pour de nouvelles expéditions, et leur père avait bien autre chose à faire que de s'occuper de la jeune vierge qu'on lui avait amenée.

Kamil devenait chaque jour plus sombre. Une nuit, l'eunuque Lulu vint l'arracher violemment de son appartement pour la jeter dans les bras de son maître. Dès ce moment, Ahmed était perdu pour elle ; elle ferma son cœur comme une tombe, et ne songea plus qu'à tirer parti de sa position pour venger son honneur outragé, et venger en même temps son père et son fiancé.

Nous croyons devoir remplir un devoir en faisant observer que le nom de cet eunuque, Lulu, se prononçait Loulou dans ces pays étranges.

Ostad et Hossein étaient revenus, et, dès les premiers instants qu'ils avaient eu de libres, ils s'étaient empressés d'aller trouver Kamil. Les deux frères étaient également amoureux de la jeune fille, et tous les deux nourrissaient une jalousie profonde. Ils voulaient la posséder sans partage, et, à plusieurs reprises déjà, cet amour avait été la cause de querelles violentes.

Ces bons jeunes gens s'inquiétaient assez peu des droits de leur excellent père. — TOUT EST PERMIS : telle était, souvenez-vous-en, la doctrine de leur famille.

Kamil ne fut pas longtemps sans s'apercevoir de cet état des choses, et elle se promit bien d'en profiter.

Un soir, Ostad et Hossein étaient près d'elle, et tous les deux la pressaient de choisir, jurant d'avance que son choix serait respecté; mais Kamil hésitait, et son regard, chargé de langueurs provoquantes, allait alternativement d'Ostad à Hossein. Enfin, elle se leva, et attachant un regard tour à tour énergique et tendre sur ses deux amants :

— Fils de Hassan, leur dit-elle, Kamil ne veut point choisir entre vous deux; elle a décidé qu'elle appartiendrait sans partage à celui qui se montrerait le plus digne d'elle, et elle attendra que vous lui ayez donné des preuves de votre amour et de votre dévouement pour s'abandonner à vous.

— Que faut-il donc faire? demandèrent en même temps les deux jeunes gens.

— Je vous le dirai ce soir, à vous seul, Ostad, et demain, à vous, Hossein, répondit Kamil.

— Nous ferons tout ce que vous nous ordonnerez.

— Eh bien! poursuivit la jeune fille, écoutez, Ostad.

Et, en parlant ainsi, elle fit signe à Hossein de se retirer un instant.

— Écoutez, et répondez-moi sans détour : m'aimez-vous plus que tout autre chose au monde?

— Vous le demandez !

— C'est que peut-être reculerez-vous devant la condition que je mettrai à ma soumission, à mon amour.

— Quelle que soit cette condition, je l'accepte!

— Eh bien, sachez donc, Ostad, que je ne veux appartenir qu'au grand maître de l'Ordre !

Ostad recula de deux pas, avec surprise, à cet aveu inattendu, et voulut faire une objection. Mais Kamil l'arrêta du geste et du regard :

— Eh quoi, lui dit-elle, avec un singulier accent de mépris, voilà que déjà vous hésitez, dis-je !

— Mais c'est mon père qui est le grand maître de l'Ordre.

— Et ne devez-vous pas succéder à Hassan ?

— Après sa mort !

— Eh bien ! après sa mort, soit, répliqua Kamil avec une sombre inflexion de voix, je vous appartiendrai !

Et comme Ostad la regardait avec stupéfaction :

— Ostad, poursuivit-elle, je suis ici en votre pouvoir ; votre violence peut me réduire, je le sais ; mais n'oubliez pas que Kamil connaît la vertu des plantes vénéneuses, et si vous me menaciez jamais d'une pareille honte, vous ne presseriez entre vos bras qu'un cadavre ! Si, cependant, vous vous rendez à mes désirs ; si vous me donnez une preuve éclatante d'amour, oh ! je vous le dis, Ostad, le ciel n'a pas de joies plus vives que celles dont je vous récompenserai.

Et ayant ainsi parlé, Kamil passa dans une pièce voisine, laissant le fils de Hassan en proie à la plus cruelle agitation.

Le lendemain, Kamil tint le même langage à Hossein ; et les deux frères promenèrent, pendant plusieurs jours, leurs sombres rêveries à travers les riants jardins qui entouraient la résidence de leur père.

II.

Il y avait à Alamont, un daï ou missionnaire du nom de Kia-Buzurgomid, qui avait été pendant vingt ans, à peu près, le lieutenant de Hassan-Ben-Sabah.

Cet homme était profondément dévoué à son maître, et, quoique

OSTAD ET KAMIL

Eh bien répliqua Kamil après sa mort je vous appartiendrai

ambitieux et jaloux, il l'avait toujours servi avec un zèle exempt de
tout reproche.

Kia-Buzurgomid avait, d'ailleurs, longtemps espéré succéder à
Hassan, et cet espoir n'avait pas peu contribué à le retenir dans une
obéissance aveugle. Hassan l'affectionnait, et, bien qu'il lui eût désigné le château de Lemsir pour sa résidence, il l'appelait fréquemment à Alamont, pour jouir de sa compagnie et profiter de ses
conseils.

Kia-Buzurgomid était donc dans la forteresse au moment où
Kamil était poursuivie par les deux fils de Hassan, et, quoiqu'il ne
fût pas au courant des péripéties de cet amour, il ne fut pas longtemps sans s'apercevoir qu'il se passait quelque chose d'extraordinaire dans le cœur de ces derniers.

Il en prévint l'eunuque Lulu (Loulou), qui promit de savoir au
juste quelle cause avait assombri tout à coup le front d'Ostad et
celui d'Hossein.

Lulu, pour en finir tout de suite avec cet homme, était une assez
vile créature qui n'eût pas hésité à vendre son maître, si on lui eût
offert un prix raisonnable; mais, jusqu'alors, personne n'avait songé
à lui, et il s'acquittait avec assez de zèle des fonctions qui lui étaient
confiées.

Une nuit, deux hommes se réunirent mystérieusement dans un
kiosque éloigné des jardins d'Alamont. Ces deux hommes avaient
pris des précautions minutieuses pour ne pas être surpris; ils avaient
attendu que le sommeil eût gagné les gardiens du château, que la so-
litude se fût faite de tous côtés, et ils avaient pris des chemins différents pour arriver au même endroit.

Jusque-là tout s'était passé selon leurs désirs, et nul ne les avait
suivis, ni vus.

Ils entrèrent en même temps dans le kiosque, dont ils eurent soin
de fermer la porte.

Ces deux hommes étaient Ostad et Hossein.

Ils se debarrassèrent alors des manteaux dont ils s'étaient affublés, du chapeau dont leur front était couvert, et allèrent s'asseoir l'un près de l'autre.

Pendant quelques secondes, le silence le plus profond régna dans le kiosque : tous les deux étaient également embarrassés et ne savaient comment débuter dans cet entretien. Enfin, Ostad, en sa qualité d'aîné, rompit le premier le silence.

— Hossein, dit-il d'une voix ferme, mais basse, l'objet qui nous amène ne saurait être traité légèrement, et j'ai voulu que nous nous entendissions avant de rien entreprendre. Vous avez vu Kamil?

— Aujourd'hui même!

— Et, sans doute, elle vous a tenu le même langage qu'à moi?

— Je ne sais.

— Kamil m'a dit qu'elle ne se donnerait qu'au grand maître de l'Ordre.

— Kamil m'a dit les mêmes paroles!

— Et qu'avez-vous résolu?...

— Kamil est belle.

— Belle comme les houris de Mohammed!

— Sa possession doit être le ciel.

— Le ciel et ses délices!

— Kamil m'appartiendra!

Il y eut un moment de silence solennel : le regard d'Ostad étincelait à travers l'ombre, et il semblait s'attacher avec une fixité violente à son frère Hossein.

— Écoutez, Hossein, dit-il enfin, nous aimons tous les deux la fille d'Abou-Harb, et nous voulons la posséder sans partage; j'ai pensé que nous pouvions, dans cette circonstance, faire trève à notre haine, et marcher ensemble vers le but que nous voulons at-

teindre tous les deux... mais, dites-moi, Hossein, votre bras n'hési-
tera-t-il pas quand il faudra frapper?

— Moi! fit Hossein d'un air de dédain.

— Hassan est notre père...

— Hassan nous hait, Ostad, il a peur de notre influence; il nous
jette à chaque instant dans les entreprises les plus périlleuses, et
c'est avec regret qu'il nous voit en revenir.

— Le pensez-vous? fit Ostad avec vivacité.

— Vingt fois j'ai surpris sur sa physionomie un sentiment de
dépit quand nous revenions vainqueurs; vingt fois j'ai vu briller dans
ses regards un éclair de haine... Hassan nous hait, vous dis-je, et
c'est lui qui nous tuera, si nos ennemis ne lui épargnent pas ce soin.

Ostad laissa tomber son front pensif dans ses mains, et réfléchit.

Puis, un instant après, se rapprochant encore de son frère.

— Hossein, lui dit-il, à voix encore plus basse, si demain je me
rendais près de notre père, pour le frapper pendant son sommeil,
me suivriez-vous?

— J'irais seul, si vous n'y veniez pas, répartit Hossein.

— Demain donc, à minuit.

— Demain soit!

Dieu seul est Dieu! oh! les bons jeunes seigneurs!

Les deux frères allaient se séparer, quand ils crurent entendre
quelque bruit parmi les arbres qui entouraient le kiosque. Ostad se
releva avec précipitation, ouvrit rapidement la porte, et s'élança en
dehors, suivi de près par Hossein. Tous les deux étaient armés de
leurs poignards.

Ils ne furent pas longtemps sans atteindre l'eunuque Lulu, qui
avait vainement essayé de fuir, et sur l'épaule de qui Ostad laissa
lourdement retomber sa main robuste.

— Où vas-tu? que faisais-tu ici? demanda Ostad à voix rapide.

— Moi! fit Lulu effrayé et tremblant de tous ses membres.

IV.   28

— Tu étais là! Tu as tout entendu?

— Je ne sais rien!

— Misérable!

— Lulu était tombé à genoux, et les mains jointes, il suppliait les fils de Hassan-Ben-Sabah de lui laisser la vie; mais Hossein s'était approché d'Ostad; il s'empara de l'eunuque par un geste violent, et le traîna au milieu d'un bosquet épais.

— Qu'allez-vous faire? demanda Ostad plein d'irrésolutions.

— Eh, ne voulez-vous pas que ce misérable aille dire à notre père ce qu'il a entendu, répartit Hossein; prétendez-vous le laisser libre de parler?

— Nullement.

— Alors, il a déjà trop vécu.

— Grâce! cria Lulu.

Ostad étendit la main comme pour le protéger.

— Hossein, dit-il alors à son frère, ne pensez-vous pas qu'il y ait un moyen qui, tout en lui laissant la vie, le mettrait dans l'impossibilité de nous trahir?

— Lequel? demanda Hossein.

— En lui ôtant la parole.

— Lui couper la langue?

Ostad répondit par un signe affirmatif, et Hossein lâcha l'eunuque.

— Eh bien, soit, dit-il à son frère, après un moment de silence; allez, je me charge de cet homme, et que demain chacun de nous soit exact au rendez-vous.

Ostad s'éloigna sur l'invitation de son frère, et dans la pensée d'éviter d'être rencontré avec lui commettant un meurtre sur la personne de l'eunuque, favori de son père. Mais Hossein n'en attendait pas davantage, et, dès qu'il fut parti, il plongea son poignard tout entier dans le cœur de Lulu.

Ce dernier roula sanglant sur le sol sans proférer une parole.

Telle fut la fin triste et pénible de l'eunuque Lulu, dont le nom se prononçait Loulou. Par cette exécution adroite, Hossein s'assurait du silence du seul homme qui pût les trahir.

Les deux enfants de Hassan-Ben-Sabah avaient été élevés à cette aimable école de l'impiété et du crime sans remords; il n'était pas étonnant qu'ils eussent puisé à cette source les leçons qu'ils mettaient si bien à profit.

Leur projet de mettre à mort le grand-maître lui-même, qui était leur père, leur avait été inspiré par cette horrible morale dont, tout jeunes encore, ils avaient reçu les enseignements.

Ostad et Hossein passèrent le reste de la nuit et le lendemain dans une sorte d'oisiveté impatiente; ils attendaient que le soir vînt et leur offrît une occasion favorable. Ils craignaient à chaque instant qu'un obstacle imprévu ne vînt tout remettre en question.

D'ailleurs, l'exécution de leur projet lui-même était plein de difficultés, qui ne se présentèrent à eux, qu'au moment où il s'agit de se mettre à l'œuvre.

Le lieu où Hassan-Ben-Sabah reposait était inconnu à tous; nul n'y avait jamais pénétré, pas même ses fils : une garde fidèle veillait incessamment aux abords; et bien qu'Ostad et Hossein comptâssent beaucoup sur les sympathies de ces affidés, cependant ils ne voyaient pas venir sans appréhension le moment où il faudrait mettre leur dévouement à l'épreuve. Un échec pouvait tout perdre; et ils savaient quel châtiment terrible les attendait dans le cas d'un échec.

A leur place, moi, au lieu de massacrer le déplorable Loulou, je lui aurais offert quelques pièces de monnaie pour savoir le lieu où Hassan reposait. Loulou, reconnaissant, m'aurait fourni ce renseignement avec plaisir, et j'aurais éprouvé moins de difficulté à commettre mon crime.

Mais cet Ostad et ce Hossein n'étaient pas forts!

Non! ils n'étaient pas forts. Outre que leur éducation avait été négligée, ils aimaient la bouteille et les femmes de mauvaise vie.

Les historiens ismaëlites, et surtout Beg-Karm-Fighreddin, le manchot des ruines de Palmyre, disent que ces jeunes gens n'étaient pas forts.

Et Beg-Karm-Fighreddin devait le savoir, puisqu'il était le neveu germain du croyant qui fabriquait les babouches d'Ostad.

Quand les premières ombres de la nuit enveloppèrent la forteresse, les deux parricides se réunirent dans le kiosque qui leur servait habituellement de retraite commune, et là, loin des regards de tous, et sans doute pour s'exalter mutuellement, ils se firent servir du vin de Chiraz, dont les lois sévères de l'association proscrivaient l'usage. Quand ils eurent terminé leur repas, ils étaient presque ivres.

Ostad était plus irrésolu que jamais, Hossein voulait partir sur le champ pour mettre son projet à exécution. Enfin, la prudence retint son ardeur, et ce ne fut qu'à minuit seulement qu'il quitta le kiosque, armé d'un long poignard, et qu'il se dirigea vers les appartements dans lesquels il présumait que Hassan-Ben-Sabah prenait son repos.

Il traversa plusieurs cours sans rencontrer aucun être vivant, et arriva enfin en un lieu vaste, haut voûté, et dont le sol était pavé de dalles de marbre.

Cette sorte de vestibule conduisait à une salle de proportion énorme, tendue de cachemire rouge.

Plusieurs flambeaux d'or massif, portant des bougies allumées qui rendaient l'odeur d'aloès et d'ambre gris, éclairaient seuls cette salle. Dans la chambre contiguë, des lampes d'or et d'argent, suspendues au plafond et remplies d'une huile composée de diverses sortes d'essences odorantes, jetaient çà et là de faibles lueurs.

Quelques gardes stationnaient debout dans cette salle, mais ils regardèrent passer Hossein sans lui faire la moindre observation.

Hossein crut qu'ils l'avaient reconnu sans vouloir l'arrêter, et il continua son chemin, sur lequel il rencontra toujours des sentinelles immobiles : on eût dit que tous ces hommes étaient pétrifiés !

Hossein eut presque peur ; un frisson glacé courut par ses membres, et il hésita à poursuivre sa route.

Il n'était pas fort !

Pourquoi cette immobilité et ce silence étranges ! D'où venait que ces hommes, auxquels la garde de leur maître était confiée, ne prenaient pas plus de souci de sa vie?

Les fumées du vin s'étaient dissipées ; Hossein avait recouvré son sang-froid et sa présence d'esprit, et, bien que tout ce qu'il voyait dût l'assurer de l'impunité, il ne savait cependant qu'en penser.

Enfin, il souleva une dernière portière et entra dans une dernière salle, au milieu de laquelle s'élevait le lit sur lequel Hassan-Ben-Sabah était couché.

Rien ne saurait rendre la magnificence particulière de cette chambre ; des tapis moelleux assourdissaient le bruit des pas ; de toutes parts, des coussins et des sophas garnis d'une étoffe des Indes à fond d'or, avec des figures d'hommes et d'animaux d'un travail admirable. Des lampadères d'or répandaient dans cette salle une lumière douce et voilée ; les cristaux et les pierreries étincelaient sur les panneaux d'ivoire ; jamais encore Hossein n'avait entrevu tant de richesses.

Cependant, à cette vue, son audace parut se ranimer ; il se dit, sans doute, qu'il ne fallait que quelques minutes de courage et de résolution pour que toutes ces merveilles lui appartinssent ; le souvenir de Kamil lui revint à propos en mémoire, et, sans hésiter davantage, il tira son poignard de sa ceinture, laissa retomber la portière derrière lui, et marcha d'un pas ferme vers le lit.

Mais à peine eut-il fait quelques pas qu'un grand mouvement se fit à ses côtés, et que de tous les coins de la chambre s'élancèrent

des gardes, ceux précisément sur l'engourdissement desquels il
comptait; il fut saisi et garrotté, après en avoir blessé ou tué quelques-uns de son poignard.

Hassan-Ben-Sabah s'était réveillé à ce bruit, et, quand il aperçut
son fils dans cette position, il demanda ce qui était arrivé.

Kia-Buzurgomid s'avança alors et expliqua tout à Hassan. Ce
dernier parut plus surpris qu'affecté de cette révélation, et, quand
le crime fut bien prouvé, que son fils l'eut même avoué avec une
audace qui ne devait plus se démentir, il fit signe à ceux qui l'entouraient de s'éloigner, et resta seul avec Kia-Buzurgomid, son lieutenant et son favori.

Ce qui se passa dans cet entretien serait bien difficile à dire, mais
ce que les historiens de la secte des ismaélites rapportent, c'est que le
lendemain, le grand conseil de l'Ordre se réunit secrètement sur
l'invitation expresse du grand maître.

La réunion se tint dans cette salle par laquelle Hossein avait dû
passer pour se rendre auprès de son père; on l'avait tendue de noir
pour cette solennité, et les grands dignitaires y vinrent successivement prendre place, selon le rang qui leur était assigné dans l'Ordre.
Hassan-Ben-Sabah présidait en personne ce tribunal secret; il occupait dans le fond de la salle un siége élevé; il avait à ses côtés le
grand prieur et Kia-Buzurgomid; des gardes en défendaient l'entrée
à l'extérieur.

Quand tous les membres du grand conseil se trouvèrent présents,
et que chacun eut pris place, Hassan-Ben-Sabah se leva, et sans que
sa voix trahît la moindre émotion :

— Moi, Hassan, représentant de Dieu sur la terre, dit-il aux auditeurs, je vous ai réunis pour juger une cause terrible, un crime épou-
vantable dont se sont rendus coupables, Ostad et Hossein, mes deux
fils. La loi est égale pour tous; elle frappe les grands comme les
petits, les forts comme les faibles; la nature doit faire taire sa voix,

et étouffer ses faiblesses ; Ostad et Hossein ne sont plus mes fils, et, dès ce moment, je les abandonne à votre inflexible justice.

Les membres du terrible tribunal se regardèrent avec stupéfaction après avoir entendu ces paroles, et ils parurent se demander si Hassan aurait la force de continuer ce rôle qu'il jouait.

On savait bien que, dans l'Ordre, tous les liens de la parenté et de l'amitié étaient rompus, afin d'unir plus étroitement les membres par une sorte de fraternité du crime ; mais on pensait que Hassan atténuerait la rigueur de la loi, ne fût-ce que pour sauver ses enfants.

Hassan continua :

— La surprise s'empare de votre esprit et trouble votre jugement, dit-il d'une voix ferme, mais j'ai banni toute faiblesse humaine de mon cœur, et ce que j'ai dit, je le répète, Ostad a transgressé une loi de l'islamisme dont la rigoureuse observation était un de ses premiers devoirs ; il s'est enivré avec du vin de Chiraz ; Hossein a tenté de commettre un meurtre sans en avoir reçu l'ordre ; on l'a surpris au moment où il allait me frapper de son poignard. Vous n'ignorez pas de quel châtiment la loi punit de pareils crimes ; que votre justice prononce en toute liberté !

Les juges étaient encore plus hésitants qu'avant ; le châtiment à infliger aux coupables était la mort, et ils n'osaient prononcer ce mot terrible.

Hassan reprit encore :

— Quand vous aurez décidé de quelle peine doivent être frappés Ostad et Hossein, je vous demanderai, ajouta-t-il , quel supplice il importe d'infliger à une femme que l'on a amenée dans cette forteresse, et qui a profité de son empire sur Ostad et sur Hossein pour les pousser au crime.

— Et quelle est cette femme? demandèrent plusieurs voix.

— La fille du marchand Abou-Harb !

— Kamil?...

— Kamil elle-même!

Cette femme a mérité la mort, répondirent les juges d'une commune voix.

Ils étaient bien aise de donner cette facile preuve de sévérité.

— La mort donc, soit, répète Hassan-Ben-Sabah, et que l'arrêt que vous venez de prononcer reçoive immédiatement son exécution.

A peine ces paroles furent-elles prononcées, que les portières de la salle se soulevèrent avec précipitation, les gardes pénétrèrent par toutes les issues; des ordres furent donnés par Kia-Buzurgomid, et l'on s'empressa d'aller arracher de leur prison Ostad et Hossein. Les fils de Hassan s'attendaient bien à un châtiment terrible, mais ils avaient conservé l'espoir que leur peine serait moins rigoureuse que celle fixée par la loi même.

Ostad entra dans une violente fureur quand on lui apprit la décision du conseil, et se répandit en injures contre ses membres. Quant à Hossein, il sourit amèrement, et désignant Kia-Buzurgomid qui hâtait les préparatifs du supplice :

— Voilà celui qui nous a trahis, dit-il avec un accent de haine profonde, que ceux qui m'aiment me vengent!...

La justice des Assassins était aussi terrible quand elle s'exerçait sur ses propres membres, que lorsqu'elle s'exerçait sur des personnes étrangères. Elle était même plus prompte.

D'ailleurs, toute la conduite de cette exécution avait été remise aux soins de Kia-Buzurgomid, et l'on comprend facilement quel intérêt il avait à ce qu'on ne revînt sur la condamnation.

Les fils de Hassan une fois morts, en effet, c'était à lui que revenait la succession du grand maître; il était son plus ancien lieutenant; il avait donné, à l'Ordre, des preuves nombreuses de zèle, d'activité, de dévouement; nul, à l'exception d'Ostad et de Hossein, ne pouvait lui disputer le pouvoir.

Tous les préparatifs furent achevés comme par magie, et une heure

se passa à peine entre la condamnation et l'exécution des deux jeunes
gens.

Elle eut lieu à l'endroit ordinaire des cérémonies importantes,
c'est-à-dire sur la *place des Prières.*

Tout le peuple des environs avait été convoqué, et nul ne manqua
à l'appel pour un spectacle aussi curieux. D'ailleurs, on avait annoncé que Hassan-Ben-Sabah assisterait de sa personne à l'exécution, et l'on n'était pas fâché de voir quelle figure il ferait.

Les choses se passèrent dans l'ordre; Ostad et Hossein furent
amenés par les gardes du château, et tous les deux périrent sans que
Hassan manifestât la moindre douleur, sans qu'il fît rien pour empêcher ou retarder leur supplice.

Puis, quand les deux jeunes gens eurent reçu le châtiment de leur
crime, ce fut au tour de Kamil.

Elle marchait d'un pas ferme en sortant de la forteresse, et s'a-
vança vers la place des Prières sans laisser paraître aucune émotion.
Son front éclatait, son œil noir rayonnait; on eût dit qu'elle était
fière de marcher à la mort.

En passant près de Hassan, elle s'inclina ironiquement devant lui.

— Hassan, lui dit-elle d'une voix retentissante, Kamil s'est vengée; tes deux fils sont morts, maintenant je puis mourir aussi.

Et elle s'abandonna aux bourreaux qui l'attendaient.

Quand la vengeance de l'ordre fut satisfaite, la foule s'écoula
silencieuse et morne, et Hassan rentra dans la forteresse, suivi par
Kia-Buzurgomid.

Cette pauvre Kamil ne se doutait pas qu'elle avait ôté deux
gênantes épines du pied de Hassan-Ben-Sabah.

Il haïssait ses fils depuis longtemps.

Dans tout ceci, cependant, la personne que nous regrettons le
plus amèrement, c'est le pauvre Lulu, dont le nom se prononçait
Loulou.

Hassan avait près de soixante-dix ans ; la vie active qu'il avait menée jusqu'alors avait pour ainsi dire doublé ses facultés, mais chaque jour, désormais, il sentait peu à peu la vie se retirer de lui, et ce dernier événement ne contribua pas peu à l'abattre ; peut-être eut-il un remords. A partir de ce jour, il se renferma dans la forteresse, et, voyant sa fin approcher, il songea à se donner un successeur.

Un jour, il fit venir, à Alamont, le daï du pays de Kaswin, Abou-Àli, et l'investit du commandement des forces extérieures. Quant à Kia-Buzurgomıd, il le nomma grand-maître. Puis, à quelque temps de là, il s'éteignit sans souffrance.

Mais, dit M. Haumeer, jusqu'à ses derniers moments, il nourrissait des projets ambitieux, méditait des révoltes et des assassinats qui devaient amener le renversement des empires, et dictait les règles de l'Ordre et le catéchisme de sa doctrine.

Immobile lui-même au centre de sa puissance, il en étendait les limites jusqu'aux extrémités du Khorassân et de la Syrie ; la plume à la main, il dirigeait les poignards de ses fedavi.

Instrument terrible de la Providence, il était, comme la peste et la guerre, un fléau pour les souverains faibles et les peuples corrompus. Il mourut tout doucement, en inventant un nouveau genre de poison pour l'usage d'une nouvelle espèce de poignard.

CHAPITRE IX.

Malgré l'horreur qu'auraient dû inspirer les doctrines des ismaëlites, à toute l'Asie, cet ordre trouva des poëtes assez méprisables
pour le chanter, et des philosophes assez lâches pour applaudir à
leurs crimes!...

Croyez que cela ne nous étonne point. Poëtes et philosophes ne
mangent qu'à force d'infamies.

Nous n'en citerons qu'un, parmi ces derniers; son histoire est
assez curieuse pour que nous n'ayons pas cru pouvoir la passer sous
silence.

Il s'agit de l'iman Fakhreddin Rhasi. Ne pas confondre avec notre ami Fighreddin, le neveu du savetier.

Mohammed II, fils de Hassan II, était alors grand maître de l'ordre des Assassins, et il avait fait savoir qu'il n'hésiterait pas à punir de la mort tous ceux qui, dans leurs livres, ou du haut de leurs chaires, seraient tentés de dire du mal de la doctrine des ismaëlites. Un philosophe célèbre, du simple nom de Aboufeth-Iahga-Ben-Hanosch-Ben-Emirek, avait déjà péri sous les coups d'un assassin, pour avoir cherché à répandre une doctrine qui n'était pas orthodoxe aux yeux des légistes ; l'iman Fakhreddin Rhasi crut devoir être circonspect, et comme il enseignait dans Réi, sa patrie, et qu'il avait été accusé par ses envieux d'être en secret partisan des ismaëlites, et même un de leurs missionnaires, il monta en chaire, et, pour se justifier, blasphéma contre les ismaëlites, et les maudit.

Cette nouvelle parvint rapidement au grand maître d'Alamont, qui, dès qu'il en eut été instruit par ses espions, envoya un de ses fedavi à Réi, avec des instructions spéciales. Ce fedavi ne manquait pas d'adresse ; il se fit passer pour un élève dans la science des lois, et suivit, sous ce titre emprunté, les cours de l'iman.

Sept mois s'écoulèrent avant qu'il pût trouver une occasion favorable d'exécuter sa mission.

Enfin, il guetta le moment où le serviteur de l'iman était sorti pour aller chercher le repas de son maître, et certain de trouver ce dernier seul, il entra dans son cabinet, se précipita sur lui, le jeta à terre, et lui appuya son poignard sur la poitrine.

— Quel est ton dessin? demanda l'iman effaré.

— De t'arracher le cœur et les entrailles, répondit le fedavi.

— Mais quel crime ai-je commis?

— Tu as dit du mal des ismaëlites dans une chaire publique.

L'iman était loin d'être brave, et je ne sais si beaucoup de philosophes l'eussent été plus que lui dans cette terrible position. Il conjura l'assassin d'épargner sa vie, lui jurant, par tout ce qu'il y a de plus solennel, de ne plus blasphémer contre les ismaëlites.

Le fedavi releva son poignard.

— Si je te laisse la vie, dit-il, retomberas-tu dans tes anciennes erreurs, et te croiras-tu dégagé de tes serments au moyen d'une interprétation fallacieuse ?

L'iman l'assura qu'il n'aurait recours à aucune interprétation, et qu'il se soumettait d'avance à l'expiation de son parjure.

Alors l'assassin se releva de dessus sa poitrine, et lui dit :

— Si j'avais eu réellement l'ordre de te tuer, je n'aurais pas manqué de l'exécuter. Mohammed, fils de Hassan, te salue et te prie de venir à sa forteresse l'honorer d'une visite. Tu auras un pouvoir illimité, et nous t'obéirons à l'avenir avec fidélité comme tes serviteurs ! « Nous méprisons la voix du peuple, dit le grand maître, les paroles ne restent pas plus dans notre esprit que *des noix sur un globe ;* mais vous ne devez point blasphémer contre nous, parce que vos paroles se gravent sur la pierre comme les traits du burin ! »

L'iman s'estimait trop heureux d'avoir échappé au danger qui l'avait menacé, pour aller en chercher de nouveau dans la terrible forteresse d'Alamont. Il déclara qu'il ne pouvait s'y rendre ; mais il renouvela au fedavi la promesse qu'il lui avait faite, de ne plus parler du grand maître qu'avec respect.

Alors le fedavi tira de sa ceinture trois cents pièces d'or qu'il lui donna.

— Ce que tu vois là, lui dit-il, c'est ta rente annuelle, et le divan a décidé que tous les ans le rëi Mossaffer t'apporterait pareille somme... Voilà encore deux habits de l'iman que t'envoie Mohammed !

Au même instant, le fedavi disparut.

Ces Assassins savaient comment prendre les philosophes !

L'iman prit l'habit et l'argent, et pendant quatre ou cinq ans il reçut la même somme qui lui fut exactement comptée.

Or, il avait coutume, avant cet événement, toutes les fois qu'il parlait des ismaëlites dans une leçon, de se résumer par ces mots :

« Que peuvent dire ces impies, que Dieu veuille anéantir et poursuivre de sa malédiction. »

Mais dès qu'il eut reçu sa subvention, il se contenta de dire :

« Que peuvent dire les ismaëlites ? »

Un de ses élèves, qui lui demanda la cause de ce changement, reçut pour toute réponse :

« On ne peut pas maudire les ismaëlites, leurs preuves sont trop *tranchantes,* et leur raison, c'est le poignard. »

Nous n'avons pas l'intention de suivre pas à pas l'histoire des ismaëlites, et de donner en détail tous les événements qui signalèrent leur règne. Cette histoire est faite et très-bien faite par le savant M. de Haumeer. Nous choisissons parmi ces événements ceux qui nous semblent les plus importants, et qui peuvent intéresser davantage le lecteur.

C'était sous le règne de Moeseddin-Aboulharesz-Sandschar, un des plus grands princes de la famille des Seldjoukides et des dynasties de l'Orient.

Ce prince avait pour visir un homme sage qui lui était dévoué autant qu'on peut l'être, et qui l'aida à acquérir cette réputation que les poëtes ont chantée, et qui est encore dans le souvenir de tous les Persans.

Dans le commencement de son règne, Sandschar avait été forcé de faire la guerre à son neveu Mahmoud, qui se flattait de succéder à son père, que Sandschar avait remplacé. Sandschar triompha, mais à la paix que son sage visir Kemaleddin-Ali négocia, il nomma son neveu Mahmoud, vice-roi des états soumis à son frère, sous les quatre conditions suivantes :

1° Que son nom serait cité avant celui de Mahmoud, dans les prières publiques du vendredi ;

2° Que dans son palais, la salle où il donnait ses audiences, n'aurait que trois rideaux. — Le sultan Sandschar en avait quatre, et le khalife sept, et le hadscheb ou premier chambellan avait seul le droit de les ouvrir et de les fermer ;

3° Que la trompette n'annoncerait plus son entrée ou sa sortie. — C'était alors une prérogative des souverains de se faire précéder par des trompettes ; aujourd'hui même encore, à Pera, les ambassadeurs ont le droit exclusif de faire sonner une cloche devant eux ;

4° Enfin, qu'il maintiendrait dans leurs dignités les employés et les officiers, que lui, Sandschar, pourrait nommer.

Quand Mahmoud connut les conditions qu'on lui voulait imposer, il rit aux éclats !

Mahmoud était un singulier homme, et il pensa que Sandschar était devenu fou, pour avoir pu croire un moment que ces conditions lui seraient onéreuses. Mahmoud fit répondre :

1° Que Sandschar pouvait supprimer tout à fait son nom dans les prières publiques du vendredi et des autres jours de la semaine, pour peu que cela lui fût agréable ;

2° Qu'en ce qui concernait le nombre des rideaux, il pensait que c'était là un détail qui regardait exclusivement son tapissier ;

3° Que le son de la trompette lui avait toujours fort irrité les nerfs, et qu'il saisissait avec empressement cette occasion de s'en priver à jamais ;

4° Qu'enfin, Sandschar pouvait nommer aux emplois qui bon lui semblerait ; que lui, Mahmoud, s'estimerait toujours heureux pourvu qu'il ne fût pas forcé de leur donner des appointements.

On rit beaucoup à la cour du sultan des réponses de Mahmoud, mais comme l'on était depuis longtemps habitué à ses excentricités, on ne s'en étonna pas davantage. On lui laissa donc la vice-royauté et on le laissa libre de mener désormais la vie qui lui conviendrait.

Mahmoud accepta cette liberté et se promit d'en jouir.

Il avait près de lui un homme qu'il affectionnait beaucoup et qui s'appelait Kemaleddin-Ali. C'était le fils du visir du sultan, mais il était bien loin de ressembler à un aussi digne père.

Kemaleddin n'avait aucune qualité, et il avait tous les vices ; un instant même il avait été sur le point de se diriger vers Alamont, et il y serait allé, s'il n'avait rencontré Mahmoud sur sa route.

Mahmoud l'arrêta au passage. Mahmoud était paresseux ; Ali était actif ; le vice-roi aimait passionnément la chasse, Ali l'aima plus que lui ; l'un avait un goût prononcé pour le vin de Chiraz, l'autre ajoutait à ce goût celui des femmes ; au bout de huit jours, ils furent étroitement liés par la plus chaude amitié, et devinrent inséparables.

Cependant, il faut le dire de suite, Mahmoud avait un autre ami qu'il affectionnait autant et plus peut-être que Ali ; et cet ami, c'était un ours qu'on lui avait envoyé de Moscovie.

Un ours magnifique, gros, lourd, velu, blanc, puant et très-polisson.

Cet ours s'appelait Markowski.

Il avait donné la garde de l'animal favori à un certain Abbas, qui s'acquittait de ses fonctions avec tout le zèle que l'on pouvait en attendre. Ali s'aperçut bientôt du tort que lui faisaient les sympathies de son nouveau maître pour l'ours de Moscovie, et il crut devoir prendre ses mesures en conséquence.

Un jour le malheureux Abbas accourut effaré auprès du vice-roi, et se jeta en pleurant à ses pieds. Mahmoud n'aimait pas que l'on pleurât devant lui, il se hâta de relever Abbas, et lui demanda quel était le sujet de cette douleur.

— Sire ! sire ! dit Abbas avec de grands gestes de désespoir, sire, c'est votre ours blanc.

— Markowski !... que lui est-il arrivé ?

— Il vient de mourir.

— Ciel !... mon ours ! mon ours ! s'écria Mahmoud en fronçant le sourcil, malheureux, votre vie me répond de la sienne.

— Pitié, seigneur ! fit Abbas.

— Je suis sûr que vous avez négligé de lui donner vos soins.

— Il est mort entre mes bras.

— Mais enfin, demanda Mahmoud, en regardant avec tristesse Ali, qui se cachait à demi derrière une draperie, de quelle maladie est-il mort ?

Abbas se releva à cette question, et s'inclinant de nouveau, il répondit avec la présence d'esprit d'un véritable courtisan.

— Sire, dit-il, votre ours blanc a sans doute voulu faire don à son seigneur de la part qu'il avait à la vie.

Mahmoud se prit à rire.

— C'est vous qui êtes un ours, répondit-il à Abbas, de vouloir que les années d'une bête soient ajoutées aux miennes.

La douleur de Mahmoud fut vive, mais il s'en consola cependant, en songeant qu'il lui restait Ali.

Ali n'avait certainement pas les éminentes qualités de l'ours défunt, mais Mahmoud sentait avec raison que l'ours ne parlait point, tandis qu'Ali était un agréable conteur ; il finit par oublier insensiblement son ancien favori, et s'abandonna bientôt tout entier à l'amitié qu'il ressentait pour le nouveau.

Mahmoud aimait passionnément la chasse ; il mit sous ce rapport sa maison sur un pied, qui ne pouvait être dépassé par personne. Il eut un personnel nombreux, des chevaux d'un grand prix, des litières commodes et somptueuses, une meute considérable, composée de quatre cents limiers, revêtus de colliers d'or et de housses parsemées de pierreries, qui l'accompagnaient dans toutes ses excursions.

Le lendemain du jour où il apprit la position qui lui était faite par le visir Kemaleddin-Ali, Mamoud se retira dans une habitation qu'il

IV.   30

possédait aux environs d'Ispahan. Il avait emmené avec lui les élé-
mens de ses plaisirs ordinaires, c'est-à-dire ses femmes, ses meutes
et Ali, et il mena pendant quelque temps, dans ce séjour, une existence que le plus heureux philosophe de l'Asie lui eût enviée !

Cependant dès que vinrent les jours propices à la chasse, Mahmoud sentit se réveiller tous ses instincts de Nemrod, et il donna des
ordres pour que tout fût préparé pour son départ. Les chasses d'O-
rient ne ressemblent en rien à nos chasses d'Europe.

D'abord elles durent plus longtemps.

Bien souvent les princes quittent leur résidence sous prétexte d'aller poursuivre quelques onces ou quelques panthères. Les jours
succèdent aux jours, et il arrive que ces princes ne rentrent la plupart du temps dans leur capitale, qu'après en avoir été absents pendant au moins un mois. La chasse a toujours été d'ailleurs, dans le
moyen âge s'entend, le plaisir des hommes nobles.

La vénerie était l'objet des attentions particulières des rois ou des
gentilshommes de cour. En Perse, c'était une passion généralement
répandue dans la partie noble de la nation.

Les seigneurs élevaient des oiseaux, des animaux, et les rendaient
propres à la chasse. On a même poussé cet art jusqu'à rendre certains oiseaux propres à arrêter les hommes.

C'était un moyen de police comme un autre.

On raconte à ce sujet que le gouverneur de Tauris, Ali-Couli-
Ehan ne pouvait s'empêcher de prendre ce cruel divertissement,
même aux dépens de ses aieux. Il arriva qu'un jour, ayant lâché un
oiseau contre un gentilhomme, comme on n'alla pas assez vite pour
le reprendre, l'oiseau lui creva les yeux, et que le pauvre gentilhomme mourut de la frayeur et du mal qu'il eut.

Mahmoud avait aussi cette passion, mais il faut dire à sa louange
qu'il y avait renoncé après avoir tué, de la sorte, quelques-uns de
ses favoris. C'était pour cette raison qu'il avait pris près de lui un

ours. Mais l'ours pouvait être aussi dangereux qu'un oiseau, et nous avons vu comment Ali s'était débarrassé de celui qui lui portait ombrage.

Mahmoud s'éloigna donc un jour d'Ispahan, et suivi d'une escorte mombreuse, il se dirigea vers la montagne, dans l'espoir d'y rencontrer les bêtes féroces que l'on chasse d'ordinaire, c'est-à-dire les lions, les léopards, les tigres, les panthères, les onces.

Mahmoud était singulièrement adroit et courageux à ces jeux terribles.

Il avait dans sa vénerie plusieurs de ces animaux dressés que l'on appelle *yourx*, et qui excellent dans la chasse des bêtes féroces. Après avoir fait une trentaine de parasangues environ, il fit dresser les tentes sur le penchant d'un coteau rapide, et envoya de tous côtés des ordres pour que la chasse du lendemain fût préparée.

« A toutes les grandes chasses, dit Chardin, on entoure de rets, un vallon ou une plaine, et on relance les bêtes de quinze à vingt lieues de pays à l'entour, qu'on fait battre par les paysans, au nombre de plusieurs milliers. Quand il y a un grand nombre de bêtes dans ces enclos, dont des cavaliers gardent les alentours, le roi y vient avec sa troupe, comme si c'était dans un parc, et chacun se jette sur ce qu'il rencontre, cerfs, sangliers, hyènes, loups, lions, renards. On en fait une horrible boucherie, qui est d'ordinaire de sept à huit cents animaux. On dit qu'il y a eu de ces chasses où l'on a tué jusqu'à quatorze mille bêtes »

Mahmoud n'avait nullement l'intention de retrancher un si grand nombre d'animaux du nombre des vivants ; la chasse fut préparée avec soin, mais sur de moins grandes proportions, et dès l'aube du jour suivant, toute la troupe, à la tête de laquelle marchait Mahmoud, descendit du coteau boisé où elle avait passé la nuit, et fit éruption dans la plaine.

Il faisait une journée superbe ; les femmes suivaient enfermées

dans ces grandes cages portées à dos de chameau, que M. Horace
Vernet a peintes avec tant de verve et d'esprit; Ali marchait auprès
de son maître, et chacun semblait animé de la plus vive ardeur. Dès
que le signal fut donné, toute la bande se dispersa dans des directions différentes, et Mahmoud chercha courageusement un ennemi
digne de lui, parmi ceux que les paysans lui avaient renvoyés dans
leurs battues de la veille.

Or, pendant que ces choses se passaient de ce côté, un homme
d'une trentaine d'années environ atteignait les hauteurs de la vallée,
s'asseyait tranquillement sur le versant, d'où il pouvait voir la chasse
qui commençait, et tirant quelques crayons et quelques parchemins
d'un portefeuille qu'il portait sous son bras, il se mit paisiblement à
dessiner.

A chaque instant, les bêtes féroces traquées de toutes parts et
cherchant une issue, passaient effrayées et rugissantes à ses côtés;
mais l'artiste se contentait de sourire, les regardait un moment s'enfuir, et ne songeait pas même qu'il pût y avoir pour lui quelque danger à rester dans la position qu'il occupait.

La chasse avait pris un développement inouï! De tous côtés les
veneurs allaient, couraient au galop de leurs chevaux, poursuivant
les bêtes fauves; ce ne fut bientôt plus qu'un immense tourbillon de
poussière, duquel sortait de temps à autre un mélange de cris humains et de plaintes sauvages, un chaos effrayant d'où l'on voyait
parfois s'élancer un tigre ou un once portant sa proie sanglante, en
fuyant l'atteinte des flèches et des lances.

Mahmoud était certainement de tous les chasseurs le plus acharné,
le plus impitoyable; il avait fait déjà bon nombre de victimes, et venait en dernier lieu de se lancer à la poursuite d'un léopard que
quelques blessures avaient rendu furieux.

Il franchit bientôt le cercle fatal dans lequel on l'avait enserré, et gravissant rapidement le versant pénible de la vallée, il chercha son salut dans la fuite.

Mais Mahmoud avait à cœur de compléter sa victoire ; il enfonça ses éperons sanglants dans le ventre de son cheval, et partit comme un éclair sur les traces de l'animal.

Le léopard perdait son sang sur la route, et à chaque seconde sa fuite devenait moins vive et ses rugissements plus effrayants ; enfin, il roula à terre et vint tomber écumant et couvert de sang et de poussière à deux pas de l'artiste dont nous avons parlé.

Soit que le léopard eût cru voir dans cet hôte un nouvel ennemi, soit que la souffrance et le désespoir se fussent unis pour exalter ses forces à ce moment suprême, il bondit encore une fois sur lui-même, et prenant son dernier élan, il se précipita sur l'artiste inoffensif dont il fit voler au loin les papiers et le portefeuille.

C'en était fait de ce pauvre homme, sans doute, si Dieu ne l'avait inspiré ; il se releva avec la souplesse agile d'un véritable veneur, tira rapidement un énorme coutelas qui pendait à sa ceinture, et avec autant de sang-froid que d'adresse, il enfonça la lame jusqu'au manche dans le ventre de l'animal.

Quand Mahmoud arriva, il vit la bête se rouler sur l'herbe dans les dernières convulsions de l'agonie, tandis que l'artiste recueillait avec le même calme les feuillets épars de son portefeuille.

Mahmoud ne put s'empêcher de sourire à ce spectacle.

— Le nom de Mohammed soit béni, s'écria-t-il, rempli d'admiration, voilà un coup merveilleux... Qui donc es-tu, toi qui as eu le courage de tuer la bête que je poursuivais.

L'artiste s'était relevé à l'arrivée, et il tourna vers Mahmoud sa figure intelligente où vint s'épanouir un charmant et fin sourire.

— On m'appelle Rodolphe, monseigneur, répondit-il.

— Un chrétien ! fit Mahmoud.

— Un chrétien, monseigneur.

— Un ennemi !

— Oh ! un artiste, un homme qui vient dans votre pays par curiosité, et qui ne demandera pas mieux que de s'en retourner en France,
quand sa curiosité sera satisfaite !

— Et d'où viens-tu donc pour le moment ?

— De la cour du sultan Sandschar !

— Et tu vas ?

— Vers les Assassins.

— A Alamont ?

— Si Dieu me protége.

— Mais ton projet est insensé... ceux qui vont à Alamont n'en
sortent jamais.

— Bah ! fit Rodolphe, avec une insouciance qui ne déplut pas à
Mahmoud, ces hommes ne me font pas peur, et j'en ai vu bien
d'autres.

Mahmoud était singulièrement séduit par la tournure de l'étranger, il se fit connaître à lui, lui promit plus de plaisirs qu'Alamont ne
lui en offrirait jamais, et l'engagea à rester quelque temps près de
lui; il sollicita même presque comme une faveur le plaisir de l'entendre raconter ses aventures.

Rodolphe ne se fit pas trop prier. On lui avait parlé beaucoup de
Mahmoud, de sa cour, de ses femmes, de ses prodigalités ; il n'était
pas fâché de le connaître, il consentit à rester, et quand Mamoud retourna vers sa tente, il l'accompagna.

II.

Rodolphe était un de ces architectes que les princes des croisades
avaient emmenés avec eux en Palestine, pour apprendre l'art arabe.

Il y avait près de trois années qu'il était dans le pays, mais depuis

un an il avait quitté la Syrie, pour visiter avec soin les contrees en-
vironnantes. Doué d'un caractère naturellement aventureux, il avait
déjà couru bien des dangers, mais son esprit n'en avait point été effrayé, la même ardeur était encore dans son cœur, et c'était vers Alamont même qu'il voulait maintenant diriger ses pas.

Rodolphe avait été, à la cour du sultan Sandschar, l'objet d'attentions particulières; ses talents y avaient été appréciés par le sage visir
Kemaleddin-Ali, et par le sultan lui-même; il avait passé là plusieurs
mois, pendant lesquels de grands honneurs lui avaient été rendus.

Certaines femmes de la cour même lui avaient témoigné plus que
de l'intérêt. Mais Rodolphe s'était laissé prendre à l'amour réel et
naïf, dès le premier jour de son arrivée, et tout ce qu'on avait pu
faire pour l'en détourner, n'avait réussi qu'à enraciner davantage
encore cet amour dans son cœur.

Le visir Kemaleddin-Ali avait une fille charmante du nom de Sofie,
et cette fille, malgré le sens grec de son nom, était loin d'être aussi
sage que son père; elle n'avait pu voir le jeune artiste français, sans
que son cœur se troublât; un secret désir s'empara victorieusement
de sa pensée!

Sofie, sans être précisément jolie, avait cependant un air mutin,
qui devait plaire particulièrement à Rodolphe. Mais les coutumes
sévères du pays qu'il habitait, ne permettaient pas qu'une femme
levât son voile devant lui, et pendant toute une journée, Sofie chercha dans son esprit un moyen de faire plier la loi des convenances
sous son empire. Enfin elle trouva.

Le lendemain, Rodolphe était prié par le sage visir lui-même, de
venir dans son habitation faire le portrait de sa fille. Le peintre n'a-
vait point encore vu la jeune Sofie; il alla au rendez-vous qu'on lui
donnait sans arrière-pensée, avec la seule idée de s'acquitter le mieux
possible de la mission qu'on lui confiait.

Mais quand il vit la fille du visir, quand il put admirer ce visage si fin et si vif, ces yeux si pleins de feu, quand il entendit les purs éclats de cette franche gaîté, pendant laquelle l'enfant montrait avec une certaine ostentation ses dents éclatantes et blanches, Rodolphe se sentit remuer dans sa nature d'artiste, et il songea à tout autre chose qu'à retracer les traits charmants de la folle enfant.

Il y revint souvent; le portrait n'avançait guère; ils en étaient venus à ne plus s'occuper de la véritable raison qui avait amené Rodolphe chez le visir, et ils passaient toutes leurs journées dans les doux et purs épanchements d'un amour qui leur faisait tout oublier.

Cependant Rodolphe avait mille desirs auxquels il n'osait donner un libre cours; Sofie elle-même avait des heures de langueur inconnues, contre lesquelles elle ne cherchait même pas à se défendre!

Le jeune artiste voulut pousser plus loin cette aventure qui commençait si bien, il pressa la jeune fille de lui permettre de venir près d'elle une nuit entière, et Sofie qui ne savait plus lui refuser, y consentit. Cependant il y avait des précautions à prendre pour ne point éveiller les soupçons du sage visir, et Sofie promit d'y songer.

Un soir, Rodolphe se trouvait dans le kiosque qu'il habitait non loin du palais de la cour, songeant à la fille de Kemaleddin-Ali, et attendant le dénoûment charmant qu'il s'était promis, quand une femme, qu'il supposa être une des suivantes de Sofie, l'aborda.

Cette femme était couverte d'un grand voile de mousseline; elle s'approcha timidement de lui, et lui dit d'un air gracieux, en lui remettant un paquet qu'elle portait sous son bras :

— Jeune chrétien, une dame qui vous porte beaucoup d'intérêt et qui désire vivement vous être agréable, m'a priée de venir vous trouver et de vous offrir ces vêtements dont elle a pensé que vous voudrez bien vous habiller.

Rodolphe ouvrit le paquet avec impatience; il était enchanté de ce peu de paroles, et ne doutait pas un seul moment du bonheur qui l'attendait.

Dans le paquet, il y avait tout un accoutrement de portefaix.

Il ne comprit pas tout d'abord ce que voulait dire cette métamorphose qu'on lui demandait, mais il obéit sans faire la moindre observation.

Dès qu'il fut accoutré tant bien que mal des vêtements qu'on venait de lui apporter, la jeune femme voilée lui fit signe de la suivre, et ils sortirent.

Ils passèrent devant la boutique d'un vannier, et la suivante qui avait nom Amine, ayant acheté un panier, dit à Rodolphe de le prendre et de le charger sur ses épaules, ce qu'il exécuta sans souffler mot.

Ceci ressemble un peu encore aux *Mille et une Nuits*, mais qu'y faire? c'est le pays.

Rodolphe et sa compagne reprirent leur chemin. La dame s'arrêta ensuite à la boutique d'un vendeur de fruits et de fleurs, où elle choisit plusieurs sortes de pommes, des abricots, des pêches, des coings, des limons, des citrons, des oranges, du myrte, du basilic, des lys, du jasmin et quelques autres fleurs et plantes de bonne odeur.

A une autre boutique, elle prit des câpres, de l'estragon, de petits concombres, de la perce-pierre, le tout confit dans du vinaigre; enfin, à un étalage voisin, elle acheta des pistaches, des noix, des noisettes, des figues, des amandes et toutes sortes de pâtes d'amandes!

L'artiste qui, à chaque achat, chargeait les marchandises dans son panier, fit observer à Amine qu'il n'aurait peut-être pas la force de porter une telle charge jusqu'au logis de sa maîtresse, mais Amine lui répondit par un long éclat de rire.

Il était évident qu'elle mettait un peu de malice dans tout ce manége.

Elle entra peu après chez un droguiste, elle se fournit d'eau de senteur, de clous de girofle, de muscade, de poivre, de gingembre, d'un gros morceau d'ambre gris et de bon nombre d'épiceries des Indes, et quand elle vit qu'elle était suffisamment fournie ou que son compagnon était suffisamment chargé, elle s'éloigna, et ils marchèrent tous deux jusqu'à ce qu'ils fussent arrivés à un hôtel magnifique, dont la façade était ornée de belles colonnes et qui avait une porte d'ivoire.

C'était la demeure du sage visir Kemaleddin-Ali.

Plusieurs eunuques se présentèrent à la porte dès qu'Amine y eut frappé, et ils demandèrent quel était cet homme qui prétendait entrer dans l'appartement habité par la fille du visir.

— Eh bien, ne voyez-vous pas qui il est? repartit Amine avec gaîté, et les gouttes de sueur qui coulent de son front ne vous disent-elles pas assez quel métier affreux il fait?

Les eunuques regardèrent avec attention Rodolphe qui pliait sous l'énorme fardeau dont on l'avait chargé, et quand ils furent satisfaits de leur examen, ils laissèrent passer portefaix et fardeau.

Quelques secondes après, l'artiste arrivait dans la chambre occupée par la fille du visir, la charmante Sofie.

Dans le fond de cet appartement s'élevait un sofa richement garni, avec un trône d'ambre au milieu, soutenu par quatre colonnes d'ébène, enrichies de diamants et de perles d'une grosseur extraordinaire, et garnies d'un satin rouge relevé d'une broderie d'or des Indes. Aux quatre coins de l'appartement, quatre bassins de marbre blanc, et pleins d'une eau vive et claire, qui y tombait par un mufle de lion de bronze doré, y entretenaient une fraîcheur éternelle.

Rodolphe ne pouvait se lasser d'admirer tant de magnificences, et ce ne fut que lorsqu'il aperçut Sofie, assise nonchalamment sur le sofa du fond, qu'il s'arracha à cette contemplation muette.

Il poussa un cri de joie, posa son fardeau dans un coin, et courut à la jeune fille dont il prit et baisa les mains.

Puis les premiers moments d'ivresse une fois passés, Sofie fit signe à Amine et à quelques autres de ses suivantes de tout préparer pour le repas, et les suivantes, Amine en tête, se mirent aussitôt à l'œuvre.

Amine était une fille ravissante; elle avait déjà quitté son habillement de ville, avait attaché sa robe à sa ceinture pour agir avec plus de liberté, et présidait aux apprêts de la table. Elle servit plusieurs sortes de mets, et mit sur le buffet des bouteilles de vin et des tasses d'or.

Sofie et Rodolphe prirent alors place l'un à côté de l'autre, et ils demeurèrent seuls.

Sofie prit une bouteille et une tasse, et versa à boire, et ayant bu la première, suivant la coutume des Arabes, elle versa ensuite à Rodolphe qui but à son tour.

Rodolphe était heureux; à chaque instant, il baisait les mains de Sofie, l'attirait doucement sur son cœur, sans qu'elle songeât à faire la moindre résistance, et sentait son audace augmenter à mesure que le vin égayait sa raison et son cœur!

Enfin, la nuit était déjà fort avancée, les regards des deux amants se chargeaient des mêmes langueurs; les bougies s'éteignaient une à une sur leur chandelier de cristal; Rodolphe prit Sophie dans ses bras, et quitta la table avec son précieux fardeau.

C'était le moment fatal...

Sofie était perdue sans doute, mais le sage visir veillait apparemment, et bien qu'il eût beaucoup tardé à paraître, sa présence devait, cette fois du moins, sauver sa fille.

Quelques coups furent, en effet, frappés à la porte au moment où le jeune artiste se levait de table, et Sofie n'eut que le temps de se soustraire à cette étreinte suprême.

Elle se dégagea des bras de Rodolphe, et appela Amine.

Mais cette dernière était déjà prévenue, et elle avait eu le temps de tout réparer.

Elle entra par une porte de l'appartement, suivie d'un homme qui, cette fois, était un véritable portefaix. Elle lui ordonna vivement de charger sur ses épaules le panier qu'il avait apporté, et pendant qu'il obéissait, elle avait conduit Rodolphe dans son appartement, de sorte que lorsque le visir Kemaleddin-Ali entra, il s'arrêta stupéfait et interdit.

— Qu'est-ce que cela signifie? demanda-t-il en regardant avec étonnement le portefaix qui s'occupait paisiblement d'exécuter l'ordre qui venait de lui être donné.

— Que se passe-t-il donc? demanda Sofie en allant à son père, et en présentant son front à son baiser.

— Cependant, on m'avait dit,... fit le visir en promenant de tous côtés son regard inquiet,... on m'avait dit qu'un homme avait pénétré dans cet appartement.

— Un portefaix! répliqua Sofie.

— En effet;.... mais ce n'est pas l'homme que l'on m'avait désigné.

Kemaleddin-Ali se mit à chercher de toutes parts, à travers l'appartement, mais comme ses recherches furent inutiles, il dut y renoncer, et reprit, un peu contrarié, le chemin de sa propre chambre.

Mais comme si une autre idée lui était venue tout-à-coup, il se ravisa au moment de franchir le seuil de la chambre de Sofie, et ordonna à sa fille de le suivre.

— Moi! répondit la jeune fille interdite, et en jetant, à la dérobée, un regard sur Amine.

— Vous-même, ma fille, poursuivit le sage visir; il se passe ici des choses étranges, et je veux vous mettre à l'abri des malheurs qui pourraient vous arriver.

Sofie ne put résister à l'injonction qui lui était faite, et, quoique bien à regret, elle suivit Kemaleddin, et dut passer la nuit près de lui.

Quant à Rodolphe, il n'avait bougé de l'appartement d'Amine, et attendait avec anxiété le résultat de cette aventure. Il craignait, à chaque instant, d'être surpris par les eunuques du palais, et vouait, dans son cœur, une profonde reconnaissance à cette charmante Amine dont l'imagination et le dévouement les avaient sauvés. Amine était une belle fille ; Rodolphe voulait la remercier avec effusion du service qu'elle venait de lui rendre.

Quand tout le monde fut parti, Amine revint donc vers le jeune artiste, et l'invita à ne pas tarder plus longtemps à s'éloigner ; elle lui expliqua, en peu de mots, le dénouement pacifique de l'aventure, lui dit la surprise, les soupçons du sage visir, et renouvela ses instances pour qu'il partît au plus tôt.

Rodolphe ne répondit pas aux prières de la jeune fille ; il pressait et baisait ses mains avec transport, lui disait mille paroles pleines de folie et d'amour peut-être, et malgré tout le désir qu'elle en témoignait, Amine n'avait ni la force ni le courage de l'obliger à partir.

— D'ailleurs, objecta Rodolphe, comment voulez-vous que je m'éloigne ; ne me l'avez-vous pas dit vous-même : si je pars à cette heure, et que je sois surpris, n'est-ce pas vous que je compromettrai ? Ne serez-vous pas victime de votre dévouement, de votre générosité ? Non, non, Amine, laissez-moi passer ici, près de vous, le reste de la nuit, et ne me condamnez pas au double chagrin de vous exposer à être perdue, et de me priver de votre compagnie.

Amine écoutait avec une sorte de plaisir les paroles de Rodolphe ; elle laissait son regard s'oublier sur le front du jeune artiste, et son cœur se sentait surpris par instant d'une étrange émotion. Elle combattait cependant ; elle se rappelait sa jeune maîtresse, qui était partie en lui recommandant Rodolphe, et se défendait avec courage contre les étranges désirs qui la troublaient.

Lorsque Rodolphe racontait plus tard cette aventure, il n'oubliait jamais d'ajouter qu'Amine était une ravissante fille, et que le souvenir qu'il en avait gardé ne le cédait qu'à celui de Sofie...

Mahmoud s'amusa fort au récit des aventures du jeune peintre, et ils passèrent ensemble quelques soirées qui ne furent pas sans charmes pour Rodolphe.

Mais ce dernier avait une idée fixe, il voulait aller à Alamont, et ne dût-il point en revenir, il désirait voir ces Assassins dont on lui avait tant parlé ; ces jardins dont on lui avait dépeint les merveilles ; ces femmes dont on lui avait chanté la beauté.

Mahmoud le détournait le plus possible de ce projet ; mais Rodolphe n'entendait pas raison sur ce point, et il se décida enfin à s'éloigner.

Ali n'était pas précisément satisfait de la présence du peintre à la cour de Mahmoud ; il jalousait volontiers tout ce qui approchait son maître, et si Rodolphe n'avait pas pris les devants, en annonçant son départ, peut-être eût-il eu le sort de l'ours de Moscovie.

Ce pauvre Markouski !

La détermination de partir lui rendit toute l'affection du fils du visir Kemaleddin.

Un soir, c'était la veille de son départ, Rodolphe et Ali étaient sortis de leur tente, et ce dernier donnait au chrétien quelques conseils sur son prochain voyage. Ali n'était jamais allé à Alamont ; mais il avait été en rapport avec quelques-uns des membres de l'ordre des Assassins : il connaissait leurs mœurs, leurs coutumes, et il était connu d'eux ; pendant quelque temps, on avait eu des projets sur lui ; on savait qu'il était fils de Kemaleddin ; qu'à ce titre, il lui était possible de pénétrer près du sultan Sandschar ; et depuis longtemps les Assassins voulaient se débarrasser du sultan.

Tout en devisant, ils s'étaient éloignés des tentes, et se trouvaient dans un lieu passablement désert, planté de pins sauvages et dominant toute la vallée.

— Que je voie un jour, une heure seulement cette forteresse redoutable qui fait trembler l'Asie et l'Europe, disait Rodolphe, et je serai heureux, et je reprendrai le chemin de mon pays avec joie, sans emporter le regret d'avoir fait un voyage incomplet!

— Tenez! répondit Ali, en montrant au peintre la pente blanche d'une montagne qui se dégageait à quelque distance des premiers voiles de la nuit, et s'élançait avec audace vers le ciel, qu'elle semblait menacer, voilà Alamont!... redoutable forteresse, en effet, dont il est rare que l'on revienne.

— Et vous n'y êtes jamais allé? demanda Rodolphe.

— Jamais! répondit-il.

— Et vous n'avez pas le désir de la visiter?

— Qu'irais-je y faire? si j'y entrais une fois, d'ailleurs, je n'en sortirais qu'un poignard à la main.

— Que dites-vous?...

— C'est un souvenir.

— Lequel?

C'était à Baghdad; j'étais misérable, deux Assassins sont venus me trouver; ils m'ont jeté une bourse pleine de ducats...

— Excellente chose!...

— Avec la bourse, ils m'avaient glissé un poignard de fedavi dans la ceinture.

— Ah! diable!

— Tous les mois une pareille bourse te sera donnée, me dirent-ils; Ali, si tu veux être à nous, nous te ferons riche et puissant, et nous te donnerons sur cette terre un avant-goût des félicités du paradis de Mohammed.

— Et vous avez accepté?

— J'ai refusé.

— De quoi s'agissait-il donc?

— De tuer le sultan Sandschar...

— Voyez-vous cela!... Mais ce sont d'affreuses gens, et cela m'ôte une partie de l'envie que j'avais de les fréquenter.

Comme Rodolphe achevait ces paroles, une petite troupe, composée de cavaliers vêtus de blanc, sortit du bois de pinastres, sur le bord duquel ils étaient assis, et les entourèrent, sans proférer une parole.

Rodolphe et Ali s'étaient levés, et avaient saisi leurs armes pour se défendre ; mais deux des cavaliers s'étaient empressés de mettre pied à terre, et profitant du premier moment de stupeur et d'inaction, ils les avaient fortement garrottés.

Puis, sans leur expliquer le motif de cette violence, on les chargea tous les deux dans de grandes cages, et on les dirigea à la hâte vers la forteresse d'Alamont.

Ali était fort abattu ; Rodolphe, au contraire, ne pouvait s'empêcher de rire à gorge déployée.

— Parlez-moi d'un pays comme celui-ci, dit-il à Ali, on n'y peut faire un pas sans courir le risque d'être enlevé, tantôt par des femmes charmantes, tantôt par des princes généreux, tantôt...

— Par des Assassins ! interrompit Ali avec une sombre énergie.

— Comment ! vous croyez que ces hommes...

— Ces hommes sont des fedavi !

— Eh bien ! je bénis le ciel de m'avoir fourni cette occasion inattendue : demain j'allais me remettre en route et faire à pied ce chemin long et ennuyeux qui mène à Alamont ; ils m'ont épargné cet ennui ; grâces leur soient rendues !...

Ainsi que l'avait deviné Ali, c'étaient bien des fedavi qui les enlevaient, et ils les conduisirent à Alamont sans perdre un seul moment. Rodolphe ne comprenait rien à l'abattement de son compagnon, il ne cessait de chercher à l'égayer de toutes manières, et s'estimait heureux pour son compte de ce hasard qui le conduisait au siége même de la puissance des Assassins.

Cependant quelques inquiétudes le troublèrent au moment même où ils entrèrent dans la forteresse. Là, en effet, on prit d'étranges précautions pour qu'ils ne s'échappàssent point, et Ali s'étant penché à son oreille, lui avait dit à voix basse :

— Rodolphe, prenez bien garde à vous; si vous tenez à votre existence, ne dites point qui vous êtes; suivez-moi partout, si on ne s'y oppose; faites tout ce que l'on vous ordonnera de faire, et malgré la répugnance que certains actes pourraient vous inspirer, n'hésitez pas à les commettre si vous voulez sortir sain et sauf de ce mauvais pas !

Le jeune peintre ne put pas se tromper davantage; à l'air de son compagnon, il comprit que la partie allait devenir sérieuse, et il regretta peut-être alors de s'être tant avancé.

Mais il avait le caractère naturellement aventureux, et dès qu'il eut mis pied à terre, il sentit la résolution lui revenir, et demanda à ceux qui l'entouraient ce que l'on attendait de lui, et pourquoi on l'avait enlevé ni plus ni moins qu'une charmante fille ?

On ne lui répondit pas.

Les hommes qui les avaient accompagnés ayant appelé quelques eunuques, les confièrent à la garde de ces derniers, et s'éloignèrent dans diverses directions.

Les eunuques firent signe à Rodolphe et à Ali de les suivre, et ils pénétrèrent dans la forteresse.

III.

Il traversèrent d'abord un vaste jardin plein d'arbres verts, splendidement illuminé. et où, à chaque pas, des symphonies célestes se faisaient entendre. A droite, à gauche, s'élevaient des kiosques d'une forme élégante et légère; et à travers les fenêtres ouvertes, les deux compagnons purent apercevoir de temps à autre les gracieuses silhouettes de filles folles, qui se livraient avec une ardeur presque fébrile à toutes les excentricités de la danse arabe.

IV.   32

Enfin, ils arrivèrent à une vaste salle de bains, dont le vestibule était soutenu par quatre colonnes de marbre, et sous le péristyle de laquelle se tenaient des esclaves de la plus grande beauté.

Les eunuques remirent leurs prisonniers aux esclaves et se retirèrent.

Rodolphe regarda Ali avec étonnement, et lui demanda si c'étaient là les dangers qu'il avait craints, mais Ali mit un doigt sur ses lèvres, et suivit deux femmes qui les introduisirent aussitôt dans la salle.

Cependant la surprise de Rodolphe ne devait pas se borner là, il était dit que toute cette nuit serait pour lui un long étonnement.

Au sortir de la salle de bains, on les revêtit d'habits somptueux, et on les conduisit dans un de ces kiosques près desquels ils avaient passé quelques instants auparavant, et là, un festin splendide leur fut servi par des femmes dont la grâce et la beauté ne pouvaient être comparées à rien de terrestre!

Mais, ces plaisirs successifs devaient avoir leur terme, Ali et Rodolphe s'endormirent à la fin du repas, entre les bras de ces houris qui les entouraient, et quand ils se réveillèrent quelques heures après, ils étaient transportés dans une autre partie de la forteresse.

C'était une sorte de tribunal où siégeaient déjà, quand ils arrivèrent, tous les membres les plus célèbres de l'ordre des Assassins.

Le grand maître était au milieu, assis sur un trône d'ébène, revêtu de ses habits de cérémonie.

Il portait une longue robe blanche, serrée à la taille par une ceinture rouge ornée de pierreries qui jetaient un vif éclat; à cette ceinture pendait un poignard dans sa gaîne, et sur la table placée devant était placé un large cimeterre.

Quand Ali et Rodolphe parurent sur le seuil, ils furent arrêtés par deux assassins. Le premier les prit à part et leur dit à voix basse :

« Nous ne cachons notre secret qu'à des gens reconnus de tout le monde pour des indiscrets, qui abuseraient de notre confiance, mais nous ne faisons nulle difficulté de le découvrir aux sages, parce que nous sommes persuadés qu'ils sauront le garder. »

Le second assassin les prit à part à son tour et leur dit :

« Gardez notre secret et ne le révélez à personne : qui le révèle n'en est plus le maître. Si votre sein ne peut contenir un tel secret, comment le sein de celui à qui vous l'aurez confié pourra-t-il le contenir? »

Puis ils les menèrent tous les deux devant le grand maître.

La terreur qui s'était emparée de Rodolphe quelques instants auparavant, avait complétement disparu; le spectacle auquel il assistait lui paraissait si singulier, que toute autre préoccupation avait disparu, et maintenant il était tout yeux et tout oreilles. Cependant le grand maître s'était levé, et s'adressant aux deux nouveaux arrivés :

— Les méchants, les chrétiens, les maudits, dit-il d'une voix éclatante, doivent disparaître de la surface de la terre : Dieu le tout-puissant détruit leur maison, et l'ange vengeur prépare l'enfer pour les recevoir. Notre puissance s'étend déjà sur toute l'Asie; ils sont assaillis de tous côtés, notre glaive destructeur ravage le pays qu'ils occupent et menace leurs têtes. Complétons notre œuvre, mettons la dernière main à notre entreprise, et que notre plus grand ennemi dans ce monde tombe enfin sous nos coups. Ali, nous t'avons choisi pour cette entreprise. Te sens-tu le courage d'accomplir la mission que nous voulons te confier?

Ali s'inclina.

— Qu'attend de moi le grand maître? dit-il d'une voix assurée.

— Tu peux facilement t'introduire à la cour du sultan Sandschar, répondit le grand maître, oseras-tu enfoncer le poignard dans son sein?

— Je l'oserai !

— Au moment d'accomplir ta mission tu ne failliras pas ?

— Le sultan Sandschar est mon ennemi, répondit Ali, je saisirai avec empressement cette occasion qui me fait un devoir de la vengeance.

— Songe, poursuivit le grand maître, que toute hésitation de ta part, comme toute trahison de la part de ton compagnon, serait impitoyablement punie de mort, et qu'aucune distance ne saurait te mettre à l'abri de nos poignards.

— Je le sais ! répondit Ali.

— Je le sais aussi ! ajoute Rodolphe.

— C'est bien ! demain mes fedavi te remettront le poignard avec lequel tu mettras notre projet à exécution, et deux fedavi t'accompagneront jusqu'à la cour du sultan pour observer tes actions, nous rendre compte de ta conduite, et vous punir tous les deux, s'il y a lieu !

Les fedavi qui avaient introduit Ali et Rodolphe dans la salle du tribunal, revinrent les chercher, et les conduisirent jusqu'au kiosque où ils avaient soupé.

Les mêmes esclaves les attendaient et ils passèrent le reste de la nuit, sans songer à prendre le moindre repos.

Cependant Rodolphe avait hâte de se trouver seul avec Ali. Dès que le lendemain matin l'occasion se présenta, il se rapprocha du fils de Kemaleddin, et lui demanda ce qu'il pensait de toutes ces scènes auxquelles il avaient assisté.

— Je pense, répondit Ali, que dans ce moment peut-être, on nous épie et on nous écoute ; soyez donc fort circonspect ; ne prononcez pas une parole sans en avoir bien pesé le sens, et attendez, pour m'interroger, que nous soyons hors de cette forteresse, il y va pour nous de la vie !...

— Mais comptez-vous donc exécuter l'ordre qui vous a été donné?

— Moi ! répondit Ali, j'espère bien qu'avant huit jours le sultan
Sandschar aura cessé de vivre.

Comme un des esclaves du château entra en ce moment, Rodolphe
pensa qu'Ali n'avait ainsi parlé que pour lui donner le change sur
ses intentions.

Il se tut et attendit.

D'ailleurs on ne tarda pas à les venir prendre de la part du grand
maître de l'ordre, et à l'effet de leur remettre le poignard dont ils
devaient faire usage, pour assassiner Sandschar.

Tous les fedavi étaient dans la cour. Ali et Rodolphe avaient été
revêtus de robes blanches comme tous les néophytes ; une ceinture
rouge leur serrait la taille; ils portaient des bottes à revers rouges.

Ce fut le grand prieur qui fut chargé de présenter les deux nouveaux membres de l'ordre à leurs compagnons. Ils passèrent successivement dans tous les rangs, et chaque assassin les salua du nom de
frères !

Ils reçurent ensuite l'accolade symbolique des principaux chefs qui
entouraient le grand maître, et quand la cérémonie fut terminée, un
derviche à longue barbe blanche leur imposa les mains, pendant
que toute l'assemblée se tenait à genoux, tournée vers la Mecque, la
paume de la main levée vers le ciel.

Pendant ce temps, des groupes de musiciens, cachés dans les arbres, exécutaient de douces symphonies; des flots d'encens s'élevaient
dans les airs, des enfants et des femmes mêlaient leurs voix dans
un chant qui montait pur et grave.

Ce spectacle n'était certainement pas sans solennité, et, un instant,
Rodolphe qui était chrétien, se sentit profondément touché.

C'était un sacrilége à ses yeux, que cette cérémonie, et cependant,
malgré lui, une émotion indicible troublait sa raison !

Enfin, quand la cérémonie fut terminée, on amena aux deux nouveaux initiés, les deux meilleurs chevaux des écuries du château, et

le grand maître leur ayant adressé de nouvelles recommandations, ordonna de leur ouvrir les portes, puis ils s'éloignèrent aux acclamations de tous emportant les vœux de l'assemblée entière.

Bien que Rodolphe fût rassuré depuis longtemps sur l'issue de cette aventure, cependant nous devons dire qu'il respira plus librement, dès qu'il se vit en rase campagne, et il le fit bien voir, car il se rapprocha presque aussitôt d'Ali.

— Eh bien, lui dit-il, voilà une aventure qui vaut la peine d'être racontée, on ne me croira jamais, quand je dirai que je suis allé à Alamont, que j'ai été initié à leurs mystères, que ce poignard est une arme qui m'a été remise par le grand maître. Ça, maître Ali, que comptez-vous faire après tout ceci?

— Moi! eh, ne vous l'ai-je pas dit, repartit Ali?

— Comment! vous avez réellement l'intention de tuer le sultan Sandschar?

— Ne l'ai-je pas promis?

— Promis! promis! la réponse est naïve, mon ami, dans ce moment là j'aurais promis d'assassiner Mahmoud, si on me l'avait demandé; nous étions prisonniers, c'était le seul moyen de nous échapper... maintenant que nous sommes libres, ce serait un crime que d'obéir.

Ali haussa les épaules.

— Je vois, lui dit-il, que vous ignorez la sévérité des arrêts rendus par les Assassins; ces hommes ne pardonnent pas à ceux qui les trahissent, et ceux qui ne leur obéissent pas sont des traîtres à leurs yeux.

— Ainsi, vous tuerez le sultan? dit Rodolphe attéré.

— J'aime mieux qu'il tombe sous mon poignard que de tomber moi-même sous le poignard des fedavi qui nous suivent.

— Eh bien! je ne suis point fait ainsi, moi, dit Rodolphe, car pour rien au monde je ne consentirais à commettre un pareil crime.

— A votre aise.

— Je dis plus, je ferai tout ce qu'il dépendra de moi pour l'en empêcher.

— Quant à cela, je ne vous le conseille pas.

— Et pourquoi?

— Parce que ce n'est ni le sultan, ni moi, qui péririons, ce serait vous, et songez-y, si cela arrivait, vous n'auriez pas le plaisir de raconter à vos amis de France les aventures qui ont égayé votre voyage en Perse!

Rodolphe sourit et se tut.

Il pensa qu'il était prudent de cacher désormais ses impressions, même devant Ali, et il se promit d'attendre son arrivée à la cour, pour rompre tout commerce avec lui.

Il n'y manqua pas, et bien que les deux compagnons se fussent promis de se retrouver ensemble fréquemment avant le crime, Rodolphe s'éloigna avec la ferme intention de ne plus le revoir.

Cependant, avant de le quitter, il lui avait demandé s'il comptait mettre bientôt son projet à exécution, et Ali lui ayant répondu que le vendredi, il tuerait le sultan dans la mosquée, le jeune peintre frémit en songeant qu'il lui restait si peu de temps pour prévenir la victime.

Rodolphe ne perdit pas une minute; il était connu à la cour; il y avait laissé de tendres souvenirs dans le cœur d'Amine et dans celui de Sofie; il espéra mettre à profit ses antécédents, et arriver ainsi jusqu'au prince. Toutefois, une dernière hésitation lui restait.

Rodolphe ne connaissait Ali que sous son nom d'aventure, et il lui était assez difficile de le désigner au sage visir Kemaleddin. Son talent de peintre lui vint en aide dans cette circonstance, comme dans tant d'autres; il esquissa rapidement la physionomie d'Ali, et courut tout joyeux de son stratagème chez celui qui, seul, à cette heure, pouvait sauver le sultan.

Deux jours de retard, et Sandschar était perdu; Rodolphe arriva essoufflé chez le visir.

Ce dernier fronça le sourcil en le voyant. Il n'avait pas oublié quels soupçons il lui avait inspirés, et il craignait qu'il ne revînt encore pour profiter de l'amour que sa fille lui avait témoigné.

Mais dès les premières paroles du peintre, le sage visir se rassura, et il l'écouta avec la plus vive curiosité.

— Un assassin! un fedavi! répéta-t-il, au comble de l'étonnement et de l'indignation; mais quel est-il?

— Je ne sais rien de lui, si ce n'est qu'il se nomme Ali.

— Ali? fit le visir; mais encore d'où vient-il?

— De la cour de Mahmoud!...

— Que dites-vous?

— Enfin, comme il m'était impossible de donner sur son compte des renseignements entièrement satisfaisants, j'ai jeté sur ce papier à la hâte quelques-uns de ses traits.

— Voyons! voyons! dit Kemaleddin, en saisissant le papier des mains de Rodolphe.

Mais à peine y eut-il jeté les yeux qu'il pâlit, ferma les yeux, et fut sur le point de tomber à la renverse.

— Qu'est-ce à dire, s'écria-t-il en jetant un regard effaré sur le jeune peintre; quel est cet homme, où est-il?

— Qu'avez-vous? fit Rodolphe.

— Ali! Ali! mon fils!

— Votre fils!

— Oh! la honte de mon nom, le désespoir de ma vieillesse!

Kemaleddin demeura quelques instants atterré de cette révélation; mais il reprit bientôt toute sa fermeté et toute sa présence d'esprit.

Le malheureux père ordonna à Rodolphe de le suivre, traversa les longs corridors qui, de son palais, conduisaient à celui du sultan, et arriva enfin, toujours suivi de Rodolphe, auprès de Sandschar.

Rodolphe raconta alors, sur l'invitation qu'il lui en fut faite par Kemaleddin, qu'un certain fedavi, avec lequel il avait voyagé depuis Alamont, était arrivé le jour même dans la ville, avec la mission d'assassiner le sultan le premier vendredi, au moment où tous les musulmans se rendraient à la mosquée.

La nouvelle fut tenue secrète par tous ceux qui en furent instruits, et le vendredi suivant, Ali fut arrêté au moment où il s'approchait du sultan Sandschar.

Comme il était armé d'un poignard portant les chiffres connus de l'ordre des Assassins, il n'était pas possible de douter de ses intentions. On s'empara aussitôt de sa personne, et sans même le soumettre à un jugement qui eût fait connaître son nom et compromis l'illustre famille à laquelle il appartenait, on l'étrangla dans sa prison, et on le jeta dans l'Oxus !

Le jour même où Ali était arrêté, Rodolphe montait à cheval et se hâtait de regagner la Syrie. Il y arriva, dit-on, assez à temps pour se soustraire aux poursuites dont il fut l'objet de la part des Assassins.

Il trouva enfin un abri assuré dans les rangs de l'armée des Croisés.

Quant à Mahmoud, il fut sincèrement affecté de la mort de son favori ; il avait eu le temps de s'attacher à lui. Mais comme la douleur ne peut être éternelle, Mahmoud finit par se consoler, et il revint bientôt à ses premiers goûts : il fit venir un autre ours de Moscovie.

Il nomma ce second ours Cabochard, du nom d'un chevalier français qu'il avait connu dans ses voyages.

Sandschar avait donc échappé cette fois aux poignards de ses ennemis acharnés ; mais ils ne se tinrent pas pour battus, et renouvelèrent souvent leurs tentatives. Pendant tout le temps qu'il régna, ils ne cessèrent de le poursuivre, et ce sont eux, assurent les historiens, qui facilitèrent aux Turcomans l'invasion de son territoire.

Sandschar ne fut pas heureux contre ce dernier peuple, qu'il voulait forcer à lui payer un tribut annuel de brebis; il fut pris et enfermé dans une cage de fer, et ce ne fut qu'à l'âge de cent ans qu'il parvint enfin à s'échapper.

Il mourut l'année suivante, dans le Khorassân, de tristesse et des chagrins que lui avaient causés ses malheurs et la dévastation de ses États.

Sandschar avait été un grand prince. Les exploits et les louanges des poëtes illustres ont placé son nom parmi ceux des plus célèbres princes de l'Orient et à côté de celui d'Alexandre le Grand. Les poëtes contemporains l'ont tour à tour chanté. Ainsi, Selman, Ferededdin-Katib, et surtout d'Euweri, le Pindare de la Perse.

Euweri, si fameux par ses poëmes panégyriques, même à côté de son prédécesseur Khakani, et de son successeur Farjabi, avec lesquels il forma la plëïade des poëtes persans, porta le nom de Sandschar, *au delà des régions célestes, des lumières de la voie lactée et des sphères harmonieuses du ciel le plus élevé.*

Mais les Assassins ne respectaient ni la gloire, ni la vertu, ni l'innocence; ceux qui frappaient avec le poignard de l'ordre étaient aveugles et sourds!

CHAPITRE VIII.

I.

Vers l'année 1170, le château de Masziat, en Syrie, était habité par le grand prieur de l'ordre des Assassins Raschideddin-Aboul-Hascher-Sinan, fils de Soulciman de Baszza.

C'était la belle et grande époque des Croisades, et l'on eût pu penser qu'il avait suffi du contact de ces bandes enthousiastes que l'Europe envoyait vers cet autre monde, pour appeler les indigènes aux bienfaits d'une civilisation nouvelle. Raschideddin est un exemple frappant de ce que nous avançons, et si les circonstances avaient un peu aidé à ses intentions, nul doute qu'il n'eût arraché l'ordre, auquel il commandait en qualité de grand prieur, à l'abrutissement fatal de ses doctrines.

Raschideddin était rarement à Masziat. Son activité l'appelait souvent au loin, et alors il laissait au château, pour le remplacer, un homme du nom de Dschemali, qui n'avait aucune de ses qualités, mais qui, par compensation, possédait tous les défauts des assassins ordinaires.

Dschemali abusait souvent de l'autorité dont il était revêtu pendant les absences du grand prieur ; mais il mettait tant d'adresse à voiler ses fautes, il avait inspiré à tous ceux qui l'entouraient une telle terreur, que Raschideddin avait toute confiance en lui, et qu'il eût traité de calomniateur toute personne qui fût venue lui en dire du mal. .»

Un jour donc, Sinan était absent, et il avait prévenu que son absence serait longue. Une affaire de la dernière importance l'appelait à Alamont, et il ne devait revenir qu'après avoir terminé les différends qui nécessitaient sa présence près du grand maître.

Dès qu'il fut parti, Dschemali fit venir son plus fidèle fedavi, du nom d'Akka, et après un colloque de quelques secondes à peine, Akka s'inclina profondément devant son maître provisoire, jeta un manteau sur ses épaules, puis, armé de son poignard, il monta sur un des meilleurs chevaux du château et s'éloigna !

Dschemali le regarda partir et se frotta les mains.

La course d'Akka ne fut pas longue ; il était parti quelques moments avant la fin du jour ; il arriva au but de son voyage comme la nuit jetait ses premiers voiles à la terre.

Il avait fait à peine trois lieues et se trouvait dans une sorte de petite bourgade que les derniers tremblements de terre avaient rudement éprouvée, mais qui présentait encore au regard certaines habitations isolées, coquettement penchées sur le revers d'un coteau à pente douce, et à moitié cachées derrière un rideau d'arbres touffus.

Akka descendit dans une de ces habitations, et l'objet de sa mission était vraisemblablement connu du maître de cette habitation, car dès qu'il l'aperçut, il alla à lui, le salua avec une sorte de respect craintif, et lui annonça que le moment était bien choisi, et qu'il réussirait cette fois dans son entreprise.

Akka ne répondit pas, et après avoir pris sa part d'une légère collation qui lui fut servie, il s'éloigna, invitant l'hôte à l'attendre et à tout préparer pour sa fuite, dans le cas où il se déciderait à agir de suite.

Or, à quelques centaines de pas de cette habitation, il y en avait une autre, qui était occupée pour le moment par le vieux Noureddin, sa fille Haïdé et le jeune Saleh, fils de Nial, qui devait sous peu devenir son gendre.

Haïdé était bien la plus jolie enfant que la Syrie possédât à cette heure. Elle éveillait successivement l'admiration et l'amour de tous ceux qui la voyaient, et dans toutes les villes qu'elle avait parcourues avant de venir se retirer près du château de Masziat, elle avait été suivie comme une merveille !

Mais qu'importait à Haïdé cette adoration dont elle était l'objet ; la jeune enfant aimait, et toutes les louanges qu'elle entendait autour d'elle, et qui l'accompagnaient sur sa route, étaient impuissantes à la distraire ; elle aimait avec tout son cœur, toute sa pensée ; cet amour s'était emparé d'elle sans partage, et le sultan Salaheddin lui eût offert à partager son trône, qu'elle eût refusé pour se donner tout entière à Saleh, qu'elle aimait ! C'était la première fois que ce sentiment pénétrait son cœur, elle s'y abandonnait sans arrière-pensée, avec enthousiasme, avec bonheur !

Saleh était d'ailleurs bien digne d'être aimé ainsi...

Il avait vingt-cinq ans à peine, et déjà toute la Syrie parlait de ses

glorieux exploits contre les Croisés, sous les ordres de Salaheddin ;
dans plus d'une bataille, il s'était battu avec le courage du lion, et
deux fois même il avait été assez heureux pour sauver la vie au sultan. Saleh avait momentanément quitté son maître, et oubliait aux
pieds de la ravissante créature qu'il allait épouser que le moment
de partir allait bientôt venir, et qu'il lui faudrait voler à de nouveaux
combats, à de nouveaux dangers !

Ce soir, Saleh, Haïdé et le vieux Noureddin étaient assis près de
la fenêtre ouverte, et tandis que le vieillard plongeait son regard dans
le ciel plein d'étoiles, Saleh s'était emparé de la main d'Haïdé, et,
muets tous deux, ils échangeaient mille pressions douces qui disaient
tous les rêves de leurs âmes.

Une heure se passa ainsi, pendant laquelle aucune parole ne
tomba de leurs lèvres émues : les serviteurs allaient et venaient autour d'eux, mais aucun bruit ne les troublait, et tout entier à leur
amour, ils oubliaient le monde dans lequel ils vivaient pour ne songer qu'aux promesses de bonheur que ce sentiment, dont leur cœur
était plein, leur jetait à profusion !

En ce moment, cependant, un certain mouvement se manifesta
parmi les serviteurs de l'habitation, et l'un d'eux vint prévenir Noureddin qu'un veillard demandait l'hospitalité pour la nuit : il avait
ajouté qu'il ne s'était arrêté dans le petit village que pour rendre à
Saleh et à Haïdé un service dont tous les deux lui seraient certainement reconnaissants.

Noureddin s'était levé, et les deux amants écoutaient avec étonnement.

— Quel que soit cet hôte que Mohammed nous envoie, dit-il, qu'il
soit le bienvenu ; Noureddin connaît les devoirs de l'hospitalité et
sait les pratiquer, que cet homme entre donc, et amenez-le près
de moi s'il désire me parler.

Cet ordre du maître fut aussitôt exécuté, et un instant après un homme d'une cinquantaine d'années entrait dans l'appartement. Il était grand et robuste, vêtu de grossiers habits de poil, et avait la taille haute, le regard fier et imposant. Seulement, quand il marchait, on s'apercevait facilement qu'il avait une jambe plus courte que l'autre : il boitait.

Noureddin alla à lui, et l'étranger s'inclina.

— Que Mohammed bénisse cette demeure où l'on pratique si généreusement les lois de l'hospitalité, dit-il d'une voix sèche et brève, je remercie le prophète de m'avoir conduit ici, car il me sera permis de reconnaître vos bienfaits, avant même que j'aie pu en profiter.

— Qu'est-ce à dire? demanda Noureddin en fronçant le sourcil.

— C'est-à-dire, répartit l'étranger, que votre fille est menacée d'un grand danger, et que je viens vous offrir le seul moyen de la sauver.

Le jeune Saleh s'était levé à ces paroles et s'était précipité vers l'étranger.

— Que se passe-t-il donc? demanda t-il avec anxiété; quel malheur nous menace et qu'avez-vous à nous apprendre?

L'étranger parut réfléchir un moment; puis il reprit tôt après :

— Il y a, dit-il, en ce moment, au château de Masziat, un homme dont l'esprit a été troublé par la vue de cette jeune fille.

— Raschideddin Sinan? demanda Saleh.

— Ce n'est pas le grand prieur de l'ordre des Assassins, interrompit vivement l'étranger, mais son lieutenant; Sinan est en ce moment à Alamont, et c'est Dschemali qui le remplace dans ses fonctions et abuse de son autorité. Dschemali, par cela seul, est tout-puissant, et s'il ordonne à l'un de ses fedavi de lui amener Haïdé, Haïdé sera perdue sans ressource.

— Mais il ne le fera pas! s'écria Saleh, en portant la main sur la garde de son cimeterre.

— Il l'a fait! répartit l'étranger.

— Alors! qu'il vienne! poursuivit le jeune homme dont la voix était émue, dont les joues s'étaient colorées d'une subite rougeur, qu'il ose l'arracher de nos bras, c'est la mort qui l'attend, et je prends Mohammed à témoin, qu'il payera cette tentative infâme de sa vie.

L'étranger regarda Saleh avec satisfaction, et pendant que Haïdé épouvantée allait se réfugier dans les bras de son père, il prit les mains de son fiancé.

— Jeune homme, lui dit-il d'une voix calme, j'approuve votre colère et votre indignation; mais n'oubliez jamais que les Assassins sont puissants, et qu'avant d'atteindre Dschemali, vous tomberiez infailliblement sous le poignard de ses affidés.

— Mais que faire! que faire!

— Une seule chose!

— Laquelle?

— Laisser Dschemali enlever Haïdé, lui offrir même l'occasion prochaine d'accomplir son crime, et vous reposer sur moi du soin d'arrêter le lieutenant de Sinan quand il en sera temps.

Un silence profond accueillit cette proposition de l'étranger; Noureddin serra plus fort sa fille dans ses bras, comme si on eût déjà voulu l'en arracher, et Saleh regarda soupçonneusement celui qui osait parler ainsi. Enfin, il s'avança vers l'étranger, et d'une voix pleine et franche:

— Qui êtes-vous, lui dit-il, vous qui osez tenir un pareil langage? Faites-vous cause commune avec nos ennemis, ou la folie s'est-elle emparée de votre esprit! Répondez?

L'étranger sourit.

— Je ne suis point un ennemi, répondit-il, puisque je viens pour sauver votre fiancée; je ne puis vous dire ni mon nom, ni le motif qui me pousse; mais je connais Dschemali, je sais qu'il est capable

de tout, et si vous ne suivez pas le conseil que je vous donne, Haïdé
sera perdue sans retour pour son père et pour vous.

— Mais si je la laisse partir, qui me la rendra?

— Moi!

— Et vous serez assez puissant pour arrêter Dschemali au moment
fatal?

— Je suis assez puissant.

— C'est à en devenir fou! dit Saleh en regardant alternativement
Haïdé et Noureddin; jamais! jamais!

— Comme vous voudrez! repartit l'étranger avec un mouvement
d'impatience; mais ne vous en prenez qu'à vous-même des malheurs
que vous allez attirer sur cette jeune fille... Adieu, et que Mohammed
vous protége.

Et en disant ces mots, l'étranger se retira, laissant Saleh et Noureddin en proie aux plus vives inquiétudes.

Dès qu'il fut parti, Saleh et Noureddin tentèrent cependant de
prendre les mesures que commandait la situation; ils prévinrent tous
les serviteurs, leur distribuèrent des armes; Saleh lui-même jura de
veiller à la porte de l'habitation, et de se faire tuer plutôt que de se
laisser ravir sa fiancée; mais toutes ces précautions furent inutiles:
un serviteur de la maison avait déjà été gagné par le fedavi Akka, et
au moyen d'un narcotique puissant, il endormit le jeune et le vieux
cerbères, et put la nuit même s'introduire près de Haïdé et l'enlever.

Quand Saleh se réveilla le lendemain matin, la jeune fille avait
disparu!

Dépeindre son désespoir, sa rage, sa fureur extravagante serait
impossible; il se répandit en imprécations contre les Assassins,
contre Raschideddin, contre Sinan, contre Dschemali, et promit de
mourir plutôt que de ne pas punir les infâmes ravisseurs.

Il fit donc préparer des chevaux, et se disposait à partir accom-

pagné de ses plus fidèles serviteurs, quand l'étranger de la veille
parut sur le seuil.

Il portait le même costume que le soir précédent ; il était monté sur
un petit cheval des montagnes qui frappait le sol de ses pieds impa-
tients, il annonça qu'il venait prendre congé de ses hôtes avant de
partir.

— Ils l'ont enlevée ! elle est partie ! s'écria Saleh dès qu'il
l'aperçut.

— Je le savais ! répondit l'étranger.

— Qui vous l'a dit?

— Votre douleur.

— Ah ! qu'ils tremblent, poursuivit Saleh ; dans une heure je serai
au château de Masziat et...

— Et dans une heure, interrompit l'étranger, vous serez tous
morts, et votre fiancée sera peut-être déshonorée !

— Déshonorée ! répétèrent le père et le fiancé.

— Croyez-vous que Dschemali laisse échapper le fruit de son
rapt?

— Déshonorée ! déshonorée !

L'étranger haussa les épaules.

— Je vous avais proposé la seule chose raisonnable que vous
eussiez à faire, dit-il, et maintenant...

— Eh bien ! Haïdé est enlevée, elle est au château de Masziat,
répondit Saleh avec désespoir ; que pensez-vous que je doive faire?

— Il est sans doute bien tard maintenant, fit l'étranger ; mais
n'importe, si vous voulez me suivre, peut-être arriverons-nous encore à temps. Voulez-vous me suivre?

— Partons! partons!

— Mais seul !

— Seul, si vous l'exigez.

— Venez donc, dit l'étranger, et hâtons-nous, si vous voulez encore retrouver votre fiancée digne de son père et de vous.

L'étranger et Saleh partirent au galop, prenant la direction du château de Masziat.

I

Cependant Akka était déjà arrivé au château, ainsi que l'étranger l'avait annoncé à Saleh ; dès les premières heures du jour, il avait fait son entrée dans la forteresse avec son précieux fardeau, et comme Dschemali reposait encore, il était allé le déposer dans un appartement disposé pour le recevoir.

Akka avait fait les choses avec une grande libéralité ; il ne s'était pas contenté de faire distribuer ses drogues à Saleh et à Noureddin, il avait encore fait verser quelques gouttes du précieux narcotique dans la boisson de la jeune fille, de sorte que cette dernière n'était pas encore réveillée quand elle arriva au château.

Akka la déposa sur un lit, autour duquel quelques femmes l'attendaient, et après s'être assuré que rien ne lui manquerait, il était allé prévenir Dschemali.

Haïdé resta donc seule.

Une heure se passa ainsi ; un sommeil lourd pesait sur ses paupières, et mille songes aimés voltigeaient autour d'elle.

Enfin l'effet du narcotique cessa, et elle s'éveilla.

D'abord, Haïdé ne comprit pas l'affreuse réalité de sa position ; elle crut, la pauvre enfant, que l'agitation du rêve l'avait suivie jusque dans la réalité, et elle pensa que tout ce qu'elle voyait était l'effet d'une hallucination étrange... Elle passa à plusieurs reprises sa main brûlante sur son front et sur ses yeux ; cet appartement n'était pas le sien, ces visages qui l'entouraient lui étaient inconnus, son père n'était pas là pour lui donner son premier baiser, elle n'entendait pas la voix aimée de Saleh.

Que s'était-il donc passé pendant son sommeil, et où se trouvait-elle?

Puis le souvenir de la veille lui revenant peu à peu, Haïdé se rappela l'étranger et le malheur qu'il lui avait annoncé ; l'épouvante grandissait à chaque instant dans son cœur, ses oreilles bourdonnèrent, un nuage passa sur ses yeux !

Elle comprenait !

Au château de Masziat, elle était au château, c'est-à-dire au pouvoir des Assassins, de ces hommes dont on lui avait raconté si souvent les crimes et les forfaits. Parmi ces Assassins, dans ce même château où on l'avait conduite, il y avait un homme qui l'aimait, et qui l'avait ravie à l'amour de Saleh !...

Elle prit sa tête dans ses mains et pleura !

Puis, comme si ce qui s'était passé lui parut tellement extraordinaire, qu'elle ne pût se résoudre à y croire, elle tourna son visage baigné de larmes vers les femmes qui l'entouraient, et leur demanda où elle était... et comme on lui répondit qu'elle se trouvait au château de Masziat, elle se reprit à fondre en larmes et à appeler la mort à grands cris.

L'arrivée de Dschemali interrompit le cours de cette douleur ; les femmes qui entouraient Haïdé se retirèrent, et la fiancée de Saleh resta seule avec le lieutenant de Sinan.

Haïdé avait retrouvé tout à coup son courage.

Elle comprenait qu'elle allait avoir à soutenir une lutte terrible contre cet homme, et elle ramassait dans son cœur tout ce que Dieu y avait mis de courage et d'énergie. Son honneur, c'était celui de Saleh ; déshonorée, il n'y avait plus pour elle de bonheur possible ; elle eût préféré mourir que de revoir Saleh après une pareille honte ;

elle jeta à Dschemali un regard courroucé, et courut à la fenêtre, qu'elle ouvrit précipitamment.

Le lieutenant de Sinan parut étonné de ce mouvement, dont il ne comprit pas tout d'abord la signification ; mais quand il eut deviné quel était le projet de Haidé, il se rapprocha d'elle, et voulut lui parler avec douceur.

— N'approchez pas, lui cria Haidé, n'approchez pas, ou je cherche dans la mort un refuge contre le déshonneur.

Mais Dschemali ne voulait point que Haidé mourût ; depuis huit jours tous les désirs de la possession avaient brûlé son cœur ; il ne voulait pas, au moment de triompher de tous les obstacles que la présence de Sinan lui avait suscités, compromettre le succès de son entreprise par trop de précipitation.

— Que craignez-vous ? Haidé, lui répondit-il ; je ne veux point employer une violence indigne ; je vous ai séparée de votre fiancé, parce que je vous aime ; mais vous serez ici libre comme dans l'habitation du vénérable Noureddin ; cessez donc de craindre et de trembler, Dschemali sera trop heureux de vous obéir en tout ce que vous lui commanderez !

Haidé regarda Dschemali avec étonnement, et fit un pas pour rentrer dans l'appartement.

— Eh bien ! dit-elle, s'il en est ainsi, vous me devez obéir en tout ce que je vous commanderai, faites-moi ramener près de mon père, et acquérez-vous ainsi des droits éternels à ma reconnaissance !...

Dschemali sourit, et secoua la tête.

— C'est le seul ordre que je ne puisse exécuter, répondit-il, toujours de la même voix douce et calme ; vous resterez ici jusqu'au retour de notre grand prieur : je lui dirai mon amour dès son arrivée, et je me conformerai à tout ce qu'il décidera, quand il m'aura entendu !

A mesure que Dschemali parlait, Haidé recouvrait un peu d'assurance. Cet homme ne l'effrayait plus ; la franchise avec laquelle il semblait parler lui imposait malgré elle ; une certaine confiance naissait dans son cœur : elle crut que ses prières l'attendriraient, elle espérait même dans cet amour qu'elle lui avait inspiré pour triompher de l'ardeur même de cette passion.

Elle se rapprocha de Dschemali.

— Écoutez, lui dit-elle de sa voix la plus suppliante, Saleh est un ami d'enfance à moi ; notre amour a été béni par mon père, nous devions être unis avant un mois, ayez pitié ! Pour la satisfaction d'un caprice insensé, vous allez me réduire à la honte, au désespoir, à la mort, ne vous laissez point aveugler par une passion cruelle... soyez bon, généreux... ayez pitié...

Dschemali souriait toujours ; il tendit les mains, saisit celle de Haïdé, et l'attira vers lui.

— Haïdé, lui dit-il alors à voix presque basse, Haïdé, tu es belle, comme ces houris que Mohammed nous promet dans son paradis ! je t'aime ! n'espère pas te soustraire à l'amour que tu m'as inspiré, ce que je disais tout à l'heure est insensé, je m'abusais moi-même... Sinan est absent ; c'est dans un mois seulement qu'il revient, je suis le seul maître à Masziat, et tout le monde m'obéit... toute résistance est donc inutile, et si tu ne cédais pas à mes désirs, sache-le, ton père et ton amant auraient cessé de vivre avant que le soleil disparaisse de l'horizon.

Pendant que Dschemali parlait, Haïdé cherchait, mais vainement, à se dégager de l'étreinte violente dans laquelle il la tenait étroitement serrée.

Au moment où il prononça ces dernières paroles, une épouvante indicible s'empara d'elle, et elle se laissa tomber à genoux plus morte que vive.

Mon père ! Saleh ! murmura-t-elle, en donnant un libre cours à sa douleur.

— Ton père et ton amant mourront, répéta Dschemali.

Et cette fois, il enleva Haïdé de terre, et la prit dans ses bras. L'imminence du danger rendit la force et le courage à la malheureuse enfant; elle se dégagea violemment une seconde fois des mains de Dschemali, et courut vers la fenêtre.

— La mort! la mort! s'écria-t-elle, l'esprit perdu.

Et elle allait se précipiter dans la cour de la forteresse, quand le lieutenant de Sinan la retint en poussant un cri d'étonnement mêlé de frayeur.

Il avait jeté un regard rapide à quelque distance de la forteresse, et venait d'apercevoir un épais tourbillon de poussière, duquel se dégageait, de temps à autre, la silhouette connue et redoutée de Raschideddin lui-même.

— Que signifie ceci? murmura Dschemali.

— Sinan! Sinan! le grand prieur! dirent en même temps mille voix dans la cour.

Un mouvement extraordinaire se manifesta aussitôt de tous côtés, et la forteresse prit tout à coup un air inaccoutumé.

Le maître revenait plus tôt qu'il ne l'avait annoncé; il y avait quelque mystère caché sous ce retour inopiné, une expédition peut-être. Dschemali se hâta de quitter l'appartement dans lequel Haïdé se trouvait enfermée, et, laissant sa victoire incomplète, il courut réunir les fedavi auprès de la grande porte d'entrée.

Cependant, Haïdé n'avait point pris garde au mouvement qui s'opérait à ses côtés; elle s'inquiétait fort peu du départ de Dschemali, et ne se demandait plus maintenant si elle pourrait échapper aux dangers qui la menaçaient. C'est que la jeune fille avait, elle aussi, comme Dschemali, aperçu cet épais tourbillon de poussière qui s'élevait à quelque distance de la forteresse, et, quand le vent l'entr'ouvrait par hasard, elle distinguait, non pas la silhouette de Sinan qu'elle ne connaissait pas, mais celle de Saleh, son amant, son fiancé!

Salch à Masziat... Pourquoi venait-il dans la forteresse, si ce n'était pour la délivrer?

Saleh n'avait écouté que son courage; il n'avait pas craint la réputation terrible des ravisseurs de sa fiancée; il était parti, il accourait, il allait la sauver! Le cœur de la pauvre Haïdé bondissait dans sa poitrine, et la joie, le bonheur la rendaient presque folle!

Cependant, un soupçon cruel traversa son esprit et le troubla.

Saleh n'avait-il pas tenté, en effet, de l'arracher aux mains de ses ravisseurs; une pareille entreprise avait dù tenter son courage et exalter son amour! mais qui assurait Haïdé que son amant avait réussi? N'avait-il pas plutôt été fait prisonnier par les Assassins plus nombreux? ne le ramenait-on pas au château de Masziat pour le punir de tant d'audace et de tant d'amour?

Haïdé frémit, et son regard, ardemment éveillé, épia ce qui allait se passer.

Les fedavi, en grand costume, étaient rangés avec ordre près de la porte d'entrée de la forteresse, obéissant, comme un seul homme, aux ordres qui leur étaient donnés par Dschemali.

Dschemali était fort pâle, et paraissait préoccupé. L'acte dont il s'était rendu coupable, en l'absence de Raschideddin, était grave.

Sous tout autre grand prieur, on le lui eût peut-être pardonné, mais il connaissait la sévérité de Sinan pour ces sortes d'affaires, et craignait, avec raison, d'affronter sa colère. Dschemali espérait cependant que Sinan n'avait rien appris, et il comptait lui expliquer l'affaire à son gré; Saleh serait un rebelle, il aurait tué un fedavi; l'enlèvement de Haïdé deviendrait une vengeance ordinaire, et son déshonneur un juste châtiment du crime de son amant.

Présenté ainsi, l'enlèvement de la jeune fille perdait une partie de son caractère odieux, et Dschemali pouvait se tirer de ce mauvais pas sans courir le risque de tomber dans la disgrâce de son maître.

Le lieutenant de Sinan eut donc un moment d'espoir, mais cela dura peu, car il aperçut presqu'aussitôt, à côté du terrible Sinan, le jeune Saleh dont le regard le cherchait avec ardeur, et qui l'avait deviné au premier coup d'œil.

Cependant, Raschideddin-Sinan avançait sombre et taciturne; il était facile de voir qu'il était profondément préoccupé; il portait le même costume grossier de la veille, c'est-à-dire, un vêtement fait de peaux de bêtes fauves; un large cimeterre pendait à ses côtés et battait les flancs de son cheval.

Ils s'arrêtèrent.

Chacun avait fait silence; on attendait avec anxiété l'explication de ce retour inattendu; les fedavi espéraient une expédition, un butin à partager, quelque événement, enfin, qui les arrachât au repos dans lequel on les retenait depuis quelques semaines.

Raschideddin-Sinan promena un regard sévère sur chaque rang, et s'arrêtant à Akka d'abord, puis ensuite à Dschemali :

— Akka! Dschemali! dit-il d'une voix haute et ferme, venez à moi!

Les deux Assassins s'avancèrent sans hésiter, et allèrent se placer à quelques pas du grand prieur.

— Jetez loin de vous les insignes de l'ordre auquel vous appartenez, poursuivit ce dernier de la même voix impérieuse.

Et Dschemali et Akka jetèrent d'un commun mouvement leurs armes et leurs insignes, puis ils attendirent.

Un morne silence régnait de tous côtés; cette scène avait un caractère de force qui imposait à tous. Saleh regardait sans comprendre, et, malgré lui, il se sentait investir par une terreur glaciale, une épouvante indicible.

Cependant Sinan fit un geste à Dschemali et à Akka, qui relevèrent tout à coup le front.

— Vous avez l'un et l'autre, leur dit-il, profité de mon absence pour commettre un crime qui ne vous était pas commandé; l'un et

IV.   35

l'autre vous devez mourir ! Allez, et n'oubliez pas que votre obéissance peut seule racheter le crime dont vous vous êtes rendus coupables !

Dschemali ni Akka ne répondirent ; ils s'inclinèrent profondément devant le grand prieur, passèrent devant les rangs silencieux des fedavi, et se rendirent au sommet de la tour la plus élevée de la forteresse ; là, ils se mirent à genoux tous les deux, tournés vers la Mecque, levèrent les mains au ciel, et, s'étant relevés, ils s'avancèrent vers le bord de la tour, et se précipitèrent dans le vide.

Quelques secondes après, ils tombaient horriblement mutilés sur le sol !

— Eh bien, dit Sinan, en se tournant vers Saleh qui, le visage pâle, regardait, effrayé, cet affreux spectacle, votre vengeance est-elle satisfaite ?

— Singulière et terrible association ! murmura Saleh.

Puis, comme si la mort de Dschemali l'eût remis tout a coup sur la voie d'un autre ordre d'idées :

— Haïdé ! Haïdé ! dit-il à Sinan, vous m'avez promis de me la rendre ; où est-elle ?

Sinan sourit, et ils entrèrent dans la forteresse. Les deux amants ne tardèrent à se rencontrer !

Quand Saleh et Haïdé eurent donné quelques moments à la joie de se retrouver, ils songèrent à s'éloigner, et avant de s'éloigner, à aller exprimer toute leur reconnaissance au grand prieur.

Ce dernier s'était fait servir une collation frugale ; il les invita à en prendre leur part avant de le quitter. Saleh remercia.

Nous avons hâte, dit-il, d'aller consoler le père de Haïdé, et de lui faire partager la joie que nous éprouvons... Dans quelques jours, j'espère raconter au sultan Salaheddin la générosité avec laquelle vous m'avez traité !

— Salaheddin ! fit Sinan étonné, vous allez vous rendre à la cour du sultan.

Sinan devint pensif ; puis, après quelques minutes données à la réflexion :

— Saleh, dit-il en relevant la tête, et en fixant sur le jeune homme des yeux intelligents et vifs, Saleh, dans quelques heures je vais partir pour Alamont ; aurez-vous assez de confiance en moi pour m'y accompagner ?

— Je vous y accompagnerai, si vous le désirez, répondit Saleh ; mais quel intérêt ?

— Un intérêt très-grand, qui peut sauver la Syrie d'un grand malheur, et conserver les jours du sultan.

— Les jours de Salaheddin seraient menacés ?

— Je le crains !

— Ah ! je n'hésite plus alors ; partons ! partons !

— Qu'il soit donc fait comme vous le dites, poursuivit Sinan ; allez vers le vieux Noureddin ; ramenez-lui sa fille dont il eût été trop cruel de le priver, et dans quelques heures soyez prêt ; j'irai vous y chercher.

Saleh n'attendit plus davantage ; il prit congé du grand prieur, puis ayant fait monter Haïdé près de lui, il enfonça ses eperons dans les flancs de son cheval et disparut au galop.

CHAPITRE IX.

Raschideddin-Aboul-Hascher-Sinan, fils de Souleiman de Baszza, était un des hommes les plus extraordinaires de son temps, et si les circonstances l'avaient servi jusqu'au bout, il eût certainement rendu à l'humanité le service de faire disparaître l'ordre des Assassins, ou du moins de donner un but plus noble, une direction plus élevée à l'ambition, à l'activité inquiète de ses membres !...

Le caractère de cet homme se ressentait évidemment du milieu dans lequel il vivait ; il ne pouvait en être autrement, vivant parmi

des hommes qui avaient rompu tout lien avec la société, qui n'obéis-
saient qu'à leurs passions, ou à leurs instincts ; habitué à ne rencontrer
partout que soumission aveugle, Sinan avait une certaine allure sauvage que l'étude n'avait pu changer, et quelquefois il se surprenait,
dans ses mauvais jours, à désirer la satisfaction de ces ardeurs in-
sensées qui s'emparaient de lui au spectacle de ce qui l'entourait !

Sinan était profondément versé dans toutes les sciences, il avait
joui un moment de la réputation de Mowafeck, dont nous avons parlé ;
mais comme il était grand prieur de l'ordre des Assassins, nul, à part
les ismaëlites, n'aurait voulu consentir à suivre les conciliabules
hérétiques auxquels il présidait.

Toutefois, Sinan avait profité de cette réputation qui lui était faite,
et il s'annonçait partout comme un dieu fait homme ! Ainsi que nous
l'avons dit, il ne se montrait jamais autrement que sous des habits
grossiers ; personne, dit-on, ne le voyait jamais ni manger, ni boire,
ni dormir, ni cracher. Depuis l'aurore jusqu'au coucher du soleil, il
prêchait au peuple, du haut d'un rocher, et ses auditeurs le consi-
dérèrent longtemps comme un être supérieur. Toutefois, on s'aperçut
un jour qu'il boitait ; car dans le dernier tremblement de terre il
avait été blessé par une pierre.

Peu s'en fallut qu'il ne perdît à la fois son caractère mystérieux et
la vie.

Le peuple voulait le punir de sa fraude hypocrite en le faisant
périr ; il sut alors conserver toute sa présence d'esprit, descendit du
haut de son rocher, harangua le peuple, l'apaisa, fit dresser des
tables, l'invita à manger, et obtint par cette éloquence d'un nouveau
genre un tel succès, que les assistants lui jurèrent, d'un accord unanime, fidélité comme à leur supérieur.

Sinan était doué d'une singulière audace, d'une volonté inébranlable ; il avait été récemment assez fort, assez adroit surtout pour se
séparer en quelque sorte du grand maître des ismaëlites d'Alamont,

et pour se faire reconnaître comme l'unique chef de la doctrine ismaëlite en Syrie!

« Aujourd'hui encore, dit M. Haumeer, ses écrits jouissent d'une autorité canonique chez le reste de ces sectaires.

« Ces écrits sont un chaos de dogmes contradictoires, dont le sens est probablement allégorique; ils se composent d'une foule de passages mutilés du Koran et de l'Évangile, d'hymnes, de sermons, de litanies, de prières et de réglements liturgiques. Il est douteux qu'ils nous soient parvenus dans leur pureté originaire, plusieurs siècles d'ignorance et de superstition paraissent y avoir ajouté bien des absurdités. On n'y trouve plus qu'une connaissance très-imparfaite des principaux dogmes des ismaëlites, et il n'y reste malheureusement aucune trace, aucune tradition de la doctrine allégorique. »

Raschideddin n'a pas été traité favorablement par tous les historiens, et Rousseau, entre autres, s'exprime à peu près en ces termes à son sujet:

« Un certain scheikh, du nom de Raschideddin, dit-il, parut au milieu d'eux (des ismaëlites), acheva de les égarer, en leur faisant accroire qu'il était le dernier des prophètes en qui la puissance divine dût se manifester. Cet imposteur, versé dans les écritures sacrées, paraît être l'auteur du livre dont j'ai traduit quelques fragments, et dans lequel il expose sa doctrine, comme s'il était lui-même le Tout-Puissant. »

Sinan n'était ni un prophète, ni un imposteur!

Il était mu par une pensée fixe, et marchait droit à son but, sans se laisser détourner par aucune préoccupation; il avait entre les mains une puissance terrible, et il voulait la faire servir à rendre à la raison tous ces êtres que l'abus de toutes sortes de plaisirs avait abrutis, que l'espoir de félicités impies avait exaltés. D'ailleurs, il n'ignorait pas que de tous côtés déjà un cri de réprobation s'élevait contre l'Ordre, il était à craindre que cette réprobation ne se traduisit sous peu par une guerre acharnée, une guerre d'extermination !

Récemment, à l'occasion d'un assassinat ordonné contre Aksoukor, l'un des lieutenants de Salaheddin, assassinat qui avait réussi, trois membres de l'Ordre avaient été massacrés par le peuple. Un jeune homme seul, du village de Katarhasch, dans les montagnes d'Eras, était parvenu à grand' peine à s'échapper [1]. Vingt exemples semblables attestaient l'indignation générale que suscitaient leurs doctrines et leurs crimes.

Sinan comprenait qu'il fallait relever cet Ordre par un coup d'autorité, ou le laisser s'éteindre et mourir. Or, Sinan avait trop d'activité et de génie pour ne pas tenter la fortune. Mais il était en contradiction avec les principaux chefs de l'Ordre, et le sultan Salaheddin en était la cause ! Voici à quel propos ; quelques explications historiques semblent ici nécessaires :

Salaheddin, c'est-à-dire Joseph *la loyauté de la foi*, est le fondateur de la dynastie des Ejoubites ; son nom est plus célèbre en Europe que celui d'aucun autre prince ou conquérant de l'Orient.

Les récits des historiens des Croisades ont acquis une grande renommée aux héros de la Syrie, et la valeur des Croisés a toujours été en Asie le sujet d'une juste admiration.

Amadeddin Sengi, Noureddin et Salaheddin paraissent dans les ouvrages des chroniqueurs européens sous les noms défigurés de Sangui, de Noradin et de Saladin, et, dans les annales musulmanes, on essaie en vain de reconnaître sous les noms de Concis, de Biricis et de Reï, le comte de Tripoli, le prince d'Antioche et le roi de Jérusalem.

[1] On raconte à ce sujet, que la mère du jeune homme, à la nouvelle du meurtre d'Aksoukor, se farda le visage, se para, heureuse d'apprendre le succès d'une tentative pour laquelle son fils avait sacrifié sa vie : mais quand elle le vit revenir sain et sauf, elle se coupa les cheveux et se noircit la figure, désolée de ce qu'il n'avait point partagé la mort glorieuse des autres Assassins.

Revêtu, après la mort de son oncle Esededdin-Scherkhoud, de la dignité suprême de l'empire, sous le nom de Melek-Ennaszir, Salaheddin fut confirmé dans cette charge par l'atabège Noureddin, avec le titre d'emiralisfahlar, qui, chez les Persans, correspond à celui d'emerolschouyousch chez les Arabes, et signifie *maître des armées*.

Peu de temps après, le kalife de Baghdad lui envoya le diplôme, le vêtement d'honneur et des présents magnifiques, pour le récompenser d'avoir transféré les droits souverains de l'islamisme de la famille de Fatima à celle d'Abbas.

C'était au Caire que l'on gardait les trésors immenses accumulés par les fatémites dans le cours de deux siècles, et qu'avaient fournis les provinces de Moghres, d'Égypte, de Syrie et d'Arabie. Bien que leur richesse surpassât toute croyance, la libéralité de Salaheddin les eut bientôt épuisés. Ainsi, un écrivain recommandable et digne de foi, nous apprend que ce trésor contenait sept cents solitaires de perles, dont chacune était par sa grosseur d'un prix inestimable ; une émeraude de la longueur de six pouces et de l'epaisseur d'un doigt ; une bibliothèque de deux millions de volumes ; des lingots et des monnaies d'or ; de l'ambre, de l'aloès, et une incroyable quantité d'armes.

Salaheddin, dès son avénement, distribua une grande partie de ces trésors aux princes qui étaient dans son armée ; l'administration des bibliothèques fut ordonnée, et le reste du trésor, vendu à l'encan, fournit , pendant dix années consécutives, les sommes nécessaires pour soutenir la guerre contre les croisés, et construire les monuments qui s'élevèrent dans la ville du Caire.

Une fois Noureddin mort, Salaheddin fit faire des prières publiques au nom de son fils, alors âgé de onze ans. Ce prince, trop faible pour régner par lui-même, avait été confié aux soins des grands de l'empire, surtout à ceux de l'eunuque Gumuschtégin , qui transféra la résidence de son jeune maître à Haleb, en laissant à Damas, pour gouverneur, Ibnalmokadden.

Les croisés voulurent profiter de la minorité du fils de Noureddin; c'était pour eux une occasion favorable; ils marchèrent sur Damas, et ne levèrent le siége que pour de fortes sommes d'argent qu'Ibnalmokadden se vit forcé de leur payer.

A cette nouvelle, Salaheddin entra dans une grande fureur, se dirigea à marches forcées sur Damas à la tête de sept cents cavaliers, fit au gouverneur de vives remontrances sur son indigne conduite, et écrivit au jeune atabège une lettre respectueuse dans laquelle il lui prêtait serment de fidélité comme à son seigneur, et lui déclarait qu'il n'était venu en Syrie que pour le défendre dans un moment où ses possessions étaient vivement attaquées, d'un côté par les croisés, de l'autre par son neveu Sciffedin, seigneur de Moszoul.

Dans la réponse qui fut rédigée par les ennemis de Salaheddin, le jeune atabège, au lieu de le remercier des services qu'il lui avait rendus, lui reprocha son ingratitude, sa désobéissance, et le menaçait même de lui enlever prochainement le commandement de l'Égypte.

Salaheddin fut indigné de cette lettre; il déclara au porteur qu'il ne devait qu'à l'inviolabilité de son caractère la conservation de ses jours; il fondit ensuite avec une partie de ses troupes sur Haleb, afin, disait-il, de s'entretenir de vive voix avec le jeune prince. Sur sa route, il s'empara de Hama et de Haus, et vint établir son camp près de Haleb.

Ses soldats étaient animés de la plus courageuse ardeur; ils avaient pleine confiance dans le génie de leur chef; ils devaient triompher de tous les obstacles.

Les habitants de Haleb et le jeune prince étaient aveuglés; ce dernier, guidé par son gouverneur, l'eunuque Gumuschtégin, au lieu d'aller pacifiquement au-devant de Salaheddin, s'avança contre lui les armes à la main. Salaheddin, cependant, se serait volontiers laissé désarmer; ce qu'il voulait, c'était mettre en fuite toute cette troupe indigne et lâche qui entourait le prince, son suzerain. Quand il vit que le fils de Noureddin s'avançait à sa rencontre, disposé à lui livrer bataille :

— Dieu m'est témoin, s'écria-t-il, que je ne voulais point avoir recours à la force des armes; mais puisqu'ils le veulent, qu'elle décide la querelle !

Les troupes de Haleb furent battues, dispersées, et s'enfuirent vers la ville que Salaheddin commença à assiéger dans les formes.

C'est alors que Gumuschtégin, désespérant de vaincre Salaheddin par la force des armes, et d'échapper lui-même au châtiment qu'il lui avait promis, s'adressa aux poignards des Assassins, et envoya, vers Alamont, un homme dévoué, dans le but de sonder, à ce sujet, les intentions de l'Ordre.

Il est inutile de dire que cet envoyé avait été écouté avec faveur, et que le grand maître avait saisi avec empressement cette occasion de frapper son plus redoutable ennemi.

Bien que Salaheddin n'eût encore rien entrepris contre l'Ordre, cependant il n'avait pas laissé ignorer qu'il ne tarderait pas à le faire. Jusqu'alors il avait été contraint de tourner toute son attention, toute son activité, toutes les ressources de son génie contre les croisés; mais il était évident que le jour où il serait libre, il ne manquerait pas de marcher contre Alamont.

Dans le principe, Raschideddin-Ali avait penché pour que le meurtre fût commis, et trois Assassins avaient pénétré un jour dans le camp de Salaheddin, et il n'avait dû qu'à une protection du ciel d'échapper à leurs coups; mais Sinan comprit bien vite que l'intérêt de l'Ordre demandait que Salaheddin vécût. Lui seul, en effet, était capable, à ce moment, de sauver l'Asie contre l'invasion des croisés. Sinan aimait mieux encore payer un tribut, s'il y était forcé, au *maître des armées* de Syrie, que de devenir l'esclave des chrétiens. Il fit donc, à partir de ce moment, auprès du grand maître d'Alamont, tout ce qu'il put pour détourner l'Ordre de commander le meurtre de Salaheddin. C'était pour aller renouveler ses instances, et cette fois d'une manière plus pressante, qu'il devait partir pour la forteresse du grand maître.

Quelques heures donc après que Saleh eut quitté le château de Masziat, Sinan partit, se dirigeant vers l'habitation du père de Haïdé. Saleh l'y attendait; dès qu'il vit arriver le grand prieur, il se mit à sa disposition, et ils se dirigèrent vers Alamont.

A vrai dire, Sinan espérait peu de cette dernière tentative. Des ordres étaient donnés; chaque jour, le grand maître recevait de nouveaux et somptueux présents de la part du jeune atabège, et, chaque jour, de nouveaux Assassins étaient dirigés vers le camp de Salaheddin.   .

Comme le mot d'*Atabège* reviendra souvent sous notre plume, peut-être est-il utile d'en donner la définition exacte.

Atabège, qui ne signifie pas *père du prince,* comme on l'a traduit, mais bien *père prince, père royal,* était un titre honorifique que Nisamolmoulk, grand visir des Seldjoukides, avait reçu le premier.

Il ne conférait point à celui qui le portait la suprême autorité, et pouvait encore moins se transmettre par droit d'hérédité.

Sous les successeurs de Melekschâh, ce titre était celui de la plus haute dignité de l'empire dont était revêtu, à la cour du khalife de Baghdad, l'émiroloumera, c'est-à-dire, le *prince des princes;* et à celle des khalifes au Caire, l'émiroldschouyousch, c'est-à-dire, le *prince des armées.*

Antérieurement, la famille Buje avait, en Orient, usurpé le khalifat sous le titre d'émiroloumera, comme, en Occident, les Carlovingiens s'étaient, sous celui de maires du palais, assis sur le trône des Méro-

vingiens; de même, les atabèges se mirent à la place des Seldjoukides, et fondèrent plusieurs dynasties particulières.

Sinan et Saleh arrivèrent à Alamont, où l'on attendait le grand
prieur, sur la demande duquel le grand conseil de l'Ordre avait été
rassemblé. Sinan espérait encore, malgré les difficultés qu'il avait
rencontrées, amener les membres influents de ce conseil à faire une
sorte de trêve avec le sultan Salaheddin. Mais, dès le début, il vit
bien que tout serait inutile.

Il dépeignit la situation critique dans laquelle se trouvait alors
l'Asie, les forces redoutables des croisés, le bonheur de leurs armes,
leurs armées innombrables; il chercha à leur faire comprendre que,
dans cette situation, Salaheddin était le seul homme capable de relever la fortune du pays : qu'il était justement redouté de leurs ennemis communs, aimé de ses lieutenants, adoré de ses soldats; sa
mort serait une calamité publique. L'eunuque Gumustchtégin, au
contraire, était haï et détesté par tous; ses propres soldats ne demandaient qu'à l'abandonner pour aller prendre du service sous
Salaheddin. Attacher sa fortune· à celle d'un pareil homme, c'était
évidemment compromettre l'avenir de l'Ordre.

Toutes ces raisons déduites, avec une certaine autorité de paroles,
par Sinan, ne laissèrent pas que de produire de l'effet sur les
membres présents; mais le grand maître se leva aussitôt et répondit.

Il commença par remercier le grand prieur de l'intérêt qu'il portait à l'avenir de l'association ; il dit que Sinan s'exagérait l'imminence du danger qui menaçait l'Ordre ; que le grand maître pouvait
disposer d'une armée de soixante mille hommes; que les Croisés
étaient décimés par les chaleurs, les fatigues, les combats, qu'ils ne
songeraient jamais à les attaquer dans leurs forteresses imprenables;
que le seul ennemi de l'Ordre, c'était Salaheddin, et que lui seul
devait être en ce moment le but de leurs coups! Il conclut, en main-

tenant les ordres qu'il avait donnés, et manifesta le désir que l'opposition qu'ils avaient rencontrée ne se renouvelât plus.

Au ton dont ces dernières paroles furent prononcées, Sinan comprit qu'il était inutile et qu'il serait dangereux d'insister davantage ;
il protesta de son dévouement à la cause commune, et promit de se
conformer régulièrement, pour son compte, à tous les ordres qui lui
seraient donnés.

Une splendide collation fut ensuite servie ; mais le grand prieur
prétexta la nécessité de sa présence à Masziat, prit congé de tous les
membres du conseil et partit.

Il savait lui, plus que tout autre, avec quelle perfidie l'association
traitait les membres qui lui avaient inspiré quelques soupçons, il
craignait d'être victime de ceux qu'il avait fait naître, et partit sans
vouloir prendre sa part du repas qui lui était offert. A quelque distance d'Alamont, il retrouva Saleh qui l'attendait.

— Saleh, lui dit Sinan, j'ai fait pour sauver les jours de Salaheddin, ou éloigner de lui les poignards des Assassins, ce qu'il m'a
été humainement possible de faire ; j'ai échoué : des Assassins vont
partir de nouveau d'Alamont, se diriger vers les villes qu'habite le
le plus souvent le sultan, et s'introduire dans son camp. Devancez-
les, mon ami ; allez vous-même vers Salaheddin, placez-vous entre
lui et les hommes qui en veulent à ses jours, et sauvez ainsi, s'il est
possible, le seul homme qui puisse nous délivrer des chrétiens.

Saleh était jeune et plein d'enthousiasme ; Salaheddin n'avait pas
de soldat plus dévoué, il remercia Sinan avec effusion, et prit aussitôt
le chemin de Damas, où il arriva quelques jours après.

II.

Le jeune Saleh partit pour Damas avec d'autant plus de joie, qu'il y avait longtemps déjà qu'il avait quitté l'armée du sultan, et qu'il craignait de s'y laisser oublier.

Chemin faisant, il expédia un courrier au père de Haïdé, lui annonça qu'il était chargé d'une mission de la plus haute importance, qu'il l'abrégerait autant qu'il le pourrait, et qu'il ne manquerait de tenir sa chère fiancée au courant de tout ce qui lui arriverait d'heureux ou de malheureux.

Il terminait en invitant le vieux Noureddin à venir le rejoindre à Damas avec sa fille, l'assurant qu'il serait heureux d'être auprès d'eux, et d'admirer avec Haïdé les splendeurs d'une ville dont chacun racontait les merveilles!

Damas était devenue, en effet, depuis quelques temps, le séjour le plus célèbre de toute l'Asie, grâce à la présence de Salaheddin dans ses murs : Saleh la reconnut à peine, et fut ébloui du mouvement, de l'éclat qui y régnaient; dès le premier jour de son arrivée, il voulut ne point perdre de temps et pénétrer auprès du sultan; mais l'abord du palais était difficile, et Saleh dut chercher pendant quelques jours un moyen d'y pénétrer.

Le palais de Salaheddin était situé au milieu d'une vaste enceinte de jardins.

Il y avait dans le vestibule, à côté de deux grands bassins, deux arbres en or et en argent, auxquels se rattachaient dix-huit branches principales, de chacune desquelles sortait une infinité de petits rameaux. Sur l'un de ces arbres étaient des fruits artificiels, et des oiseaux dont on avait varié le plumage par une combinaison de pierres précieuses de toutes couleurs, et qui, par un ingénieux mécanisme, faisaient entendre avec le mouvement des branches des chants mélodieux. Sur l'autre arbre, on voyait quinze cavaliers revêtus d'or et chargés de perles, le sabre à la main, qui, à un signal donné, se mettaient tous en mouvement.

Les pages du palais avaient des ceintures d'or, et sept mille eu-

nuques, dont trois mille blancs et quatre mille noirs, gardaient les
entrées du palais.

Sept cents chambellans étaient aux pieds du trône ; on voyait dans
les bassins et sur la rivière une foule de gondoles dorées, surmontées
de pavillons de soie ; les murs du palais étaient ornés de trente-huit
mille tapis, dont douze mille cinq cents entièrement tissus d'or; vingt-
deux mille morceaux de riches étoffes couvraient le plancher.

Enfin, cent lions attachés à des chaînes d'or et conduits par leurs
guides unissaient leurs rugissements au bruit des fifres et des tambours, aux sons aigus et éclatants des trompettes, et aux coups de
de tonnerre du tam-tam.

L'entrée de la salle d'audience était cachée par un rideau de soie
noire, et personne ne pouvait entrer, comme les pèlerins à la Mecque,
sans avoir préalablement baisé la pierre noire qui formait le seuil.
Dans les jours solennels, le sultan Salaheddin s'asseyait sur son
trône d'or, haut de sept aunes; il était revêtu du manteau noir du
prophète (Borda), ceignait son épée, et tenait dans sa main son
bâton au lieu de sceptre. Tous les officiers de son armée l'entouraient, et quand il sortait dans les rues, environné de cette foule
de courtisans richement vêtus, le peuple accourait de tous côtés pour
le voir, et criait sur son passage : *Bien des années de vie!*

Saleh n'avait encore rien vu de semblable, et là, d'ailleurs, ne se
bornaient pas les changements qu'avait introduits dans Damas la
présence du sultan.

Cette armée, que de fréquentes victoires avaient enrichie, y avait
attiré également une innombrable quantité de femmes jeunes, jolies,
folles, de sorte que les rues de Damas étaient littéralement encom-
brées la nuit aussi bien que le jour.

Le soir de son arrivée, Salch, après avoir vainement tenté de pénétrer près du sultan, revenait tranquillement au khan où il était des-

cendu, lorsqu'il fut accosté par une jeune femme voilée, au détour d'une rue.

Salch crut d'abord qu'il avait affaire à une de ces aventurières dont la ville était pleine, et il allait passer outre, quand la jeune femme prononça son nom !

Il se retourna étonné : il y avait quelques heures à peine qu'il était dans la ville, et déjà il avait été reconnu ; il voulut avoir l'explication de ce mystère, et revint vers la jeune femme.

— Vous savez mon nom ? dit-il avec surprise.

— Je sais plus que votre nom, monseigneur, répondit la jeune femme, je sais d'où vous venez, et quelle mission vous avez à accomplir à Damas.

— Et qui vous envoie vers moi ?

— Ma maîtresse.

— Et que me veut-elle ?

— Vous rendre un service.

— Un service de quelle nature ?

— Elle veut vous donner les moyens de pénétrer près du sultan !

— Est-ce possible ?

— Suivez-moi, et vous l'apprendrez de sa propre bouche.

Saleh suivit la jeune femme à travers les rues de Damas, et ne tarda pas à arriver chez la belle Fatmé.

Fatmé avait dix-sept ans à peine ; elle était depuis un mois au plus à Damas, et déjà tout ce que l'armée renfermait de plus riche, de plus courageux, de plus illustre, avait demandé l'accès de sa demeure.

Fatmé, en femme habile, les avait admis tous, sans se laisser séduire par aucun ; c'était une femme extraordinairement ambitieuse, et dont le cœur était tout entier dans la tête : bonne place pour mettre le cœur !

Elle avait été quelque temps au château de Masziat dans l'intimité de Sinan, et avait conservé des relations suivies avec ce chef intelligent des Assassins.

Ce dernier avait compris tout de suite le parti que l'Ordre pouvait tirer d'une pareille nature de femme, et, après lui avoir donné des instructions précises, il venait de l'envoyer à Damas pour y observer tout ce qui s'y passerait, et en rendre un compte exact à l'association.

Fatmé avait accepté ce rôle, parce qu'elle avait la conscience de sa valeur, et savait pouvoir le remplir jusqu'au bout; elle avait parfaitement réussi.

Cependant, son cœur n'était pas précisément insensible, et, pendant le court séjour qu'elle avait fait au château de Masziat, il lui avait suffi de voir deux fois le jeune Saleh pour en devenir amoureuse. C'était elle, peut-être, qui avait poussé Dschemali à enlever Haïdé, et elle n'avait certainement pas été étrangère à la détermination qu'avait prise Sinan de se lier avec le jeune Saleh, et de l'envoyer, chargé de ses intérêts, auprès du sultan Salaheddin.

La belle Fatmé vit donc arriver celui qu'elle aimait avec un vif plaisir, et, dès qu'elle se vit seule avec lui, elle lui fit un de ses plus gracieux sourires.

— Je doutais un peu de vous voir, lui dit-elle, en lui tendant une main que Saleh porta respectueusement à ses lèvres; je craignais que la prudence ne vous inspirât l'idée de fuir cette demeure, et je l'aurais vivement regretté.

Saleh n'avait pas assez de regards pour admirer la beauté de la jeune courtisane, ces belles épaules que l'amoureux ciseau d'un sculpteur semblait avoir taillées, ces lèvres roses, ces dents d'une blancheur éblouissante, ces yeux noirs qui lançaient de vives et ardentes étincelles...

Jamais le jeune homme n'avait vu encore un tel assemblage de charmes; mais il se rappelait Haïdé, et Fatmé, quoique plus belle, ne pouvait soutenir la comparaison!

La courtisane n'avait plus et ne pouvait plus avoir cette grâce touchante qui faisait le plus grand charme de la fille du vieux Noureddin ; ses yeux n'avaient pas la même langueur pudique, sa voix, cet éclat doux et vif, à la fois, qui révélait si bien la pureté sereine du cœur d'Haïdé.

Cependant, bien que le souvenir de sa fiancée fût encore bien présent à sa mémoire, Saleh ne pouvait se défendre d'une certaine émotion !

C'est qu'il y avait dans Fatmé autre chose qu'une beauté plastique ; son regard avait de certaines attractions provoquantes , sa voix éveillait de vives sympathies dans le cœur de ceux qui l'écoutaient, et elle était mise avec une telle science de coquetterie, qu'elle laissait voir une partie des charmes qu'elle semblait vouloir cacher.

D'inquiètes ardeurs brûlèrent le cœur de Saleh , et, malgré lui, malgré tout son amour pour Haïdé, il se laissa un moment séduire par la jeune courtisane.

— J'ai craint, en effet, répondit-il après un long silence , j'ai craint quelque embûche dans cette invitation qui m'était faite d'une façon si inopinée... Une chose m'étonnait surtout ; c'est que je suis arrivé de ce matin à Damas, et que l'on y sait déjà et mon nom et le but de mon voyage.

Fatmé sourit :

— Je sais bien d'autres choses encore qui vous concernent, dit-elle, et j'aurai peut-être occasion de vous étonner encore davantage ; mais, puisque vous voilà, je veux commencer par vous rassurer, vous dire que je suis de vos amies, et que je ferai pour vous faire arriver près du sultan Salaheddin tout ce qu'il me sera possible.

— Mais qui a pu vous dire?

— C'est mon secret !

— Je le respecte... Et cependant...

— Vous êtes curieux.

— Eh! qui ne le serait pas à ma place? repartit le jeune homme ;
j'arrive à peine à Damas, j'y cache mon nom et ce que j'y viens faire,
et voilà qu'après quelques heures à peine de séjour, une femme, plus
belle que toutes celles que les poëtes ont chantées, m'appelle près
d'elle, et m'offre de lever tous les obstacles qui s'opposent à l'accomplissement de mes projets... Tout cela n'est-il pas merveilleux?

Fatmé ne quittait pas Saleh des yeux, et elle jouissait de ses éton-
nements. Quand il eut fini de parler, elle appela une de ses femmes,
et ordonna de servir à souper.

Dans son impatience de parler à Salaheddin, Saleh avait, en effet,
oublié de prendre son repas, et, depuis le matin, il n'avait pas
pourvu à ce détail de son existence.

Le parfum des mets, savamment apprêtés, ouvrit son appétit, et
il s'apprêta à faire honneur au festin. D'ailleurs, les viandes étaient
succulentes, les vins délicieux ; il avait pour convive une jeune et
charmante femme, et il avait vingt-cinq ans !

Il fut sans défiance, but et mangea de tout ce qu'on lui offrit, et,
une heure après, il s'endormait d'un profond sommeil.

Fatmé avait appris, pendant son séjour au château, à préparer les
feuilles de chanvre en forme de pastilles, et Saleh en avait mangé
sans se douter qu'il mangeait du haschisch. Jusqu'au lendemain
matin, il dormit sur le sein de Fatmé, et les rêves les plus énervants
vinrent encore prolonger son sommeil.

Cependant, quand il se réveilla le lendemain, il se retrouva dans
une chambre éloignée de celle de la courtisane.

C'était un kiosque situé au milieu d'un vaste jardin.

Les oiseaux chantaient à l'entour, les ruisseaux murmuraient sur
leur lit caillouteux, le soleil s'infiltrait en pluie d'or à travers les
branches touffues des arbres : c'était, de toutes parts, un calme, une
sérénité, un recueillement qui apaisèrent presqu'instantanément
certains remords qui naissaient dans le cœur du jeune homme.

On eût dit qu'il se rappelait !

Mais ces souvenirs étaient si confus, si insaisissables, qu'il ne pouvait en rassembler que des lambeaux épars... C'était un rêve!... D'ailleurs, la courtisane Fatmé, qu'il allait revoir, lui expliquerait tout cela.

Une heure après, en effet, il était près de Fatmé. Mais cette dernière ne sut que répondre quand Saleh l'interrogea ; la fatigue des courses qu'il avait faites, pendant le jour, l'avait endormi au sortir de table ; elle lui avait fait donner cet appartement éloigné du sien : c'était tout ce qu'elle pouvait dire !

D'ailleurs, pourquoi aurait-il insisté? Fallait-il s'inquiéter davantage d'un rêve?

Saleh songea au sultan, à Sinan, à Haïdé, et il se mit en devoir de remplir la mission qu'on lui avait confiée.

Fatmé le fit accompagner chez le grand visir qu'elle connaissait, et qu'elle recevait à certains jours, et avec l'aide de cet officier important du palais, il lui fut facile de pénétrer près du sultan. Ce dernier était d'autant plus disposé à écouter Saleh que, récemment encore, un de ses visirs, Moineddin, avait péri victime des Assassins.

Moineddin, allant un jour dans ses écuries pour visiter ses chevaux, y avait trouvé un faux palefrenier, qui avait ôté ses habits, afin de ne pas être soupçonné d'y cacher des armes, et avait eu soin de glisser son poignard dans la crinière du cheval qu'il tenait par la bride. Au moment où le cheval se cabrait, il feignit de vouloir l'apaiser par ses caresses, saisit son stylet, et en poignarda le malheureux visir.

Le jeune Saleh raconta les bonnes dispositions dans lesquelles se trouvait le grand prieur de l'Ordre, la haine que lui avait vouée le grand maître, et enfin, la détermination qu'ils avaient prise de l'assassiner. Le jeune Saleh termina en engageant le sultan à faire à cet Ordre redoutable une guerre d'extermination, et il réclama l'honneur de marcher un des premiers contre eux.

Salaheddin promit d'y songer, et assura un poste élevé à Saleh dans son armée. Cependant, il continua à se montrer en public comme par le passé, et mit une certaine ostentation fanfaronne à braver le coup de ses assassins.

Un jour, il sortait d'une mosquée, où il était allé entendre les prières du matin, quand trois Assassins l'assaillirent; l'un d'eux saisit le haut de son manteau, afin de lui porter un coup plus assuré, mais Salaheddin donna des éperons à son cheval, et s'enfuit en laissant son manteau aux mains des agresseurs.

Le peuple était exaspéré, car il aimait le sultan.

L'un fut mis en croix, et sur sa poitrine, on attacha un écriteau avec cette inscription : « Telle est la récompense de ceux qui recèlent des impies. » L'autre fut conduit à la forteresse; là, on lui coupa les talons, et on le frappa sur cette chair sanglante, afin de lui faire avouer qui l'avait poussé à ce crime. Le troisième fut jeté à l'eau dans un sac.

La punition des criminels n'effraya pas les imitateurs; d'autres tentatives furent faites; et, comme les précédentes n'avaient pas réussi, les Assassins crurent qu'il leur serait plus facile d'atteindre leur but en ne se montrant qu'un à un, et en fatiguant ainsi le sultan et ses gardes.

Ce dernier expédient leur réussit. Salaheddin, effrayé de ces tentatives réitérées, passa un jour toute son armée en revue, et en chassa tous les étrangers.

L'année suivante, il se hâta de conclure un traité de paix avec les princes de Moszoul et de Haleb, et envahit aussitôt le territoire des ismaëlites.

C'était le seul moyen de les réduire.

Saleh avait un poste important dans l'armée, et, pendant tout le temps que dura la campagne, il donna des preuves de sa valeur qui l'élevèrent encore dans l'estime du sultan.

Malheureusement, au moment même où Salaheddin allait détruire la puissance des ismaëlites, Schehabeddin, son oncle, sur les instances de Sinan, l'engagea à faire la paix, sous la condition qu'il serait à l'avenir à l'abri du poignard des Assassins.

La paix fut donc conclue à ces conditions, et Salaheddin n'eut, dès lors, rien à redouter de leur part durant un règne de quinze ans, pendant lequel il fit la guerre tantôt en Égypte, tantôt en Syrie, où il avait acquis toutes les places fortes des croisés, et même Jérusalem.

Soit que tant de malheurs eussent effrayé les Assassins, soit que l'Ordre jugeât, enfin, l'existence de Salaheddin nécessaire pour contrebalancer la puissance formidable des croisés, soit enfin, par une remarquable exception, toujours est-il qu'à partir de ce jour, aucune tentative de meurtre ne fut faite contre Salaheddin.

Quant à Saleh, il est inutile de dire qu'il épousa Haïdé à la paix qui suivit, et qu'ils vinrent habiter Damas. Fatmé, étant devenue vieille et infirme, gagna sa vie à fabriquer des pastilles de chanvre. Elle eut un fils qui fut porteur d'eau.

Le vieux Noureddin mourut idiot dans la plus extrême vieillesse et chargé d'infirmités.

Un des fils de Saleh et de Haïdé joua, en Asie, un rôle bien étrange, et nous aurons sans doute à nous occuper de lui.

CHAPITRE X.

C'était vers l'année 1255.

Alaeddin était alors Vieux de la Montagne, ou grand maître de l'ordre des Assassins, et grâce à son caractère sombre et à son humeur atrabilaire, le système de cruauté en vigueur dans la forteresse d'Alamont avait en quelque sorte pris un nouveau développement.

Les circonstances avaient d'ailleurs singulièrement aidé à ce développement.

Alaeddin était père de plusieurs enfants, et il avait cru faire un acte de bonne politique en désignant pour son successeur l'aîné de ses

enfants, Rokneddin, qui sortait alors à peine de l'adolescence. Les
ismaëlites prirent la chose au sérieux, et dès que Rokneddin eut
atteint l'âge viril, ils lui rendirent les honneurs dûs aux princes, et
ne firent bientôt plus aucune distinction entre ses ordres et ceux de
son père.

Alaeddin se montra fort irrité de cet excès d'obéissance préma-
turée, et voulut un moment revenir sur sa propre décision, en déclarant qu'il transmettrait sa succession à un autre de ses fils.

Mais le pli était pris : Rokneddin avait déjà ses courtisans dévoués,
les ismaëlites ne montrèrent aucun égard pour l'expression des nouvelles volontés du père, et suivirent les préceptes habituels de la
secte, d'après lesquels le premier choix était le seul valable, le seul
juste.

On se rappelle peut-être qu'un fait semblable s'était passé à propos
de l'histoire du kalife Mostauzar, qui d'abord avait nommé pour lui
succéder son fils Nésar, et qui plus tard, cédant aux instigations de
l'émirolschouyousch, lui avait substitué Mostaeli, son frère puiné.
C'est ainsi qu'avait pris naissance le grand schisme qui partagea
alors les ismaëlites, dont une partie défendait les droits de Nésar, et
dont l'autre avait embrassé la cause de Mostaeli.

Hassan-Ben-Sabah, qui se trouvait en Égypte à cette époque, fut
forcé de quitter le pays comme partisan de Nésar ; il était donc très-
naturel que, dans la nouvelle querelle que faisait naître la succession
d'Alaeddin, les ismaëlites suivissent l'esprit du fondateur de l'Ordre,
qui s'était prononcé alors en faveur du fils aîné. Rokneddin, craignant
cependant pour ses jours, que son père menaçait, résolut de s'éloigner de la cour, et d'attendre, dans un château fort, le moment où il
serait appelé à prendre les rênes du gouvernement.

Alaeddin resta donc seul à Alamont, en proie à ces soupçons continuels que la conduite de ceux qui l'entouraient éveillait dans son
esprit malade.

Il allait toujours solitaire et sombre, et ne se laissait approcher
que par un musulman du nom d'Hassan de Massendérán, qui avait,
disait-on, souillé sa foi, en consentant à être pour son maître l'objet
d'abominables plaisirs.

Chaque jour Alaeddin décimait la troupe des fedavis qui lui étaient
restés fidèles. En vain les médecins se succédaient autour de lui ;
nul ne pouvait trouver un remède à sa situation.

C'étaient du reste, pour la plupart, des charlatans ignorants, que
la peur seule guidait, et qui eussent certainement mis le grand maître
au tombeau, si ce dernier ne les eût pas fait mettre à mort.

Cependant Alaeddin commençait à se lasser de cette inutilité de
tous les soins dont il s'entourait, il songea à attirer près de lui un
homme sérieux, versé dans l'art de la médecine, et qui pût réellement apporter quelque soulagement efficace à ses maux. Mais il
n'ignorait pas que tous les imans des environs refuseraient cette mission, s'ils n'y étaient forcés, et il imagina alors un moyen qui ne
manquait certainement pas d'adresse.

Un jour il envoya à Barlekan cinq de ses plus fidèles fedavis, avec
ordre de s'y présenter chacun à leur tour au visir Scherfal-Moulk.

Les ordres du grand maître furent exécutés avec l'exactitude et la
célérité ordinaires.

Le premier qui se présenta, annonça à Scherfal-Moulk qu'il venait
de la part d'Alaeddin, demander un médecin qu'il pût attacher à sa
personne. Scherfal-Moulk sourit, haussa les épaules, et répondit
qu'il n'enverrait absolument rien au grand maître d'un Ordre qu'il
abhorrait.

Le second fedavi se présenta le lendemain dans la salle d'audience, et après avoir décliné ses noms et qualité, il lui dit :

— Le grand maître d'Alamont m'envoie vers toi, pour t'engager
à lui envoyer ce qu'il t'a fait demander hier.

Mais Scherfal-Moulk avait beaucoup de courage, il se contenta de

montrer la porte au fedavi, et lui annonça que s'il se représentait
jamais devant ses yeux, il le ferait pendre à la porte de la ville.

Le troisième Assassin ne se fit pas attendre plus que ses compagnons ; il rencontra le visir sur le seuil de la salle du divan, et l'arrêta :

— *Noblesse de l'empire*, lui dit-il, la puissance des Assassins est
aussi redoutable que celle du prophète ; ne tarde pas plus longtemps
à faire ce que le grand maître te demande.

Mais le visir passa outre, sans même prendre la peine de le faire
arrêter.

Enfin, le quatrième jour, les deux derniers fedavis se présentèrent
vers l'heure de minuit dans la chambre où le visir prenait son repos,
et l'ayant réveillé, ils lui montrèrent, suspendues sur sa tête, les
lames nues de deux poignards longs et effilés.

— Tu le vois, lui dit alors l'un des deux fedavis, nous pourrions
t'assassiner impunément, et sans être vus de personne ; si nous ne
l'avons pas fait, c'est que le grand maître a eu compassion de toi.
Prends-y donc garde, réfléchis, et n'appelle pas sur ton sein, par ton
imprudence, une vengeance qui ne te manquerait pas.

L'histoire raconte que le visir fut fort effrayé de cette dernière
visite, qu'avaient si bien préparée les trois autres, et le lendemain
même, dès la pointe du jour, il faisait venir près de lui l'iman Behaeddin, fils de Siaeddin-Elgarsonni, homme célèbre par ses con-
naissances médicales, tant théoriques que pratiques.

L'iman ne savait pas ce dont il s'agissait ; il pensait seulement que
le visir s'étant trouvé indisposé, il avait désiré avoir recours à sa
science ; mais il fut bien vite détrompé.

Scherfal-Moulk lui annonça, en effet, qu'il lui était ordonné de se
rendre sans retard auprès du grand maître des Assassins, dans la
forteresse d'Alamont, et de lui donner tous les soins qu'il croirait
nécessaires. L'iman se récria fort, et voulut repousser cette propo-

sition ; mais comme Scherfal-Moulk ajouta qu'il recevrait cinq cents
coups de bâton sur la plante des pieds, s'il refusait d'obéir, le malheureux fils de Siaed lin-Elgarsonni se résigna, et quelque jours
après, il se dirigeait, plus mort que vif, vers cette forteresse dont
Alaeddin avait fait un épouvantail.

L'orientaliste qui raconte cette histoire se demande ici s'il faut dire
sous ou *sur* la plante des pieds, quand il s'agit de coups de bâton.
Cette question qu'il se fait prouve en faveur de son cœur.

Au premier aspect, on penche vers la préposition *sous*, à cause de
la posture naturelle de l'homme et des lois de la gravité spécifique ;
mais l'orientaliste, qui est de l'Académie des sciences morales et politiques, fait judicieusement remarquer qu'on mettait les patients sans
dessus dessous.

Il conclut pour *sur*. Qu'on lui offre un prix Monthyon !

Behaeddin ne doutait pas que la mort ne l'attendît dans la forteresse ; mais, après tout, il pensa que son art lui serait peut-être d'un
grand s cours ; qu'on ne l'envoyait pas près d'Alaeddin pour le seul
plaisir de le perdre ; que le grand maître de l'ordre des Assassins
était en effet malade, qu'il avait par conséquent besoin de ses soins.
Ce n'était pas la première maladie de ce genre qu'il eût été appelé à
traiter ; de quels honneurs, de quelle fortune, de quelle reconnaissance ne le comblerait-on pas, s'il réussissait dans la mission difficile
qu'on lui confiait !

Quand il arriva à Alamont, Behaeddin était complétement rassuré
sur son sort, et sa confiance augmenta bien davantage encore quand
il eut été introduit auprès d'Alaeddin lui-même.

Ce dernier le reçut avec la joie d'un malade à qui l'on apporte la
vie... Il voulut qu'on lui rendit les plus grands honneurs, mit à sa disposition toutes les richesses de la bibliothèque d'Alamont , et quand
Behaeddin se retira, le soir, dans les appartements qui lui avaient
été préparés , il y trouva des femmes de la plus grande beauté.

Dans ce pays anacréontique, on mettait cinq ou six femmes au chevet de son hôte, comme chez nous on y met un seul pot à l'eau.

Le médecin de Scherfal-Moulk n'était pas un homme vicieux, mais il ne détestait pas les distractions qui rendent la vie facile; il aimait convenablement la table et les femmes. Il fut touché de l'attention délicate de son nouveau maître, et résolut, dès lors, de le traiter plutôt comme un ami que comme un malade.

Au surplus, si Behaeddin était un homme d'une grande science, il avait encore plus d'adresse. Il comprit tout de suite quels étaient les défauts et les qualités d'Alaeddin, et se promit bien de faire rapidement sa fortune en flattant ses défauts et en exaltant ses qualités.

Alaeddin avait coutume de s'enivrer tous les soirs avec les herbages funestes qui étaient en honneur dans la forteresse. Le docteur ne fit rien pour le détourner de ce fatal penchant : il se contenta de lui prescrire quelques fortifiants que lui-même préparait, et le grand maître de l'Ordre des Assassins s'en trouva si bien, qu'au bout de huit jours de ce régime, il ne se ressentait plus de ses souffrances passées.

D'ailleurs, Behaeddin ne s'en tint pas là ; il ordonna à son malade les longs repas, les boissons fortes, tout ce qui pouvait galvaniser son corps déjà usé, et devint l'inséparable compagnon des débauches du grand maître. C'était un docteur comme on n'en voit point.

Aussi, Hassan de Mascenderân fut vite et complétement oublié.

Cependant, un pareil régime ne pouvait longtemps durer ; il était évident qu'il devait conduire très-incessamment Alaeddin au tombeau. L'honnête médecin ne se dissimula point l'imminence de ce danger, et il pensa à faire ses réserves pour l'avenir. C'est ce à quoi il avisa immédiatement.

Un soir, vers minuit, il fit venir un des fidèles fedavis que l'on avait attachés à sa personne, et lui ordonna de lui amener sans retard le musulman Hassan de Masenderân.

Le fedavi s'acquitta vivement de la mission dont on le chargeait, et quelques minutes à peine s'étaient écoulées depuis son départ, quand il revint suivi de près par le musulman.

Behaeddin lui fit alors signe de se retirer, et demeura seul avec le nouvel arrivé.

Hassan était un homme, jeune encore, qui avait joui longtemps d'immunités de tout genre dans la forteresse. Depuis l'arrivée de Behaeddin, son crédit avait sensiblement diminué; ses courtisans, il en avait, étaient passés du côté du médecin du grand maître pour s'attacher à sa nouvelle fortune; Hassan était resté seul, méprisé, sans influence, sans espoir de regagner jamais celle qu'il avait perdue.

Cependant, dans cette détresse extrême, chose étrange, ce n'est pas tant à Behaeddin qu'il en voulait, qu'à ces nombreux amis que son changement de fortune avait fait fuir. C'était Alaeddin surtout qu'il eût désiré punir!

Le médecin du grand maître n'ignorait pas ce qui se passait dans le cœur du musulman, et c'est pour cela qu'il l'avait fait venir.

Dès qu'il le vit entrer, il le fit avancer près de lui, et lui jeta un de ces regards profonds qui sondent un homme jusque dans les replis les plus cachés de son cœur.

— Hassan, lui dit-il d'une voix insinuante, j'ai désiré vous entretenir quelques instants.

— Je suis prêt à vous entendre, répondit le musulman.

— Vous n'êtes point sans vous être aperçu déjà que le grand maître est revenu à la santé, et qu'il n'a plus maintenant ces sombres et cruelles humeurs pendant lesquelles il se livrait à des cruautés qu'il l'ont rendu l'horreur de toute l'Asie.

— Votre art est grand! repartit Hassan, mais il n'est point cepen-

dant infaillible... Je doute que le grand maître soit mieux portant
qu'il ne l'était autrefois.

— Qui vous fait penser ainsi?...

— C'est mon secret.

— Vous avez quelque raison de croire?...

— Peut-être...

— Behaeddin se tut, et parut réfléchir pendant quelques minutes,
puis il reprit :

— Hassan est-il un homme auquel on puisse dévoiler un mystère
important?

— Hassan garde tous les secrets qu'on lui confie... repartit le
musulman.

— Je dois lui faire observer, d'ailleurs, que la trahison serait
inutile, et qu'elle ne lui servirait de rien : je m'explique... le grand
maître Alaeddin est un homme perdu.

— Je le savais.

— Dans un mois, peut-être, il n'existera plus ; et vous, comme
moi, nous perdrons les richesses sans nombre dont nous pouvons
disposer ici.

— Et y a-t-il un moyen d'empêcher cela? demanda le musulman.

— Il y en a un.

— Lequel?

— C'est mon secret, dit à son tour le docteur.

— L'iman veut-il le confier à son serviteur? demanda Hassan.

— Si son serviteur veut lui jurer de le servir fidèlement en cette
circonstance.

— Hassan le jure, répondit le musulman, et il tiendra fidèlement
son serment.

Il y eut encore un nouveau silence ; il y en eut même peut-être
deux : l'iman prit son front dans ses mains, toucha à plusieurs
reprises sa barbe blanche, et leva son index avant de parler :

— Alaeddin une fois mort, dit-il enfin d'une voix grave, c'est son fils aîné, Rokneddin, qui sera appelé à le remplacer : cela ne fait pas l'ombre d'un doute. S'il le remplace, son premier soin sera de nous chasser, et peut-être de commander à quelques-uns de ses fedavis de nous assassiner.

Hassan approuva du bonnet, et fit une grimace qui témoignait son chagrin.

—Eh bien ! reprit le docteur, notre intérêt est commun ; que notre action soit commune. Ton bras tremblerait-il s'il fallait frapper le grand maître ?

Hassan s'arracha quelques poils de barbe, ce qu'il faisait dans les conjonctures importantes.

C'était un homme à manies. Il avait les yeux gris, les dents fortes et peu de sourcils. Quand il parlait, il se rongeait habituellement les ongles. Du reste, un grand caractère.

Il répondit sans broncher :

— C'est une pensée qui m'est venue vingt fois depuis quelque temps, et elle ne m'a jamais fait pâlir.

— Tu frapperais donc sans crainte ?

— Que l'iman dise l'heure et le jour, et Hassan frappera.

— Bien ! séparons-nous aujourd'hui pour ne point éveiller de soupçons, demain je te ferai savoir ce que j'aurai résolu...

Le lendemain, Behaeddin envoyait une missive à Rokneddin; elle était à peu près ainsi conçue :

« Les temps vont venir où de grands événements vont s'accom-
« plir. Que le fils d'Alaeddin sache que, s'il ne tue pas son père, son
« père le tuera. Un homme qui lui porte intérêt lui envoie cet aver-
« tissement;... il le trouvera le dix-septième jour du ramazan, près
« du village de Nésar. »

Rokneddin accueillit d'abord cette lettre avec une certaine défiance, mais quand celui qui la lui remettait lui eut dit qu'il la tenait du médecin de son père, il réfléchit.

Le dix-septième jour du ramazan, trois hommes se rencontraient près du village de Nésar, vers l'heure de minuit, et ces trois hommes étaient Behaeddin, Hassan et Rokneddin.

— Que le fils du grand maître pardonne à l'iman, dit Behaeddin, entrant aussitôt en matière, mais l'affaire dont il a à l'entretenir est sérieuse et grave, et le temps est précieux.

— De quoi s'agit-il? demanda Rokneddin.

— Du grand maître, votre père...

— Hier, trois fedavis des plus audacieux ont reçu mission de vous assassiner ici.

— Je ne vous connais pas, dit le prince; je pourais craindre une embûche... Pourtant, je suis venu... parlez.

— J'ai pensé, répondit Behaeddin, que nous pouvions, cet homme et moi, empêcher le meurtre commandé par le grand maître.

— Comment?

— Behaeddin peut-il parler franchement?

— Il le peut.

— Le fils de son maître n'en conservera aucun ressentiment?

— Le fils de ton maître n'aura que de la reconnaissance pour l'homme qui lui sera dévoué.

— L'homme qui est ici, près de nous, et qui nous écoute, dit alors Behaeddin, habite la forteresse d'Alamont depuis sa plus tendre enfance; il a été élevé près du grand maître; il est son chambellan.

— Eh bien?

— Eh bien! il a promis de vous servir avec zèle, et, s'il le faut, il frappera, quelle que soit la victime que l'on désignera à sa vengeance.

— Peut-on se fier à lui?

— Le fils du grand maître le peut sans crainte.

— Et que demande-t-il pour prix de son zèle?...

— Il demande à être conservé dans son emploi.

— Alors, qu'il agisse.

— Le fils du grand maître accepte donc?

Rokneddin répondit affirmativement.

— Qu'il soit donc fait comme Rokneddin l'ordonne, s'écria Behaeddin ; avant huit jours, vous serez grand maître.

On se sépara alors. Rokneddin retourna dans la retraite qu'il avait choisie pour se soustraire à la haine de son père, et Behaeddin et Hassan rentrèrent séparément à Alamont.

Quelques jours se passèrent sans que cependant cette réunion secrète portât aucun fruit. Behaeddin n'hésitait pas; mais Hassan guettait, avec la patience du sauvage, le moment favorable de frapper.

Alaeddin avait, du reste, donné lieu à plusieurs des grands qui l'entouraient de concevoir de justes craintes pour leur sûreté personnelle : à force de cruautés, il avait éclairci les rangs de ses serviteurs les plus fidèles : les uns cachaient leurs craintes sous le masque d'une vile flatterie; les autres, les plus nombreux, s'étaient réfugiés près de Rokneddin, d'où ils conspiraient contre la vie du grand maître.

Cependant le huitième jour étant venu, Hassan annonça au médecin qu'il pouvait mander le fils d'Alaeddin à Alamont, car il assurait que le soir même son père aurait cessé de vivre.

Le grand maître avait depuis longtemps contracté l'habitude de ne se retirer de table que lorsqu'il était complétement ivre; il se faisait conduire alors dans une sorte de bâtiment qu'il avait fait construire à l'extrémité d'Alamont, pour servir de retraite et d'abri à ses nombreux troupeaux.

Le soir venu, Hassan se glissa, armé de deux poignards, dans

VI.   39

ce bâtiment, et là, caché à tous les regards, il attendit l'arrivée d'Alaeddin.

La nuit était sombre ; le tonnerre grondait au loin, on ne voyait pas à deux pas devant soi.

Il est bien rare que dans ces circonstances dramatiques le tonnerre ne gronde pas un petit peu.

Hassan craignit un instant que sa victime ne vînt pas, ou qu'elle se fît accompagner par quelques fedavis, contre son habitude. Mais il n'en fut point ainsi.

Après une demi-heure d'attente, pleine d'angoisses, Alaeddin parut, cherchant sa route à tâtons et en trébuchant. Il était seul.

Ce n'était point par avarice qu'il ne portait pas de chandelle. Le tonnerre avait éteint la sienne pendant qu'il traversait le jardin.

Son ivresse était complète ; pendant quelques secondes, il marcha, les mains jetées devant lui ; puis, enfin, il se laissa lourdement retomber sur le sol, au milieu des bêtes endormies qui poussèrent un gémissement plaintif, surtout un mouton malheureux qu'il écrasa dans sa chute, sans y mettre de malice.

Hassan n'attendait que ce moment ; il sortit aussitôt de l'endroit où il était caché, tira un poignard de sa ceinture, et le plongea tout entier dans le cœur du malheureux grand maître.

Ce dernier poussa un profond soupir, tenta de se redresser dans un dernier effort ; puis il roula, sans vie, sur la terre sanglante.

Comme il tombait, un grand bruit s'éleva tout à coup dans la forteresse.

Hassan tressaillit et écouta.

C'était son nom que l'on prononçait ; des fedavis armés et portant des torches parcouraient le parc avec des cris de vengeance, parmi lesquels on pouvait distinguer le nom de Hassan !...

Ce dernier comprit qu'il y avait une trahison dans ce mouvement inattendu, et il voulut fuir ; mais déjà le bâtiment dans lequel il venait de commettre son crime était gardé de toutes parts, et quand la foule furieuse y pénétra, les deux premières personnes qu'il y reconnut furent Rokneddin et le médecin de celui qu'il venait d'assassiner.

— Qu'on le saisisse, s'écria Rokneddin, en brandissant son cimeterre; c'est lui, c'est l'assassin de mon père!

— Qu'on le tue! ajouta Behaeddin, en exagérant l'indignation que montrait le fils de la victime; qu'on le tue... c'est lui, c'est l'auteur du crime qui vient de souiller ces lieux!

Hassan voulut parler, mais il était trop tard; on l'avait déjà saisi; on l'entraîna sans qu'il pût proférer une seule parole!

Est-il besoin de dire le dégoût que nous cause la conduite de ce médecin étranger?

Le fils du grand maître nous paraît également bien coupable!

Le lendemain, Hassan fut décapité, en raison du crime qu'il avait commis, et son corps jeté en pâture aux oiseaux de proie, fort nombreux et très-voraces dans ce pays.

Les grands se hâtèrent d'entourer Rokneddin comme l'héritier légitime du grand maître assassiné, et nul ne fut assez osé pour se demander si le fils n'avait point pris quelque part à l'assassinat du père.

Or, nous vous prions de prendre patience. Cette histoire des Assassins est bientôt finie, nous vous le jurons sur l'honneur!

CHAPITRE XI.

Rokneddin-Karschâh était monté sur le trône encore sanglant de son père, et son premier soin avait été de se débarrasser de l'un de ses deux complices, Hassan de Massederân. Quant au médecin Behaeddin, cela ne lui fut pas aussi facile; mais il se promit de saisir la première occasion qui se présenterait.

A tout prendre, cependant, Behaeddin était un homme versé dans les crimes, et qui pouvait, s'il lui était dévoué, servir utilement sa cause, il attendit, et pensa avec raison qu'il aurait toujours le temps d'agir contre lui, si cela était un jour nécessaire.

D'ailleurs des événements d'une haute importance se passaient à cette époque (1250), et l'attention de Rokneddin était sérieusement attirée d'un autre côté.

Pour bien expliquer la situation, il importe de remonter de quelques années en arrière.

Au nord de la Chine habitaient, une cinquantaine d'années auparavant, des peuples pasteurs qu'on appelait Mongols ou Mogols, et que l'on confond à tort presque toujours avec les Tartares.

Ils étaient sous la protection de kilans ou kins, empereurs de la Chine, appelée alors Katay.

Dans le treizième siècle, ces Mongols se révoltèrent, et trouvèrent dans Gengis-Kan, ou mieux, comme l'écrit M. Haumeer, Dschengiskhan (c'est bien préférable !), le défenseur le plus intrépide de leur liberté. Ce prince portait auparavant le nom de Tennegin, qu'il avait pris d'un roi qu'il avait vaincu; celui de Dschengiskhan lui fut donné, par ses peuples, à cause de sa puissance et des conquêtes qu'il avait faites; il signifie, en effet, *roi des rois*.

Dschengiskhan s'empara de la partie septentrionale de la Chine, et donna à ses sujets un code civil et militaire; cela leur fit plaisir. Il tourna ensuite ses armes vers l'Occident, et marcha contre son plus grand ennemi, Mohammed, tartare indépendant, régnant au midi du lac Aral, et qui était alors maître de la Syrie, de la Perse et de l'Arménie.

Dschengiskhan était à la tête de sept cent mille hommes; l'armée de son rival n'en comptait guère que quatre cent mille; une bataille sanglante fut livrée dans les plaines qui avoisinent le Jaxarte (Tartarie indépendante); Dschengiskhan fut vainqueur, et cette victoire le rendit maître des pays situés entre la Syrie à l'ouest, et la mer de la Chine.

C'est à Toukat (Tartarie indépendante) qu'on vint rendre hommage à ce *roi des rois ;* plus de cinq cents ambassadeurs représentaient les peuples vaincus ; et c'est là encore qu'un de ses fils lui fit, dit-on, présent de cent mille chevaux. Comme on voit, dans ces contrées, on n'y allait pas de mainmorte. On ne comptait absolument que par centaines de mille, et un jour que ce Dschengiskhan se mit de mauvaise humeur contre sa neuf cent soixante-treizième femme, il lui conféra trois millions soixante-quatorze mille deux cent quatre-vingt-seize coups de pied.

Malgré cela, il mourut.

En mourant, il laissa sa succession à des mains inhabiles ; la plupart des peuples soumis, au nombre de trois cent mille, se révoltèrent ; et ses successeurs se virent contraints de renoncer à ses conquêtes.

A cette époque, le khalife de Baghdad avait eu fréquemment à se plaindre des Assassins, et, comme il n'osait pas s'en plaindre directement à ces derniers, il envoya une ambassade à Tandschou-Newian, généralissime de Maugon-Khan, qui régnait alors sur les Mongols, en le priant de vouloir bien les exterminer.

Ces plaintes, jointes à celles du juge de Kaswin, qui se rendit également à la cour du Khan, et qui, dans la crainte d'être assassiné par les ismaëlites, avait mis, pour aller à l'audience, une cuirasse sous ses vêtements, éveillèrent toute la sollicitude de Maugon. Il donna, sur-le-champ, l'ordre de rassembler huit ou neuf cent mille hommes, dont il confia le commandement à son frère Houlakou, auquel il dit à son départ :

« Je t'envoie, avec une armée puissante et un corps nombreux de
« cavaliers d'élite de Tourân à Iran, le pays des grands princes.
« C'est à toi maintenant de veiller à l'observation des lois et des insti-
« tutions données par Dschengiskan, et de prendre possession du
« pays situé entre l'Oxus et le Nil. Je veux que tu récompenses et
« favorises les peuples qui t'obéiront et se soumettront volontaire-
« ment ; mais ceux qui te résisteront ou se révolteront contre toi

« devront être anéantis avec leurs femmes et leurs enfants ; après
« avoir détruit l'ordre des Assassins, tu entreprendras la conquête
« de l'Irak. Si le kalife de Baghdad t'offre ses services et te rend
« hommage, tu le traiteras avec indulgence et bonté ; mais s'il s'op-
« pose aux progrès de tes armes, il partagera le sort des autres. »

Houlakou se rendit alors à son camp de Karakouroum, divisa son
armée en quinze cents corps, et les renforça de trente mille familles
d'artificiers chinois.

Cette troupe légère devait diriger les instruments de siége et lancer
dans la ville de la naphte, composition connue en Europe depuis les
Croisades sous le nom de feu grégeois, mais en usage déjà depuis
longtemps, ainsi que la poudre, chez les Arabes et les Chinois.

Houlakou partit dans le mois de ramazan, l'an 651 de l'hégire
(1253), et après avoir reçu de nombreux renforts, il se reposa d'abord
un mois à Samarkand, puis ensuite à Kasch.

Les chefs des tribus qu'il allait traverser virent bien alors l'imprudence que le kalife de Baghdad avait commise ; mais ils n'osèrent
opposer aucune résistance, et à Kasch, Houlakou reçut Schemseddin-
Kort et l'émir Argoun de Khorassân, qui vinrent, accompagnés de
cent deux mille grands de la province, lui offrir leur soumission.

Pendant qu'il recevait leurs hommages, Houlakou envoyait sept
cent cinquante ambassadeurs aux princes des pays voisins, pour leur
demander s'ils voulaient reconnaître sa domination.

Il leur disait :

« Au nom du khan, je viens détruire l'ordre des Assassins et leurs
« châteaux-forts ; si vous me soutenez dans cette entreprise, vos
« efforts seront récompensés, et vos provinces protégées ; mais si,
« au contraire, je vois en vous des sentiments hostiles, après l'ex-
« tirpation de cet ordre, je tournerai mes armes contre vous. Sou-
« venez-vous de mes paroles, car ce que j'ai prédit arrivera. »

Dès que l'on sut qu'il approchait, à la tête de ses armées victorieuses, trois mille ambassadeurs vinrent de toutes parts lui offrir les hommages de leurs souverains ; il en fut ainsi du prince des Seldjoukides, de Fars, de l'atabège Saad d'Irak, de ceux d'Aserbeidschân, de Kourdschistân et de Schiriwân.

Dans les premiers jours du mois de silhidsché, l'an 652 de l'hégire, Houlakou passa l'Oxus sur un pont qu'il avait fait construire par cinquante mille ouvriers, afin de prendre sur l'autre rive le divertissement de la chasse aux lions, car un froid glacial l'avait forcé de quitter ses quartiers d'hiver, et avait fait mourir dans son armée deux cent trente-deux mille chevaux.

Ce ne fut qu'au commencement du printemps que l'émir Arghoun-Akan vint rejoindre Houlakou dans son camp.

Le conquérant mongol s'établit ensuite d'abord à Thoux dans le jardin d'Arghoun-Akan, et y dressa une tente faite d'après le modèle de celle du grand camp. De là il se rendit dans le jardin de Mansourigé, qu'Arghoun avait fait rétablir après qu'il était tombé en ruines.

Les femmes de l'émir Arghoun, et Ir-Eddin-Tahir, son lieutenant, reçurent des titres, et l'invitèrent à un grand festin. Le lendemain, on se rendit à la prairie de Dadghan, où l'on goûta quelques jours *les délices de l'endroit* ; on apporta de Meru, de Yazroud, de Dahistân et d'autres lieux, du vin et des provisions en abondance.

Après quelques jours de repos, il envoya le prince Schemseddin-Kort à Naszireddin-Mohteschen, lieutenant de Rokneddin, à Sertakht. Malgré sa grande vieillesse, Naszireddin se rendit, accompagné de Schemseddin-Kort, au camp d'Houlakou, où il fut reçu avec honneur.

Enfin, le khan envoya à Rokneddin-Kurschâh cinquante douzaines d'ambassadeurs pour lui ordonner de se soumettre.

Pendant que ces faits se passaient autour d'Alamont, que faisaient cependant le grand maître et ceux qui l'entouraient ?

Rokneddin avait alors auprès de lui un certain visir, du nom de

Naszireddin, dont il importe de dire quelques mots, avant de poursuivre. Ce sera pénible, mais c'est indispensable.

Ce Naszireddin était non-seulement un grand poëte, c'était encore un grand astronome.

Il avait eu une vie fort aventureuse, et s'était à diverses reprises trouvé dans des positions que de plus grands lui eussent enviées. Malheureusement, il n'avait pas toujours su déployer assez d'habileté pour se tirer d'affaire.

Une fois, c'était à la cour du kalife de Baghdad; il jouissait là d'une haute influence, et, comme tous les hommes qui atteignent à des postes éminents, il avait beaucoup d'ennemis; mais le kalife l'aimait, et croyait à sa science comme à la parole du prophète.

Un jour, il y eut une grande rumeur parmi les astronomes de la ville. Les sept planètes s'étaient réunies la nuit même, dans le signe des poissons, et tout Baghdad consterné crut un moment à la fin du monde.

Comme si les sept planètes ne pouvaient pas se réunir amicalement dans le signe des poissons, sans avoir pour cela le moindre dessein pervers.

Quand la chose fut rapportée à Naszireddin, il était auprès du kalife; il sourit dédaigneusement et haussa les épaules.

— Allons! dit-il, que tout le monde se rassure; je connaissais ce phénomène, car cette nuit, je l'ai observé moi-même : il annonce seulement que la moisson sera bonne.

Quand le grand astronome eut parlé, tout le monde se crut autorisé à dormir sur les deux oreilles; mais, malheureusemet, vers cette époque, il arriva dans le pays une grande disette : les blés manquèrent, et le sultan fut obligé de réduire le vin de sa table. Il se montra furieux, déclara à Naszireddin que son devoir était de le prévenir d'une pareille catastrophe, le traita comme un pleutre, et le mit à la porte de son palais.

Naszireddin ne se troubla pas pour si peu, et se réfugia à la cour du sultan Mostaszem.

Là, il vécut quelques années heureux ; et, grâce à son mérite réel et incontestable, il fut revêtu, peu après son arrivée, de toute la confiance de son nouveau maître ; mais Naszireddin devait rencontrer partout de sourdes hostilités.

Alkami, visir du sultan, ne vit pas sans dépit un autre favori venir briguer les faveurs du maître, et il se promit de ne pas manquer la première occasion qui se présenterait de le perdre.

Un jour Naszireddin venait de mettre la dernière main à un ouvrage sérieux, il se hâta d'y ajouter une dédicace flatteuse pour le sultan Mostaszem, et l'envoya à ce dernier, bien certain d'avance de l'effet que produirait un pareil envoi.

Alkami était auprès du sultan, quand le manuscrit de Naszireddin lui fut remis ; il ouvrit le livre, et dès qu'il eut jeté les yeux sur la première feuille, il fit paraître un grand courroux.

Le sultan le regarda étonné.

— Qu'y a-t-il, demanda-t-il avec surprise, et d'où vient cette colère qui trouble le regard de notre visir?

— Ce livre est une insulte ! répondit Alkami.

— C'est cependant notre célèbre astronome Naszireddin qui nous l'envoie, objecta le sultan.

— Que la gloire de l'empire jette les yeux sur l'ouvrage de son sujet, poursuivit le visir, et il partagera mon indignation.

Le sultan regarda, sur cette invitation, le livre qu'on venait de lui envoyer, et ce fut à son tour d'entrer dans une grande fureur.

A la dédicace du livre, il manquait ces mots : « *Représentant de Dieu sur la terre !* »

Le sultan se leva fort courroucé, laissa tomber le manuscrit entre les mains de son visir ravi, et lui ordonna de le faire jeter sans tarder dans les eaux du Tigre.

Cependant Naszireddin attendait avec impatience le résultat de la lecture de son manuscrit ; quand il apprit comment le sultan l'avait accueilli, et le sort qui lui était réservé, il en fut mortellement offensé, lui jura une haine éternelle, et s'enfuit à la forteresse d'Alamont, où il offrit ses services à Rokneddin.

. Il espérait se servir du poignard des Assassins pour se venger du sultan et du kalife.

Toutefois, comme Rokneddin ne parut pas épouser ses ressentiments avec assez d'ardeur ; comme, en outre, l'approche de Houlakou attirait l'attention de l'Ordre et lui faisait oublier le kalife de Baghdad, pour ne songer qu'à sa propre conservation, Naszireddin se vit dans la nécessité de changer ses plans.

Il était probable que les châteaux des ismaëlites ne résisteraient pas aux innombrables armées mongoles, il résolut de livrer au vainqueur qui arrivait en toute hâte, non-seulement les châteaux de l'Ordre, mais encore le grand maître lui-même.

Rokneddin, suivant aveuglément les conseils de son visir, envoya donc à Baïssour-Noubin, généralissime de Houlakou, dont l'armée déjà menaçait Hamadan, une ambassade chargée de lui offrir sa soumission.

Mais laissons parler un instant M. de Haumeer lui-même :

« Baissour répondit que son maître devant arriver bientôt, Rokneddin ferait mieux d'aller s'adresser à lui-même. Après plusieurs ambassades réciproques, on convint que Rokneddin enverrait à Houlakou son puîné, Chahin-Châh, le Koksja-Asil-Eddin-Rouzeni, et d'autres notables du pays.

« Ce général devait les accompagner en personne ; mais il se fit remplacer par son fils, et, lui-même, conformément aux ordres qu'il avait reçus, entra avec son armée dans le district d'Alamont, le dixième jour du mois de dschemasiollewel, de l'an 654 de l'Hégire (1256).

« Les Assassins et les troupes de l'Ordre occupèrent, dans le voisinage du château, une hauteur qu'ils défendirent avec opiniâtreté contre les Mongols.

« La montagne était escarpée et la garnison nombreuse ; les assaillants, forcés d'abandonner l'attaque, brûlèrent dans leur retraite les maisons des ismaëlites et dévastèrent tout le pays.

« Pendant ce temps, Chachin-Châh était arrivé chez Houlakou. A la nouvelle de la résistance des Assassins, le Mongol envoya à Rokneddin un officier chargé de lui dire :

« Rokneddin nous a envoyé son frère, c'est pourquoi nous lui
« pardonnons les crimes de son père et ceux de ses partisans. Quant
« à lui, comme il ne s'est rendu coupable d'aucun forfait pendant le
« court espace de son règne, il peut se retirer chez nous, après avoir
« rasé ses forteresses. »

« En même temps, Baïssour reçut l'ordre de ne plus ravager le pays de Roudbâr.

« Sitôt que Rokneddin eut connaissance de ce message, il fit démanteler quelques châteaux, tels que Maimoun, Alamont, Lamsir, et Baïssour retira ses troupes du Roudbâr.

« Sadreddin-Semgi, un des hommes les plus considérés parmi les Assassins, se rendit ensuite, par ordre de Rokneddin, et sous la conduite d'un officier mongol, au camp de Houlakou, pour lui certifier que le prince des Assassins avait déjà commencé à raser ses châteaux, et qu'il en continuerait la démolition. Sadreddin, dont le maître redoutait la présence de Houlakou, pria en même temps ce conquérant d'accorder à Rokneddin un délai d'un an, à l'expiration duquel il se présenterait à sa cour. Le Mongol renvoya l'ambassadeur avec un *basikaki* ou officier, auquel il remit une lettre où il disait au grand maître :

« Si la soumission de Rokneddin est sincère, il doit venir aussitôt

« dans notre camp impérial, après avoir confié au basikaki, porteur
« de la présente, la défense du pays. »

« Houlakou commençait à se fatiguer de toutes ces lenteurs, et
comme Rokneddin s'était retiré au fort de Maïmoundiz, il lui signifia
enfin qu'il ne lui accordait plus aucun délai pour effectuer la remise
de ses forteresses ; mais cependant, que s'il voulait qu'elle fût re-
tardée de quelques jours, il fallait qu'il envoyât aussitôt son fils dans
son camp. Cette ambassade arriva à Maïmoundiz le premier de Ramazan, et elle répandit l'alarme et la terreur dans tout le peuple.

« Le grand maître répondit d'abord qu'il était prêt à envoyer son
fils ; mais ensuite, séduit par ses femmes et les mauvais conseils de
Naszireddin, il remit aux ambassadeurs le fils d'une esclave, qui était
presque du même âge, et les pria de demander à Houlakou de lever
l'ordre qui retenait à la cour son frère Chahin-Châh.

« Houlakou ne manqua pas de découvrir la ruse à laquelle on avait
recours, et ne prenant plus conseil que de sa colère, il se présenta
lui-même, le 18 du mois de chawal, aux portes de Maïmoundiz. Le
lendemain, le château fut cerné de toutes parts, et l'armée offrit un
air de grandeur qu'il est impossible de décrire. On campa à la distance de six parasangues, et l'on tint conseil pour savoir si l'on
commencerait le siége.

« Rokneddin, en voyant l'extrémité à laquelle il allait être réduit,
se décida enfin à envoyer au camp son fils, son frère Iranschâh, son
fils Tourkia et son visir Naszireddin, avec les notables et les com-
mandeurs des cavaliers. Ils devaient offrir sa soumission, et demander
pour lui la faculté de pouvoir se retirer librement où il voudrait.
Avec eux étaient les principaux membres de l'Ordre, porteurs de
riches présents.

« Naszireddin, au lieu de soutenir les intérêts de son maître et de
faire valoir dans les négociations la force de ses châteaux, dit au contraire au Mongol qu'il n'y avait rien dans ces monstrueuses forte-

resses qui dût arrêter sa marche, parce que la réunion des étoiles avait clairement prédit la chute prochaine de cet Ordre, autrefois si puissant.

« Il fut stipulé alors que le grand maître pourrait se retirer librement, sous la condition qu'il livrerait ses châteaux, et le 1er du mois dsou'Ikadah, Rokneddin sortît de Maimoundiz, et se rendît dans le camp du vainqueur.

« Houlakou eut pitié de sa jeunesse et de son inexpérience ; il lui parla avec bonté, lui fit des promesses flatteuses, le retint auprès de lui, comme son hôte, et prit Naszireddin pour visir. »

Cependant Rokneddin n'occupait qu'une position secondaire dans le camp de son ennemi ; ce prince dégénéré n'avait pas même ces vertus si communes chez les Assassins, le courage et le mépris de la mort, et encore moins celles d'un grand maître, l'ambition et la prudence politiques. Si le sort des armes ne l'avait fait tomber entre les mains du Mongol, l'ignominie de son caractère l'aurait rendu son esclave.

Un jour, dit-on, il vit dans le camp un fille mongole de la plus basse extraction, et en devint tout à coup éperdûment amoureux ; Houlakou, qui ne négligeait aucune occasion de l'exposer au mépris public, ordonna, lorsque le prince des Assassins lui demanda cette esclave, que ces noces se feraient avec toutes les solennités d'usage et une pompe extraordinaire.

Après la célébration des fiançailles, Rokneddin supplia le vainqueur de l'envoyer auprès du grand khan Mangou ; celui-ci, bien que surpris de cette demande insensée qui devait hâter sa perte, lui en donna la permission, et Rokneddin se mit en marche avec une troupe de Mongols.

Dans son désir de voir le puissant Mangou, le prisonnier avait promis qu'il obtiendrait la soumission de la garnison de Kirkhoud, château situé sur sa route, et le seul qui se défendît encore contre les forces mongoles.

Il quitta donc le camp de Houlakou, dressé près de Hamadan. Lorsqu'il fut devant Kirkhoud, il fit, en effet, sommer les habitants de se rendre; mais l'officier chargé de cette mission avait en même temps reçu des instructions secrètes qui lui enjoignaient d'exciter le commandant à prolonger sa résistance et à ne livrer la forteresse à personne.

Cette politique fourbe et insensée, cause première de la chute de l'Ordre, accéléra la perte de Karchàh. Dès qu'il fut à Karakouroum, résidence de Mangou, le khan le renvoya sans lui accorder audience, et lui fit dire :

« Puisque tu prétends avoir fait ta soumission, pourquoi n'as-tu point remis entre nos mains la forteresse de Kirkhoud? Retourne sur tes pas, et lorsque tu auras livré tous tes châteaux, tu pourras avoir l'honneur de voir notre personne impériale. »

Rokneddin, arrivé à l'Oxus, ses compagnons l'invitèrent à s'y arrêter pour prendre leur repas; puis quand ils l'eurent fait descendre de cheval, ils le percèrent de leurs épées et le tuèrent.

C'est ainsi que périt le dernier grand maître de l'Ordre des Assassins. Après lui, ainsi que nous le verrons dans le chapitre suivant, les ennemis de cet Ordre n'eurent plus d'autres soins que d'en disperser les débris.

CHAPITRE XII.

La puissance des ismaëlites était détruite, les châteaux-forts du grand maître de Roudbâr, ceux des grands prieurs du Kouhistân et de la Syrie avaient été conquis, leurs troupes massacrées ou dispersées, et leur doctrine publiquement condamnée. Toutefois, elle fut encore enseignée en secret ; l'ordre des Assassins subsista longtemps encore après avoir été supprimé, surtout dans le Kouhistân, province hérissée de montagnes et peu favorable aux recherches des persécuteurs de l'Ordre.

« Enfin, dit M. de Haumeer, la secte disparut totalement du Kcu-
« histân, soixante-dix ans après la conquête d'Alamont, sous le
« règne du huitième successeur d'Houlakou, Abou-Saïd, Behader-
« khan, protecteur éclairé des sciences, auquel Wassaf a dédié sa
« magnifique histoire.

« Abou-Saïd, de concert avec Schâh-Ali-Sedschistân, gouverneur
« du Kouhistàn, envoya dans ce pays une ambassade, à laquelle fut
« confiée la mission d'effacer toutes les traces de l'hérésie, et de
« convertir ce qui restait d'impies et de mécréants.

« Parmi les théologiens zélés qui devaient servir de missionnaires
« se trouvait le schiekh Amadeddin, surnommé aussi Bokhara, l'un
« des jurisconsultes les plus distingués de son époque. Son petit-
« fils Dschelali-Nassaiholmolsak, dans l'ouvrage intitulé : *Conseils*
« *aux rois*, composé par le sultan Scharak, fils de Timour, raconte
« l'histoire de cette mission ; il l'avait apprise de son père, qui lui-
« même avait accompagné Bokhara dans le Kouhistàn. »

Amadeddin, ses deux fils et quatre ulémas, en tout sept personnes,
se rendirent à Kain, principale résidence des ismaëlites, où, depuis
Hassan II, les mosquées étaient tombées en ruines, et les fondations
pieuses confisquées au profit de l'État.

La parole du Koran n'y était plus enseignée dans les chaires, et
on n'entendait plus les derviches appeler du haut des minarets les
fidèles à la prière.

Le premier devoir de l'islamisme consiste à réciter cinq fois les
prières, et c'est faire preuve de la ferveur de sa croyance que d'exhorter
les autres à remplir ce devoir. Amadeddin résolut donc de commencer ainsi sa mission.

Dès son arrivée, il se rendit en armes, avec les six compagnons de
son apostolat, sur la terrasse du château de Kaïn, et du haut de cette
terrasse tous les sept se mirent à crier de quatre points opposés, en
même temps :

IV.   41

« *Dieu est grand ; il n'y a d'autre Dieu que Dieu, et Mohammed* *est son prophète !... Récitez vos prières, faites le bien !* »

Les habitants du fort, entendant ces paroles étranges, depuis long-temps oubliées, coururent à la mosquée, dans l'intention d'en chasser les missionnaires d'Abou-Saïd.

Bien que ces derniers eussent pris la précaution de s'armer, ils ne jugèrent pas à propos de combattre et d'échanger leur vie contre la couronne du martyr ; ils se hâtèrent de fuir vers un égoût, et s'y tinrent cachés... Puis, quand la multitude se fut dispersée, ils montèrent de nouveau sur la terrasse, répétèrent leurs exhortations, et une seconde fois furent contraints de se réfugier dans l'égoût.

« C'est ainsi, dit Dschelali, que leur zèle opiniâtre, appuyé plus tard par les forces du gouverneur, parvint à habituer ces oreilles rebelles aux formules de l'invocation, puis à la prière même, et la vraie semence de l'islamisme refleurit dans le champ de l'impiété. »

Pendant que la sagesse d'Abou-Saïd s'efforçait d'anéantir en Perse les doctrines ismaëlites, elles se propageaient toujours en Syrie. Dans l'origine, elles avaient servi d'instrument aux vues ambitieuses des fatémites ; ce furent les sultans Tschercassiens d'Égypte qui recueillirent les derniers fruits de cette politique meurtrière.

Si des ennemis résistaient à leurs armes, ils s'en débarrassaient par le poignard. Nous trouvons un exemple mémorable de ce système d'assassinat dans l'histoire de l'emir Kara-Soukor.

Cet illustre personnage avait quitté la cour du sultan d'Égypte, pour prendre du service à celle du khan des Mongols. Deux ans après qu'Abou-Saïd eut envoyé dans le Kouhistàn le savant Dschelali, dont nous avons déjà parlé, le sultan d'Égypte, Mohammed, fils de Bebars, fit partir de Masziat, pour la Perse, trente meurtriers qui devaient immoler à sa vengeance l'émir Kara-Soukor.

Ils vinrent tous à Tebris, où le premier fut mis en pièces, avant d'avoir pu exécuter son criminel dessein.

Alors le bruit se répandit qu'il était venu des Assassins, pour tuer le khan Abou-Saïd, l'émir Dschoubân, le visir Alischâh, et tous les Mongols de distinction.

Une seconde tentative contre Kara-Soukor n'eut pas plus de succès que la première. Elle fut renouvelée à Baghdad contre lui et contre Abou-Saïd, qui eut la prudence de se tenir enfermé pendant onze jours dans sa tente.

Le sultan égyptien, Mohammed, était opiniâtre dans ses projets de vengeance; quand il vit le peu de succès des premières tentatives, il donna une somme considérable à un marchand nommé Jonnis, qu'il chargea d'aller à Tebris, pour soudoyer de nouveaux Assassins.

Le marchand Jonnis accepta cette mission, et se mit aussitôt à l'œuvre; il fit venir des hommes décidés de Masziat, les cacha dans sa propre maison, et les y traita avec une grande magnificence.

Un jour que le sultan Dschoubân sortait de son palais, accompagné des émirs Kara-Soukor et Afrem, deux meurtriers guettèrent le moment favorable pour les égorger. Le premier, qui se jeta avec trop de précipitation sur l'émir Afrem, au lieu de lui percer le cœur, ne lui troua que son manteau. Il fut mis aussitôt en pièces par le peuple furieux. Le second n'avait pas jugé à propos de s'approcher de Kara-Soukor, et profitant du désordre, il prit la fuite.

On fit des recherches dans Toundouks (Tondachi) de Tebris, pour découvrir la retraite des Assassins; le marchand Jonnis fut même arrêté, et ne dut la vie qu'à la protection du visir.

Les deux émirs prirent, dès-lors, toutes les mesures nécessaires à leur salut. Un valet de chambre de Kara-Soukor, natif de Masziat, parcourut tout Tebris, pour rencontrer celui qui avait dû poignarder son maître, et le trouva enfin dans son propre frère.

Cet homme se laissa gagner par les présents de l'émir; il reçut cent pièces d'or et une pension mensuelle de trois cents derhems, et trahit ses compagnons. L'un d'eux prit la fuite, un second se tua, un troisième périt au milieu des tortures sans faire aucune révélation.

Cependant les meurtriers que l'on avait envoyés à Baghdad réussissaient mieux que ceux de Tebris.

L'un d'eux se jeta sur le gouverneur au moment où il descendait de cheval, lui enfonça son poignard dans le cœur, en disant : C'est au nom de Melik-Naszir ; et s'enfuit à Masziat avec tant de rapidité qu'on ne put l'atteindre.

De cette forteresse, il annonça au sultan Mohammed la mort du gouverneur.

Les émirs Dschoubân et Kara-Soukor redoublèrent de vigilance, et, au moyen de l'ismaélite qu'ils avaient à leur solde, ils en découvrirent quatre autres qui furent exécutés sur-le-champ. Nedschmeddin-Selami, que le sultan Mohammed avait envoyé comme ambassadeur auprès du khan Abou-Saïd, s'insinua dans les bonnes grâces de l'émir Dschoubân et du visir ; il annonça la mort de quatre Assassins à son maître, qui aussitôt en envoya quatre autres.

Trois d'entre eux, découverts et saisis, périrent au milieu des tortures ; heureusement pour Selami, le quatrième, qui portait la lettre du sultan à son ambassadeur, s'enfuit à Masziat, d'où il écrivit à Mohammed.

Selami continua si habilement ses négociations avec l'émir Dschoubân et le visir Alischâh, qu'ils firent la paix avec le sultan sous la condition qu'il n'enverrait plus d'Assassins dans leur pays.

Kara-Soukor n'en fut pas moins attaqué de nouveau à la chasse par un meurtrier qui frappa à la cuisse son cheval, et fut massacré à l'instant par les gardes de l'émir.

Au nombre de ceux qui formaient le cortège de l'émir Itmasch, second envoyé de Mohammed à la cour d'Abou-Saïd, se trouvaient deux Assassins ; l'un se perça de son poignard, l'autre, chargé de chaînes, fut exécuté après qu'on eut tenté vainement de lui arracher quelques aveux.

Dschoubân, voyant que le sultan se jouait aussi indignement de la foi des traités, en fit de vifs reproches à l'émir Itmasch ; celui-ci répondit que s'il y avait eu réellement des Assassins parmi les gens de sa suite, c'est qu'ils se trouvaient à Tébris avant la signature du traité. Lorsque Itmasch et Selami furent de retour au Caire vers le sultan, leur maître, celui-ci écrivit aux ismaélites de Masziat pour se plaindre du mauvais succès de la mission dont ils étaient chargés. Ils envoyèrent alors un de leurs meilleurs compagnons (réwafis), grand mangeur qui, tous les jours, dévorait un veau et buvait quarante mesures de vin.

Après être resté quelque temps au Caire, dans la maison de Kerid-medin, comme il avait mangé tous les veaux de la ville, il entra dans la suite de Selami, qui se rendait comme ambassadeur, avec des présents, auprès d'Abou-Saïd, à la cour du grand khan des Mongols.

A la fête du Baîram, les émirs présentaient leurs hommages au khan ; on donnait un grand festin dans le palais ; Kara-Soukor devait sortir le premier, avant les autres émirs ; et l'Assassin devait, à ce moment, lui donner le coup mortel.

Par un hasard singulier, le visir rappela Kara-Soukor au moment où il dépassait la porte du palais, et ce fut le gouverneur de Roum, vêtu de rouge comme Kara-Soukor, qui reçut les coups de l'ismaèlite.

On l'arrêta ; mais il garda un silence obstiné au milieu des plus cruels supplices.

Les Assassins se succédèrent les uns aux autres, dociles instruments de la vengeance du sultan ; mais Kara-Soukor eut le bonheur d'échapper toujours à leurs tentatives multipliées. Si l'on doit ajouter foi au témoignage de Macrisi, cent quatre-vingt-quatre Assassins perdirent la vie en essayant d'attenter à celle de l'émir, qui fut surnommé Chi-Kham, c'est-à-dire *vie-dure* en langage mafi.

Trois générations après la mission d'Abou-Saïd, le Kouhistân était revenu, extérieurement du moins, à la pratique de la vraie foi; le sultan Schahrakh, fils de Tuisour, y envoya Dschelali, petit-fils d'Amadeddin. Celui-ci était à Kaïn; mais comme il se tenait habituellement à Hérat, il avait pris les surnoms d'Alkaïni et d'Alhcrati.

Ses instructions lui ordonnaient de reconnaître l'état religieux de cette province.

Dschelali se sentait d'autant plus porté à remplir cette mission inquisitoriale que son grand-père l'avait remplie autrefois; le prophète lui était même apparu en songe, et lui avait mis dans la main un balai avec lequel il devait nettoyer le pays.

Dschelali vit dans ce rêve un avis du ciel, et se regarda, dès lors, comme destiné à *balayer* les souillures de l'incrédulité. Il remplit toute l'étendue de son mandat avec un zèle consciencieux et une tolérance ordinairement peu habituelle aux sectateurs de l'islamisme.

Dans son ouvrage intitulé : *Conseil aux rois,* que nous avons cité plus haut, il rend compte au sultan Schahrakh de sa mission, et donne des éclaircissements tirés de l'histoire de Dschowaini, du Dschihankouscha, ou *le Conquérant du Monde,* sur la politique secrète des ismaëlites qui n'étaient pas encore convertis. En onze mois, Dschelali parcourut tout le Kouhistân; il y trouva que les docteurs de la loi (ulémas) étaient orthodoxes et véritables sunnites; que les paysans, les marchands, les ouvriers, étaient d'excellents moslimins; que les émirs de Tabs et de Scherkouh étaient aussi dans la bonne doctrine; mais qu'il fallait observer avec défiance les commandants des autres forteresses, les employés (tredschian), les derviches prétendus soli (mystiques), et les seïdes (descendants du prophète).

Quoique le peuple fût assez scrupuleux observateur des véritables doctrines de l'islamisme, l'ordre des ismaëlites, longtemps après la

perte de son existence politique, s'agitait encore en secret dans
l'espoir que des circonstances plus favorables lui permettraient un
jour de la recouvrer. Ils n'osaient plus, il est vrai, se défaire de leurs
ennemis à coups de poignards, mais, fidèles aux anciennes habitudes
de leur politique, ils cherchaient toujours à s'immiscer dans les
affaires du gouvernement, tâchaient surtout de se faire des prosélytes parmi les membres du divan, ainsi que d'étouffer dans leur
naissance les plaintes ou les rapports auxquels aurait donné lieu la
propagation de leur doctrine secrète.

C'est pourquoi l'auteur du *Dschihankouscha,* aussi bien que celui
du *Siassetolmolouk* (l'art de gouverner ou politique des rois),
donnent aux princes le conseil de n'accorder aucune charge à ceux
des habitants du Kouhistàn qui leur inspireraient les plus faibles
soupçons.

Les ismaëlites, placés dans les administrations financières, ne restaient jamais en arrière de leurs paiements, de telle sorte que le
trésor n'avait jamais à diriger contre eux aucune poursuite; ils ran-
çonnaient les villages qu'ils avaient pris à ferme, et l'excédant des
contributions était envoyé aux chefs secrets, qui résidaient toujours
à Alamont, point central de l'ancienne domination de l'Ordre.

C'était là que se portait une partie du revenu des fondations
pieuses destiné à l'entretien des mosquées et des écoles, et à celui
des serviteurs de la religion.

Les débris de l'Ordre des ismaëlites se sont maintenus jusqu'à ce
jour en Perse et en Syrie, mais uniquement comme une des nombreuses sectes d'hérétiques, qui se sont élevées du sein de l'islamisme, sans prétention au pouvoir, sans moyen de recouvrer leur
influence passée, dont, du reste, ils paraissent avoir perdu le souvenir. La politique révolutionnaire et la doctrine mystérieuse de la
première loge des ismaëlites, ainsi que la meurtrière tactique des
Assassins, leur sont également étrangères; leurs écrits sont un

mélange informe de traditions empruntées à l'islamisme et au christianisme, et de toutes les folies de la théologie mystique.

Ils habitent, ainsi que leurs ancêtres, en Perse et en Syrie, les montagnes de l'Irak, reconnaissent pour leur chef suprême un iman, qui tire son origine d'Imaïl, fils de Dschafer Sadik, et qui réside sous la protection du schâh à Khekh, village sur le territoire de Roum. Comme d'après la doctrine des ismaëlites, l'iman est un rayon incarné de la divinité, l'iman de Khekh a encore aujourd'hui la renommée de faire des miracles, et les ismaëlites, dont quelques-uns sont dispersés jusque dans l'Inde, vont en pèlerinage des bords du Gange et de l'Indus pour recevoir à Khekh la bénédiction de leur iman.

Les forteresses du district de Roudbâr, dans la montagne de Kouhkassân, principalement dans les environs d'Alamont, sont encore occupées par les ismaëlites, qui, s'il en faut croire les voyageurs les plus modernes, y sont connus sous la dénomination générale d'Hosseinis.

Les ismaëlites de Syrie habitent dix-huit villages dispersés autour de Masziat, autrefois le siège de leur domination, et obéissent à un scheik ou émir nommé par le gouverneur de Hamah. L'émir, revêtu d'une pelisse d'honneur, prend l'engagement d'envoyer à Hamah, tous les ans, la somme de seize mille cinq cents piastres; ses sujets se divisent en deux classes, les Souweidani et les Khisréwi. Ils sont ainsi appelés, ceux-là du nom d'un de leurs anciens scheiks, ceux-ci à cause de leur vénération particulière pour le prophète Khiser (Elias), le gardien de la source de vie.

Les premiers, qui sont en bien plus petit nombre, habitent spécialement à Feudara, un des dix-huit villages dont nous avons parlé : c'est une dépendance de la juridiction de Masziat. Trois milles à l'est de cette forteresse est un château fort dont le nom se prononce Kalamous, mais qui, suivant toute apparence, n'est pas autre que le Kadmos des historiens et des géographes arabes.

De là descend jusqu'à la mer, vers Tripoli, une chaîne de montagnes. Ce n'est qu'en 1809 que les nosaïris, voisins et ennemis des ismaélites, s'emparèrent par trahison de Masziat, leur principale forteresse. Elle fut livrée au pillage et les habitants massacrés; le produit du butin fut évalué à plus d'un million de piastres.

Le gouverneur de Hamah ne laissa pas sans vengeance cette coupable entreprise des nosaïris : la forteresse fut assiégée, prise et rendue à ses anciens maîtres. Les ismaélites n'en ont pas moins perdu toute existence politique; au dehors, ils observent avec une rigoureuse fidélité tous les devoirs de l'islamisme, bien que dans leur intérieur ils ne se fassent aucun scrupule de les violer.

Il croient à la divinité d'Ali, à la lumière incarnée, comme principe de toutes choses créées, et au scheikh Raschideddin, grand prieur de l'Ordre en Syrie, contemporain de Hassan II, comme au dernier représentant de Dieu sur la terre. Outre les nosaïris, nous mentionnerons encore, en passant les motewellis et les druses, voisins des ismaélites de la Syrie.

Ces trois sectes, par leur incrédulité et leur mépris de toutes les lois, étaient également abominables aux yeux des moslimins. Leur doctrine s'accorde sur beaucoup de points avec celle des ismaélites, et leurs chefs étaient animés du même esprit de fanatisme et d'impiété.

L'origine des nosaïris et des druses est plus ancienne que celle des ismaélites de l'est; car les premiers, qui sont une branche des karmathites, avaient déjà paru sous ce nom en Syrie, dès le cinquième siècle de l'hégire, tandis que les seconds reçurent leurs lois d'un missionnaire de Hamsa, nommé Hakembiemrillah, qui venait de la loge du Caire.

Tous croient à l'incorporation de la Divinité dans Ali; les ismaélites de l'est reconnaissent en outre Hakembiemrillah, le plus insensé des tyrans, comme un dieu fait homme. Tous enfin s'affranchissent également des devoirs de l'islamisme, ou les observent seulement en apparence, et tiennent la nuit des assemblées secrètes qui, s'il faut en croire les moslimins, sont de véritables orgies où l'on s'abandonne à la débauche et à tous les p'aisirs des sens.

L'origine des motewellis est, ainsi que leur doctrine, moins connue que celle des nosaïris et des druses. Ils tirent leur nom du mot corrompu de motewilin, les *commentateurs :* on peut ainsi soupçonner que c'est une secte des ismaëlites, qui enseignait le tevil ou l'interprétation allégorique des devoirs de l'islamisme par opposition au tensil, qui n'est que la lettre positive des paroles envoyées par Dieu, et où tous les vrais croyants doivent puiser la règle de leur conduite.

Le reproche d'immoralité qui a été fait à ces sectes, en général, peut s'appliquer avec beaucoup plus de raison aux motewellis, qu'à leurs voisins dont nous avons déjà parlé plus haut. Car les habitants du village de Martaban, sur la route de Hadakia à Haleb, qui se disputaient l'honneur d'offrir aux voyageurs leurs femmes et leurs filles, et considéraient un refus comme une injure, sont des motewellis.

Quelques tribus de kurdes syriens et assyriens ont encore une plus mauvaise renommée que les ismaëlites, les motewellis, les nosaïris et les druses.

On les nomme jezidi, parce qu'ils partagent leur vénération entre le démon et Jezid, kalife ommiade, un des persécuteurs les plus acharnés de la famille du prophète, loin de les maudire l'un et l'autre comme le font le reste des moslimins.

Leur scheickh s'appelle Karabasch, c'est-à-dire *tête noire*, parce qu'il roule autour de sa tête une écharpe noire. Leur fondateur est le scheickh Hadi, qui d'après leur croyance avait prié, jeûné et répandu des aumônes pour tous les disciples à venir; aussi pensaient-ils obtenir la grâce d'aller directement au ciel, sans observer aucun des devoirs de l'islamisme et sans paraître au tribunal de Dieu. Toutes les sectes qui existent encore aujourd'hui ont reçu des moslimins les dénominations de sindike, *esprits forts,* moulhad ou moulahid, *impies,* batheni, *intimes* ou *intérieurs.*

Leurs assemblées nocturnes ont fait donner, par les Turcs, tantôt aux uns, tantôt aux autres, le nom de moumsoindiren ou *éteignoirs,* parce que, bravant les obstacles de leur religion, ils se plongent, après avoir éteint les lumières, dans toutes sortes de voluptés, sans égard ni pour la parenté ni pour le sexe.

Plusieurs auteurs se sont occupés avec attention des Assassins, et ont laissé des dissertations plus ou moins approfondies sur cette secte. Nous n'en citerons que quelques-uns.

Ce que nous racontent Guillaume, évêque de Tyr, et Jacques, évêque d'Akka, de l'origine, du système politique, et de la discipline des Assassins, à l'occasion d'une ambassade que le Vieux de la Montagne avait envoyée en l'an 1102 au roi de Jérusalam, s'accorde parfaitement avec les sources orientales.

« Les Assassins étaient d'abord les plus zélés observateurs de l'islamisme ; plus tard, un grand maître d'un esprit supérieur et d'une haute érudition, versé dans la loi chrétienne, et connaissant à fond les doctrines de l'Évangile, abolit les prières de Mohammed, fit cesser les jeûnes, et permit à tous, sans distinction, de boire du vin et de manger du porc. La règle fondamentale de leur doctrine consiste à se soumettre aveuglément à leur chef, soumission considérée comme pouvant seule mériter la vie éternelle.

« Ce maître, appelé généralement le Vieux, réside au delà de Baghdad, dans la province persane qui porte le nom de Dschebal ou Irakiadschami. Là, à Alamont, de jeunes garçons sont élevés dans tout ce que le luxe asiatique peut imaginer de plus riche et de plus séduisant. On leur apprend plusieurs langues, on les arme d'un poignard, puis on les jette dans le monde, afin d'assassiner, sans distinction, les chrétiens et les Sarrasins.

« Les meurtres avaient généralement pour but, soit de se venger des ennemis de l'Ordre, soit de complaire à ses amis, soit, enfin, d'obtenir de riches récompenses. Ceux à qui l'accomplissement de ce devoir avait coûté la vie, étaient considérés comme des martyrs, jouissant dans le paradis d'une haute félicité. Leurs parents recevaient de riches présents, ou s'ils étaient esclaves, ils étaient affranchis. Ainsi, ces jeunes gens, voués au meurtre, sortaient avec enthousiasme de leur retraite pour frapper les victimes désignées.

« On les voyait parcourir le monde sous toutes les formes, tantôt sous les habits du moine, tantôt sous ceux du commerçant, et agir toujours avec tant de circonspection qu'il était presque impossible de se dérober à leurs poursuites. Les gens du peuple n'avaient rien à redouter, car les ismaélites croyaient au-dessous d'eux de prendre leur vie ; mais les grands et les princes étaient réduits à acheter leur sécurité au poids de l'or, à s'entourer de gardes, et à ne jamais sortir sans armes. »

Enfin, voici ce que dit M. Silvestre de Sacy dans un mémoire sur la dynastie des Assassins et sur l'origine de leur nom :

« Parmi les écrivains qui nous ont transmis l'histoire de ces guerres mémorables qui, pendant près de deux siècles, ne cessèrent de dépeupler l'Europe pour porter le ravage et la désolation dans les plus belles contrées de l'Asie et de l'Afrique, il n'en est presque aucun qui n'ait fait mention de cette peuplade barbare, qui, établie dans un coin de la Syrie, et connue sous le nom d'Assassins, s'est rendue redoutable aux Orientaux comme aux Occidentaux, et exerçait indifféremment ses atrocités sur les sultans musulmans et sur les princes chrétiens. Si les historiens des Croisades ont mêlé quelques fables aux renseignements qu'ils nous ont transmis sur les croyances et les mœurs de ces sectaires, il n'y a pas lieu de s'en étonner. La terreur qu'ils inspiraient ne permettait guère à nos guerriers d'approfondir l'histoire de leur origine et de se procurer des lumières exactes sur leur constitution politique et religieuse. Parmi les vic-

times de la fureur des ismaëliens, une des plus illustres est, sans
contredit, Saladin. Ce grand prince échappa, il est vrai, à leurs
attaques ; mais, deux fois, il fut près de perdre la vie par le poignard
de ces scélérats, dont il tira ensuite une vengeance éclatante. C'est
en lisant, dans quelques écrivains arabes, contemporains de Saladin,
et témoins oculaires de ce qu'ils racontent, le récit de ces entreprises
réitérées, que je me suis assuré que les ismaëliens, ou du moins les
hommes qu'ils employaient pour exercer leurs horribles vengeances,
étaient nommés, en arabes, *Haschischin* au pluriel, et au singulier
Haschischi ; et ce nom, un peu altéré par les écrivains latins, a été
exprimé aussi exactement que possible par divers historiens grecs,
et par le juif Benjamin de Tudèle.

« Quant à l'origine du nom dont il s'agit, quoique je ne l'aie apprise
d'aucun des historiens orientaux que j'ai consultés, je ne doute point
que cette dénomination n'ait été donnée aux ismaëliens, à cause de
l'usage qu'ils faisaient d'une liqueur ou d'une préparation enivrante,
comme encore dans tout l'Orient, sous le nom de *haschisch*. Les
feuilles de chanvre, et quelquefois d'autres parties de ce végétal,
forment la base de cette préparation, que l'on emploie de différentes
manières, soit en liqueur, soit en forme de pastilles, édulcorées avec
des substances sucrées, soit même en fumigation. L'ivresse pro-
duite par le *haschisch* jette dans une sorte d'extase pareille à celle
que les Orientaux se procurent par l'usage de l'opium ; et, d'après
les témoignages d'un grand nombre de voyageurs, on peut s'assurer
que les hommes tombés dans cet état de délire s'imaginent jouir des
objets ordinaires de leurs vœux, et goûtent une félicité dont l'acqui-
sition leur coûte peu, mais dont la jouissance trop souvent répétée
altère l'organisation animale et conduit au marasme et à la mort.
Quelques-uns même, dans cet état de démence, perdant la connaissance de leur faiblesse, se livrent à des actions brutales capables de
troubler l'ordre public.

» On n'a point oublié que, lors du séjour de l'armée française en Égypte, le général en chef, Napoléon, fut obligé de défendre sévèrement la vente et l'usage de ces substances pernicieuses, dont l'habitude a fait un besoin impérieux pour les habitants de l'Égypte, et surtout pour les classes inférieures du peuple. Ceux qui se livrent à cet usage sont encore appelés aujourd'hui *Haschischin,* et ces deux expressions différentes font voir pourquoi les ismaëliens ont été nommés, par les historiens des Croisades, tantôt Assissini, tantôt Assassini.

« Hâtons-nous de prévenir une objection que l'on ne manquera pas de faire contre le motif sur lequel nous fondons l'origine de la dénomination d'*Assassins,* appliquée aux ismaëliens. Si l'usage des substances enivrantes que l'on prépare avec les feuilles de chanvre est propre à troubler la raison, s'il jette l'homme dans une sorte de délire et lui fait prendre des songes pour des réalités, comment pouvait-il convenir à des gens qui avaient besoin de tout leur sang-froid et du calme de l'esprit pour exécuter les meurtres dont ils étaient chargés, et que l'on voit se transporter dans les contrées les plus éloignées de leur résidence, épier pendant plusieurs jours l'occasion favorable à l'exécution de leurs desseins, se mêler aux soldats du prince qu'ils devaient bientôt immoler à la volonté de leur chef, combattre sous ses drapeaux et saisir habilement l'instant où la fortune l'offrait à leurs coups. Ce n'est pas là assurément la conduite d'hommes en délire, ni celle de frénétiques, emportés par une fureur dont ils ne sont plus les maîtres, tels que nous sont peints, par les voyageurs, les Amoques si redoutés parmi les Malais et les Indiens. »

Un seul mot suffira pour répondre à cette objection, et c'est le récit de Marc-Paul qui me le fournira.

Ce voyageur, dont la véracité est aujourd'hui généralement reconnue, nous apprend que : « le Vieux de la Montagne faisait élever des jeunes gens choisis parmi les habitants les plus robustes du lieu de

sa domination pour en faire les exécuteurs de ses barbares arrêts.
Toute leur éducation avait pour objet de les convaincre qu'en obéissant aveuglément aux ordres de leur chef, ils s'assuraient, après
leur mort, la jouissance de tous les plaisirs qui peuvent flatter les
sens. Pour parvenir à ce but, ce prince avait fait faire auprès de
son palais des jardins délicieux. Là, dans des pavillons décorés
de tout ce que le luxe asiatique peut imaginer de plus riche et
de plus brillant, habitaient de jeunes beautés, uniquement consa-
crées aux plaisirs de ceux auxquels étaient destinés ces lieux en-
chanteurs.

« C'était là que les princes des ismaëliens faisaient transporter de
temps à autre les jeunes gens dont ils voulaient faire les ministres de
leurs volontés.

« Après leur avoir fait avaler un breuvage qui les plongeait dans
un profond sommeil, et les privait pour quelque temps de l'usage de
toutes leurs facultés, ils les faisaient introduire dans ces pavillons
dignes des jardins d'Armide ; à leur réveil, tout ce qui frappait leurs
oreilles et leurs yeux les jetait dans un ravissement qui ne laissait à
leur raison aucun empire sur leurs âmes. Incertains s'ils étaient
encore sur la terre, ou s'ils étaient déjà entrés en jouissance de la
félicité dont on avait si souvent offert le tableau à leur imagination,
ils se livraient avec transport à tous les genres de séduction dont ils
étaient environnés. Avaient-ils passé quelques jours dans ces jardins, le même moyen dont on s'était servi pour les y introduire sans
qu'ils s'en aperçussent était de nouveau mis en usage pour les en
retirer. On profitait, avec soin, des premiers instants d'un réveil,
qui avait fait cesser pour eux le charme de tant de jouissances, pour
leur faire raconter devant leurs jeunes compagnons les merveilles
dont ils avaient été témoins, et ils restaient eux-mêmes convaincus
que le bonheur dont ils avaient joui pendant quelques jours, trop
rapidement écoulés, n'était que le prélude et comme l'avant-goût de

celui dont ils pouvaient s'assurer la possession éternelle par leur soumission aux ordres de leur prince.

« Quand on supposerait quelque exagération dans le récit du voyageur vénitien, quand même, au lieu de croire à l'existence de ces jardins enchantés, attestés cependant par plusieurs autres écrivains, on réduirait toutes les merveilles de ce séjour magique à un fantôme, produit de l'imagination exaltée de ces jeunes gens enivrés par le *haschisch*, et que depuis l'enfance on avait bercés de l'image de ce bonheur, il n'en serait pas moins vrai que l'on retrouve ici l'usage d'une liqueur destinée à engourdir les sens, et dans laquelle on ne saurait méconnaître celle dont l'emploi, ou plutôt l'abus, est répandu dans une grande partie de l'Asie et de l'Afrique.

« A l'époque de la puissance des ismaëliens, ces préparations enivrantes n'étaient pas encore connues dans les pays soumis aux musulmans. Ce n'est qu'à une époque postérieure que la connaissance en fut apportée des régions les plus orientales, et vraisemblablement de l'Inde, dans les provinces de la Perse. De là, elle se communiqua aux musulmans de la Mésopotamie, de l'Asie-Mineure, de la Syrie et de l'Égypte.

« Sans doute, les ismaëliens, dont la doctrine avait plusieurs points de ressemblance avec les dogmes indiens, avaient reçu plus tôt cette connaissance, et la conservaient comme un secret précieux et un des principaux ressorts de leur puissance. Un fait qui vient à l'appui de cette conjecture, c'est que l'un des plus célèbres écrivains arabes attribue à un ismaëlien de Perse l'introduction d'un électuaire, préparé avec le chanvre, parmi les habitants de l'Égypte.

« Je terminerai ce mémoire en faisant observer qu'il ne serait pas impossible que le chanvre ou quelques-unes des parties de ce végétal, par leur mélange avec d'autres substances qui nous sont inconnues, eussent été employées quelquefois à produire un état de frénésie et de fureur violente. On sait que l'opium, dont les effets sont, en général, analogues à ceux des préparations enivrantes formées avec le chanvre, est cependant le moyen dont se servent les Amoques pour se jeter dans cet état de fureur, dans lequel, n'étant plus maîtres d'eux-mêmes, ils massacrent tous ceux qui se trouvent à leur rencontre, et se précipitent aveuglément au milieu des lances et des épées. Le moyen employé pour changer ainsi les effets de l'opium, est, si l'on en croit les voyageurs, de le mêler avec du jus de citron, et de laisser ces deux substances s'amalgamer ensemble pendant un intervalle de quelques jours. »

Maintenant, s'il faut risquer notre opinion personnelle, nous dirons avec Laigniel, de Brives, le plus savant orientaliste de la banlieue, que toutes ces histoires sont des mensonges et tous ces commentaires des fadaises.

Malgré tout notre respect pour les écrivains éminents que nous avons cités, nous sommes convaincus qu'on a inventé le Vieux de la Montagne pour donner prétexte à une fastidieuse et perverse tragédie classique.

Laigniel, de Brives, qui a fait l'histoire des Kurdes en langue schye, parle des Assassins sur un ton très-incrédule. En somme, tout cela est trop assommant pour être vrai.

Arrivons aux Templiers, nos braves batteurs et buveurs. Et que le diable emporte à tout jamais le Vieux de la Montagne.

Nous le rencontrerons encore partout dans l'histoire du Temple, qui va ouvrir la *seconde partie* de cet ouvrage, mais nous ferons semblant de ne pas le reconnaître.

FIN DU QUATRIÈME VOLUME.

TABLE.

———

LE CONSEIL-DES-DIX (Suite).

LES ASSASSINS.

FIN DE LA TABLE DU QUATRIÈME VOLUME.

Paris — Typographie de E. et V. PÉNAUD frères, 10, Faubourg-Montmartre.

www.ingramcontent.com/pod-product-compliance
Lightning Source LLC
Chambersburg PA
CBHW071617220526
45469CB00002B/377